初期 人間生命 保護를 위한 提言

김찬진 김현철 박수헌 배인구 신동일
심상덕 이영애 최안나 Gunnar Duttge

세창출판사

이 도서의 국립중앙도서관 출판시도서목록(CIP)은 e-CIP홈페이지(http://www.nl.go.kr/ecip)와 국가자료공동목록시스템(http://www.nl.go.kr/kolisnet)에서 이용하실 수 있습니다.
(CIP제어번호: CIP2012002800)

머리글

배아와 태아는 점차 법적인 보호 대상에서 멀어지고 있다. 동물과 식물의 보호 필요성도 거론되는 시기에 정작 인간의 생명은 보호권 밖으로 밀려난다. 낙태는 엄연히 살인이며 우리 형법도 낙태죄로 금지하고 있다. 대법원의 판결은 태아의 개념을 '잉태시'부터 인정하여 수정 이후 모든 인간의 생명을 지키고자 했다. 그럼에도 불구하고 태아의 생명은 사회적으로 위기에 있다. 그 규범적 모순은 치유될 기미를 보이지 않고 있으며, '낙태자유화'와 같은 위험한 구호가 강한 지지를 얻고 있다. 태아의 생명이 위태로워지면서 배아에 대한 사회적 관심은 더욱 줄어 들었다. 헌법재판소는 2010년 5월 27일 결정을 통해 배아 존재 자체를 법률적인 보호영역 밖으로 밀어내버렸다.

인간의 시작이 언제인지에 대한 논쟁은 끝나지 않았다. 마찬가지로 인간의 끝이 언제인지도 의문이다. 이 책은 이러한 시대에 인간의 생명가치가 어떤 법률적 지위를 가져야 하는가를 묻고 있다. 그 동안 저자들은 '생명포럼'을 통해 논의된 다양한 주제들 중에 낙태의 문제를 집중적으로 다루는 연구서를 집필하기로 인식을 같이 하였다. 생명포럼은 제18대 국회의원인 이영애 변호사님의 주도로 구성되어 3년을 진행해 온 생명윤리관련 포럼이다.

제1부는 낙태에 대한 새로운 법률 환경을 만든 모자보건법의 역사적 배경과 그 시대적 의미를 실제 모자보건법의 제정에 관여하신 김찬진 변호사님이 "생명을 제거하는 낙태에 관하여"를 직접 기고해 주셨고, 이 문제를 현장에서 몸으로 부딪히고 있는 산부인과 의사인 심상덕, 최안나 선생님 두 분이 "낙태문제에 있어 의학적 쟁점에 관한 고찰"을 서술해 주셨다. 이 두 분은 최근 우리 사회에서 빼놓을 수 없는 소중한 생명운동을 리드했던 '진오비'의 핵심 구성원이다. 그리고 독일의 실제 상황에 대해 괴팅엔 대학의 군나 두트게 교수가 "독일에서 후기낙태의 문제점"이란 글을 이 책을 위하여 집필해 주었다. 국내 낙태죄 논쟁의 이론과 현실의 문제점에 대해서 신동일 교수가 "낙태죄의 본질 · 현상 · 법제도"에서 설명한다.

제2부는 헌법재판소의 배아의 생명권에 대한 2010년 결정에 대한 이영애 변호사님의 "인간배아의 생명권"을 시작으로, 유명한 미국의 "로 앤 웨이드 판결"의 실제 의미와 관련 판결들의 태도에 대해 박수헌 교수님이 "낙태에 관한 미국 판례법 경향"에서 기술하고 있으며, 헌법재판소 재판연구관을 지내신 배인구 판사가 "독일 낙태죄 규정에 대한 독일 연방헌법재판소 판결"에서 독일의 낙태죄 논쟁에 가장 중요했던 연방헌법재판소의 두 가지 판결에 대해 세밀하게 분석해주고 있다. 낙태반대운동연합을 이끌고 계신 김현철 회장님이 "국내 낙태반대운동의 역사와 회고"란 글로 우리나라의 낙태현실과 그 시민운동의 방향성에 대한 소중한 경험을 공유해 주고 있다.

책이 나오게 되는 데 가장 중요한 기여를 해주신 분은 이영애 변호사님과 김찬진 변호사님이시다. 두 분의 도움은 물질과 정신 모두를 포함한 소중한 것이었다. 책의 기획과 구성의 번거로운 일들을 맡아서 해주신 이진영 석사에게도 감사의 말씀을 전한다. 그리고 어려운 출판환경에도 불구하고 흔쾌히 책을 내기로 결정해 주신 세창출판사에게 저자들을 대표하여 감사하고자 한다. 특히 까다로운 교정과 편집을 놀라운 정성으로 수행해주신 세창출판사의 임길남 상무님께 감사드린다.

2012년 6월 6일

저자들을 대표하여 신동일

차 례

1부 • 논 쟁

2부 • 현 실

1부_ 논쟁

생명을 제거하는 '낙태'에 관하여

김찬진*

Ⅰ. 서 론

우리는 일상생활에서 각자의 이익과 유혹에 자주 빠져들게 된다. 자녀 출산을 절대자이신 하느님께서 적법하게 혼인한 부부에게 주시는 선물이라고 기뻐하는 이들이 있는가 하면, 어떤 이들은 자녀의 출산여부는 전지전능한 인간이 선택할 문제라고 주장하면서 자녀수를 조절한다는 미명하에 자신의 자녀인 새로운 생명체를 배아 상태에서 약물로 제거하거나 출산 전 단계에서 낙태라는 살인행위를 자행하고 있다. 우리에게 주어진 자녀를 스스럼없이 살해하는 잘못을 바로잡기 위해서는 첫째, 적법한 혼인을 통해 남녀 두 사람이 한 가정을 이루지 않는 한 어떤 경우에도 성관계를 적극 피해야 한다. 둘째, 혼인을 한 부부는 앞으로 갖게 될 자녀수와 출산시기에 관해 충분한 토의를 거쳐 합의해야 한다. 만일 예상하지

* 변호사, 법학박사.

못한 시기에 임신을 하더라도 낙태를 한다거나 이미 세상에 나온 자녀이니 입양기관에 맡긴다는 식의 간편한 생각에서 벗어나야 한다. 자녀의 생명은 임신과 동시에 확정되는 것이므로 이를 감사하는 마음으로, 자녀수와 터울도 받아들이면서 귀한 자녀의 양육을 위해 더 노력해야 한다.

우리나라의 낙태 관련 법률의 내용을 살펴보자. 형법 제269조는 낙태행위를 범죄로 규정하면서 부녀가 약물 기타 방법으로 낙태한 때에는 1년 이하 징역 또는 200만 원 이하 벌금에, 그리고 낙태수술을 시행한 의사에게 2년 이하 징역에 처하도록 하고 있다. 낙태행위가 이처럼 범죄행위로 금지되었고 1960년대까지만 해도 낙태행위는 일반적으로 기피하는 대상이 되어 왔다. 그 당시 부모들은 자녀 수가 많을수록 다복한 가정의 상징으로 믿었고, 자녀수가 7명 이상이 되는 다자녀가정이 보편화되어 있었다. 그러나 1972년 제3차 경제개발 5개년 계획이 시행될 즈음에 이르러 국민소득의 증대를 확보하는 방편의 하나로 인구증가의 억제를 고려하게 되었다. 1973년 2월 8일 법률 제2514호로 제정된 모자보건법은 그 당시 국회가 해산되고 입법기능을 국무회의가 수행하던 시기에 제정되었다. 법률안을 먼저 국무회의에서 의결한 뒤 이어서 당시 국가재건최고회의가 제정한 비상조치법에 따라 국회의 입법기능을 수행하던 비상국무회의가 개의되고 이 법률안을 의결하면 입법조치가 완료되는 것이었다.[1)]

모자보건법 제14조는 형법의 낙태죄 규정에 대한 예외를 규정하고 있다. 즉, 의사는 ① 본인 또는 배우자가 대통령령이 정하는

---

1) 필자는 비상국무회의가 입법기관의 역할을 할 때에 법무부 법무과 소속의 검사로서 주로 경제 관련 법률안의 내용을 검토하고 결정하는 과정에 깊이 관여하면서 모자보건법의 내용을 수정·조정하는 임무를 수행하였다.

우생학적 또는 유전학적 정신장애나 신체질환이 있는 경우, ② 본인 또는 배우자가 대통령령이 정하는 전염성질환이 있는 경우, ③ 강간 또는 준강간에 의하여 임신된 경우, ④ 법률상 혼인할 수 없는 혈족 또는 인척간에 임신된 경우, ⑤ 임신의 지속이 보건의학적 이유로 모체의 건강을 심각하게 해치고 있거나 해칠 우려가 있는 경우에는 본인과 배우자 동의를 얻어 인공임신중절을 할 수 있도록 규정한다. 모자보건법이 인구증가율의 억제를 위해 제정된 것이긴 하지만 결과적으로 우리나라는 낙태천국이라는 오명을 갖게 되었다. 모자보건법 제14조는 임신한 부녀가 원하면 대부분 낙태할 수 있도록 자유화하고 있는 것이다. 그 결과 우리 사회에서는 인구의 절대수가 감소하기 시작하였다. 또한 남아선호의 경향이 그대로 유지된 결과 혼인적령기의 남자는 배우자를 쉽게 구할 수 없게 되었고, 그 결과 동남아시아 지역의 여성을 초정하여 농촌총각과 결혼하여 노동력을 확보하고 자녀를 늘려가는 가정의 수가 늘어났다. 이제 우리에게 다문화 사회는 앞으로 우리 사회가 해결해야 할 커다란 문제로 자라고 있는 것이다.

한편 전국적 가족계획운동이 경제개발 5개년 계획의 일부로 전개된 결과 인구증가율이 1960년 2.9%에서 1970년 2.2%로 감소하였다. 그 당시는 1976년까지 인구증가율 1.5% 정도로 억제하는 것이 국가 목표였다. 그러나 이 목표는 제3차 5개년 계획 시행으로 1973년에 조기 달성되었다. 이로 인해 소득 수준 증가, 신속한 도시화, 높은 수준의 교육, 만혼 현상을 가져왔고, 여성들은 가능하면 자녀를 늦게 가지려는 경향이 두드러지게 되었다. 가족계획운동이 전개될 때에는 이를 정당화하는 논리가 있었다. 그러나 이제 한국의 현실은 노인층이 증가하고 청소년층이 감소하는 비극적 현상을 맞이하게 되었고, 앞으로 자녀출산에 노력을 기울이지 않으면 인구의 절대수가 감소할 수밖에 없는 시점에 이르렀다. 이하에서는 낙태죄의 역사적 배경과 그 법적인 문제에 대해 살펴보고자 한다.

Ⅱ. 낙태는 범죄행위이다

1. 낙태행위에 대한 평가의 변천

로마시대에 있어서 낙태죄는 태아가 모체의 일부분이라고 하는 스토아학파의 해석으로 인하여 벌하지 않는 것을 원칙으로 하였다. 낙태죄가 형법상 문제가 되기 시작한 것은 기독교 사상에 기인한다. 구약성서, 모세 제2권에 따르면 태아는 수태된 이후 약 10주일 동안에 인간의 영혼이 태아 속으로 들어가며, 그 이후에 태아를 살해하는 행위는 영혼을 가진 인간을 살해하는 것과 마찬가지라고 해석하였다. 이것이 영미법과 독일법에 영향을 주었고, 서기 200년경부터 낙태는 남자의 자녀에 대한 희망을 파괴하는 것으로서 남자에 대한 범죄로 처벌하기 시작하였다.[2)]

우리 형법이 규정하는 낙태죄는 일본형법의 낙태 규정에 최소한도의 변경을 가한 것에 불과하다. 첫째 낙태죄의 형벌을 구법보다 가볍게 규정하였고, 둘째 낙태의 미수를 벌하지 않으며, 셋째 부녀 자신의 낙태행위와 제3자가 부녀의 승낙을 얻어서 행하는 낙태를 동일한 형벌로 벌하도록 규정한다. 현행 형법규정에 따르면 부녀가 약물을 먹거나 그 밖의 방법으로 스스로 낙태하는 행위는

---

2) 劉基天, 刑法各論 72 참조.

1년 이하의 징역 또는 200만 원 이하의 벌금에, 의사나 조산원이 부녀의 촉탁 또는 승낙을 받아 낙태하게 한 행위는 2년 이하의 징역에 처할 범죄로 규정하고 있다.[3] 앞에서 잠시 언급했듯이, 경제개발계획이 시작되던 1962년 이후부터 산부인과 병원에서 은밀하게 낙태하는 경우가 증가하였다. 1973년 모자보건법이 제정되면서 인공임신중절수술이라는 이름으로 낙태행위가 사실상 자유화되었다. 그 당시 우리나라는 살인행위와 다를 바 없는 낙태수술이 1년에 100만 건 이상 행해지고 있었다고 한다.

참고로 미국 연방대법원은 임신을 3단계로 나누어 낙태 금지 여부를 구분한다.[4] 즉 임신 초기(임신 12주까지)인 제1단계에는 임신부가 스스로 낙태로 인한 사망률과 자연분만으로 인한 사망률을 비교해 사망률이 낮은 낙태를 선택하는 경우에는 병원시설에서 낙태를 할 수 있도록 하였다. 그러나 제2단계(임신 13주-24주)의 기간에는 낙태로 인한 임신부 치사율이 자연분만을 통한 치사율보다 높기 때문에 임신부의 자유로운 낙태를 허용할 수 없고, 이 기간에는 주(州)가 태아를 보호해야 하는 의무와 임신부의 생명에 미칠 영향 등을 구체적으로 비교 검토해 낙태 허용 여부를 결정해야 한다고 판시하였다. 이 기간을 지나 제3단계(임신 25주-36주)에 이르면 낙태로 인한 임신부 치사율이 높을 뿐 아니라 태아가 산모의 체외에서 생존할 가능성이 크기 때문에 낙태를 허용할 수 없다고 결론을 내렸다.

우리 헌법은 "태아의 생명을 보호하는 것은 정부가 수행해야

---

3) 독일에 있어서 낙태죄의 보호법익은 전통적으로 '생성 중인 생명'으로 보았다. 즉 낙태죄는 생성중인 태아에 대한 범죄행위로 취급해 왔다. 劉基天, 刑法各論 108 참조.

4) Roe v. Wade 410 U.S. 113, 93 S. Ct. 705, 35 L. Ed. 2nd 147 (1973).

할 중요한 임무"라고 선언하고 있다. 태아의 과정을 거치지 않고 태어난 사람이 없을 뿐더러, 태아를 절대적으로 보호하지 않고서는 가족제도가 붕괴되고 국민개체수의 증가를 기대할 수 없는 것이다. 이제는 인구증가율의 억제를 목적으로 1973년에 채택했던 모자보건법 제14조는 절대적 인구의 감소가 시작된 현 단계에서는 그 존재 이유가 소멸된 것이라고 보아 그 폐지 문제를 심도 있게 검토할 시기가 되었다고 필자는 믿고 있다. 우리나라 인구성장률은 상당 기간 2% 이상을 유지해오던 것이 2000년 0.84%, 2009년 0.29%로 낮아져 인구의 절대수가 감소될 지극히 우려할 만한 상황에 이르렀다. 인구 증가는 민족의 지속적 발전과 번영을 위해 필요하며, 노동력 증가 · 생산력의 확대와 직결되는데, 2005년도 인구증가율(0.21%)부터는 실질적으로 노동력의 증가를 기대하기에는 크게 부족한 수준일 뿐 아니라 머지않아 총인구수가 감소하게 될 전망이다.

이러한 상태가 계속된다면 한 세대가 지난 뒤에는 노동인구가 줄어드는 반면 인구의 노령화 경향에 힘입어 의지나 도움을 받아야 할 노인층이 늘어 국민경제는 돌이킬 수 없게 되고, 가족제도는 파탄에 이르게 된다. 시간이 더 흐르기 전에 우리는 모자보건법 제14조를 삭제하고 형법이 범죄로 규정하는 낙태행위를 엄중하게 처벌함으로써 자연스러운 인구 증가를 도모하고, 연령별 인구구성비율이 적정하게 이루어지도록 하지 않으면 안 된다.

이제는 인구정책 차원에서 출산을 장려해야 하며, 혼인 연령이 30대 후반으로 늦춰진 현실을 바로잡아 20대 후반으로 앞당겨야 한다. 21세기에 들어 한국 경제가 지속적으로 발전하려면 인구증가를 위한 새로운 정책이 반드시 필요하다. 정부는 이미 세 번째 아이부터는 양육비를 정부가 지원하도록 의무화하고 있다. 인구증가에 관한 정부 기본정책이 이미 이렇게 바뀌었다면 인구증가 억제정책의 표본이라 할 수 있는 모자보건법 중 제14조 낙태자유화 규정도 당연히 삭제되어야 마땅한 것이다. 이제는 낙태행위를 반사회적 행위로 규정하고 이를 철저히 억제하는 조치들이 취해져야 할 것이다. 이러한 상황에서 생명운동에 뜻을 둔 산부인과 의사들(프로라이프 의사회)이 2009년 11월 낙태를 더 이상 하지 않겠다고 선언하였다. 범죄로 규정된 낙태행위를 영리목적으로 반복해오던 산부인과 의사들이 인간생명의 고귀함을 수호하기 위해 나선 것이다. 프로라이프 청년회 · 변호사회 · 교수회 발족도 뒤따랐고 2011년 6월 중순에는 프로라이프 연합회를 결성하기에 이르렀다.

Ⅲ. 헌법재판소의 모순된 결정

이러한 현상이 지속되는 와중에 헌법재판소의 결정은 흥미롭다. 헌법재판소는 지난 2008년 7월 31일 형성 중에 있는 생명인 태아도 헌법상 생명권의 주체가 되며, 국가는 태아의 생명을 보존할 의무가 있다고 선언하였다(사건번호: 2004헌바81). 다만 ① 수정 후 14일이 경과하여 원시선이 나타나기 전의 수정란 상태를 '초기배아'로 ② 수정란이 모체에 착상되어 원시선이 나타나는 시점의 배아는 '인간배아'로 구분하면서 인간배아를 다른 연구목적에 이용하는 것을 전면적으로 금지하였으나(생명윤리법 제17조), 초기배아에 대해서는 임신 이외의 연구목적으로 이용할 수 있도록 하였다. 요컨대 헌법재판소는 생명을 보호한다면서 동시에 생명을 파괴하는 모순된 결정을 내린 것이다.

헌법재판소는 2010년 5월 27일 청구인들이 「생명윤리 및 안전에 관한 법률」 일부 조항이 인공수정배아를 인간이 아닌 세포군으로 규정하고, 체세포핵이식 행위를 통해 생성된 체세포복제배아의 연구 및 그 결과물의 폐기를 허용함으로써(제16조와 제17조) 인간의 존엄과 가치, 배아의 생명권 등을 침해한다고 주장한 사건에서, "인간으로 발전할 잠재성을 갖고 있는 초기배아라는 원시생명체에 대하여도 위와 같은 헌법적 가치가 소홀히 취급되지 않도록 노력해야 할 국가의 보호의무가 있음을 인정하지 않을 수 없다"고 선언하는 한편 "수정된 배아를 불임이나 질병치료 연구에 이용하고 5년이 지나면 폐기할 수 있도록 한 「생명윤리 및 안전에 관한 법률」 조항은 인간 생명의 기본권을 침해하지 않는다"고 판시하였다.

'초기배아'를 보호한다면서 배아를 인간생명이 아닌 것으로 간주하는 헌법재판소 결정은 논리적 모순을 드러낸 것이다. 헌법재판소의 이 결정문에서 '인간으로 발전할 잠재성을 갖고 있는 초기배아에 대한 국가의 보호의무'라는 부분은 지극히 바람직한 선언으로 본다. 한 걸음 더 나아가서 초기배아를 임신 이외의 연구목적으로 이용할 수 있도록 규정한 생명윤리법 제17조를 폐지하는 것은 논리적으로 당연한 귀결이라 할 것이다. 그러나 이 결정문에서 배아를 인간생명이 아닌 것으로 규정한 것은 어린이 보호에 관한 국제규범을 정면으로 위반한 것이다. 국제연맹 총회는 1924년 11월 26일 「세계어린이 복지헌장」을 채택함으로써 어린이 보호원칙을 확립하였고, 국제연합(UN)은 1949년 「어린이 권리선언」을 채택하였다.

위 선언에는 "어린이는 그의 신체적 또는 정신적 미숙으로 인하여 특별한 안전과 보호가 필요한데, 특히 출생 전과 출생 후의 적정한 법적 보호를 할 필요가 있다"고 밝히고 있다. 여기에서 출생 후는 물론 '출생 전(before birth)'을 명기하고 있음에 유의할 필요가 있다. 이 세상에 태어난 모든 사람은 예외 없이 어머니에게서 공급되는 영양을 받아 성장하는 과정을 거쳐 왔다. 이러한 진리를 전제로 한 UN의 「어린이 권리선언」은 태중(胎中)의 어린이도 태어난 인간과 동일하게 취급해야 한다는 선언을 담고 있는 것이다. 「어린이 권리선언」 10대 원칙 중 제1원칙은 "어린이는 이 선언이 규정하는 모든 권리를 향유한다"고 선언하는데, 그 문장 마지막 부문에서 "인종, 피부색, 성별, 언어, 종교… 출생 또는 다른 지위"를 이유로 하는 어떤 '구별이나 차별'을 받지 않는다고 선언한다. 여기에서 출생 이전의 의미는 난자와 정자의 결합으로 태어난 새로운 생명체(초기배아)가 2주 간의 여행 끝에 자궁 내에 자리를 잡고(착상) 사람의 골격을 갖추어 나가면서부터 출산에 이르는 모든 과정을 다 포괄하는 것이다.

헌법재판소의 최근 결정으로 인해 국내 (배아)줄기세포산업계는 크게 기뻐하고 있다. 현재 세계적인 줄기세포치료시장은 미화 400억 달러 수준으로 추정된다. 이 시장의 대부분은 주름을 없애고 피부를 젊게 하며 상처를 신속히 복구해 준다는 미용술과 관련된다. 정부는 2015년까지 줄기세포 연구사업에 대한 투자를 세 배로 증액하겠다고 2010년에 발표한 바 있다. 최근의 헌법재판소 결정은 결과적으로 생명의 존엄성을 위태롭게 하면서 반생명적 기업의 이익을 지나치게 보호한 것이라는 비판을 받아 마땅한 것이다. 신성로마제국 황제 페르디난드 1세는 "하늘이 무너져도 정의가 실현되도록 하라"고 주장하였다. 배아의 생명권은 절대적으로 보호되어야 한다. 필자의 생각으로는 법제도상 헌법재판소가 스스로 위의 잘못된 결정을 바로 잡거나, 새로 구성된 제19대 국회가 관계 법률을 개정하도록 힘을 모아야 할 것이다.

Ⅳ. 생명운동의 방향

우리의 일상생활에서 가장 귀한 가치를 지닌 것은 과연 무엇일까 생각해 본다. 사람의 생명보다 더 귀중한 것은 없을 것이다. 생명은 우리 모두가 인간으로서의 존재를 확인하는 증표이자, 가장 기본적인 존재의 근원이다.

우리나라의 인구 모습은 두 가지 면에서 지나치게 인위적 조작을 드러내고 있다. 첫째, 남아선호 현상이 지속되는 가운데 태아의 성별 감식 결과 여아로 판명되면 낙태하는 비율이 높았던 까닭에 혼인적령기의 남자가 배우자를 얻기 어렵게 되었다. 그 결과 해외 출신의 여성을 신부로 맞이하는 결과로 이어졌다. 혼인을 위하여 입국한 해외 신부 수는 2009년 2만 5142명, 2000년부터 10년 동안 전체 총수는 21만 3452명에 이른다. 2009년에 혼인한 농어촌 지역의 농림어업 종사자 중 38.7%가 외국출신 여성과 혼인하였다.

둘째, 여성의 혼기가 늦어지는 추세가 지속돼 2009년 여성의 평균 초혼연령을 보면 여자가 28.9살이며 차차 30살에 접근하고 있다. 이제는 가임 주부의 절대수가 감소하고, 저출산의 여파로 서울의 가구당 자녀수가 1.16명으로 감소하였다. 이는 곧 머지않은 장래에 우리 인구절대수가 감소하게 될 것임을 의미한다. 우리 정부는 인구증가율이 연 3%를 넘어선 1973년에 모자보건법을 제정하여, 일반적으로 금지된 낙태를 손쉽게 할 수 있도록 길을 열어두었다(모자보건법 제14조). 한편 정부는 2005년 연간 35만 건의 낙태가 이뤄진다는 조사결과를 발표하였다. 그러나 과거의 낙태건수에 관한 추계가 연간 100만 건 이상으로 보고된 것에 비춰보면

2005년에 정부가 발표한 숫자는 크게 부정확한 것으로 보인다.

이러한 추세가 계속되면 우리의 4900만 인구는 점차 줄어들게 될 뿐만 아니라 민족국가의 전망도 퇴색될 것이다. 이 시점에서 정부는 과감히 정책의 전환을 시도해야 한다. 무엇보다도 낙태를 허용한 모자보건법 제14조를 조속히 폐지해야 할 것이다. 교황 요한 바오로 2세는 낙태가 "생명에 대한 막대한 위험: 개인의 생명뿐만 아니라 문명 그 자체에 대한 위험이 되고 있다"고 말씀하신 바 있다. 이 말씀은 오늘 한국인에게도 커다란 교훈이 되어야 한다. 낙태는 수없이 많은 무고한 생명을 파괴하고 여성, 남성과 어린이 모두에게 깊은 상처를 주고 있는 것이다.

미국과 캐나다에서는 매년 '생명의 대행진'에 많은 시민이 참여하고 있다. 미국에서는 연방최고법원이 낙태자유를 인정한 판결(Roe v. Wade)을 선언한 1973년 1월 22일을 기억해 매년 그 다음 월요일에 수도 워싱턴에서 대규모의 '생명을 위한 행진'을 한다. 사랑을 실천함으로써 인류의 문명을 새롭게 하자는 운동이다. 캐나다에서는 2010년 5월 13일 수도 오타와에서 '생명을 위한 국민대행진'이 성공적으로 개최되었다. 이 대회의 선언문은 낙태의 파괴적 영향에 관해 언급하면서 "1969년 이래 수백만의 태아들이 죽어갔다"고 지적하였다.

태아의 생명보호를 위해 우리 국민이 해야 할 일은 무엇일까? 우리 국민들이 참으로 생명의 신비를 묵상하면서 생명보호를 위해 할 수 있는 일은 많이 있다. 그 중 몇 가지만 예를 들어보겠다.

1. 생명의 날을 제정하고 생명의 고귀함을 되새길 수 있는 각종 행사를 추진한다. 가능한 범위 내에서 기금을 모아, 이를 생명보호활동에 활용한다.

2. 태어나지 못하고 세상을 떠난 생명을 기억하고 위로하는 행사도 추진한다.
3. 종교 관련 병원시설이 낙태반대를 선언하고, 일반 병원의 동참을 권고한다.
4. 생명존중 선언문을 제정하고 체계적 생명운동을 추진한다.

이와 아울러 정부는 자녀가 두 명을 초과하는 가정에 보조금을 지급하고, 미혼모에 대한 차별을 금지해야 한다. 또한 정부는 불법행위인 낙태를 시술한다는 광고행위를 엄격히 규제해야 한다. 이와 동시에 여성은 회임한 이후에는 태아가 독립한 인격체라는 사실을 인지하여 태아의 생명을 박탈할 수 없다는 점을 명심해야 한다. 자신의 체내에서 생명을 얻고 자라나는 태아가 건강하게 자라도록 돌보며, 신생아에게 필요한 태아교육에 정진하며, 자녀를 분만한 후에는 성별의 구분 없이 하나의 건강하고 온전한 인간으로 성장하도록 국가의 도움을 받도록 제도화해야 한다.

Ⅴ. 새로운 이해: 맞춤형 줄기세포의 등장

현재 우리 사회에 생명경시 풍조가 만연해 있음을 부인할 수 없다. 인간생명의 존엄성을 강조하면서, 생명의 출발부터 마지막 순간까지 우리 모두가 무엇을 어떻게 할 것인가에 관한 논의가 필요하게 되었다. 인간배아를 실험도구로 이용하고, 불임수술, 도구를 사용한 피임과 낙태를 인구정책의 중요한 수단으로 권장하고 있는 우리 현실에서 인간생명 존엄성에 관하여 깊은 반성을 해보아야 한다. 과학의 발달은 놀랄 만한 속도를 내고 있으며, 모든 인류에게 유익한 결과를 약속하고 있다. 그러나 우리나라에서는 인간난자를 사고팔며, 여성에게 약물을 투입해서 난자를 많이 추출한 일도 있다.

이렇게 얻은 난자를 이용해 만든 생명체인 인간배아를 살해하면서 마치 난치병 치료방법에 성공한 것처럼 선전하던 무리들이 우리 사회를 어지럽게 한 일이 있다. 그들은 아직도 제한된 범위 내에서 조심스럽게 영업행위를 하고 있다. 그러나 이제는 체세포를 전환하여 얻는 유도만능줄기세포를 이용한 난치병 치료방법이 개발돼 세계적으로 각광을 받고 있는 것이다. 환자의 체세포를 이용하는 이 연구방법은 도덕률에 어긋남이 없기에 윤리적으로 안전하다. '직접제조공법'이 학문적으로 확립된 이상 최근 우리 정부가 인간배아를 파괴하는 연구에 대해 승인을 거부한 것은 지극히 다행스러운 일이다.

1998년 최초로 인간배아줄기세포를 분리, 배양하는 데 성공한 과학자 제임스 톰슨 박사는 유도만능줄기세포는 배아에서 분화하지 않으면서도 기능면에서 배아줄기세포와 같다고 확인하였다. 이제 체세포를 이용해 배아줄기세포의 활용과 같은 결과를 얻게 된 것이다. 유도만능줄기세포가 연구에 더 적합하다고 말할 수 있는 중요한 이유 세 가지는 다음과 같다. 우선 환자의 피부세포에서 유도만능줄기세포를 얻을 수 있다는 점이다. 직접제조공법으로 환자의 치유에 필요한 특정 부분의 줄기세포를 유도할 수 있고, 또 별도 추가 비용이나 노력 없이도 환자의 피부세포에서 다수의 유도만능 줄기세포주를 얻을 수 있는 것이다. 또한 유도만능줄기세포는 인간의 배아나 난자를 사용하지 않기 때문에 규제 요건이 상당히 간소화될 수 있다. 먼저 치료병원에서 쓰고 남은 환자의 세포를 사용해 만든 유도만능줄기세포는 바로 그 환자에 대한 치료 용도로 큰 장점을 갖고 있다. 그리고 유도만능줄기세포는 인간의 난자를 사용하지 않기에 많은 수의 난자를 생성하기 위해 배란 주기에 호르몬 치료를 받아야 할 필요가 없는 것이다.

한 가지 분명히 기억해야 할 사실은 인간배아줄기세포를 이용한 환자는 종양을 형성해 암세포로 전이될 수 있음이 밝혀진 것이다. 그러나 유도만능줄기세포에서는 종양생성 위험을 쉽게 제거할 수 있다. 하버드줄기세포연구소 공동소장인 더글러스 멜튼 박사는 이러한 문제를 2008년 안에 해결될 수 있을 것으로 예측하였다. 즉, 유도만능줄기세포를 종양을 생성시키지 않는 성숙한 세포로 변화시킴으로써 모든 만능줄기세포에 일반적으로 나타나는 종양발생의 위험을 극복할 수 있고, 그 결과 환자에게 안전하게 이식할 수 있게 된 것이다. 환자의 생명을 구하는 일은 중요하다. 이제 생명체인 인간배아를 훼손하지 않고도 난치병을 치유할 수 있는 연구가 완성되는 단계에 이르렀다. 현대과학의 발전은 참으로 많은 난제를 해결해 온 것이다. 일본 교토대학교의 신야 야마나카 교수가 2007년 11월 일반 피부세포를 배아 상태로 전환하는 것이 가능하다는 점을 보여주는 획기적 논문을 발표하였다. 유도만능줄기세포로 불리는 이 새로운 세포는 모든 체세포로 분화가 가능하기에 배아줄기세포보다 훨씬 용이하게 연구를 진행할 수 있게 되었다. 이 세포는 또 환자와 100% 일치하는 세포라는 점에서 여성 난자의 매매, 생명파괴 등 생명윤리에 반하는 복제 세포보다 우월하다고 한다. 지난 몇 년 사이 과학계에서는 배아 연구를 둘러싼 상황이 이렇게 급격하게 변화하였는데도 한국 사회에서는 그 연구 결과가 제대로 알려지지 않고 있다. 일본 연구진이 보통의 피부세포를 만능세포로 역분화할 수 있다는 것을 발견한 지금, 윤리적으로 문제가 많고 생명체인 인간배아를 파괴하는 복제 방법을 고수할 필요가 있는지 의문이 든다. 치료목적의 복제를 위해서는 많은 양의 난자가 필요하다. 하지만 일본 연구진의 이러한 연구 결과로 생명문화를 거역하면서 여성을 착취할 수 있는 위험이 따르는 황우석류의 실험은 이제 그 근거를 잃고 말았다. 유도만능줄기세포의 활용으로 생명윤리와 관련한 어려운 문제들을 피해갈 수 있게 되었기 때문이다.

이러한 과학 분야의 성공은 2008년 1월 28일 부시 미국대통령이 발표한 연두교서에도 인용되었다. 교서는 성체피부세포를 전환해 배아줄기세포의 역할을 하도록 하는 방법을 발견한 과학자들의 연구를 소개하면서, 이제는 인간생명의 파괴 없이도 의약의 시혜를 더 넓힐 수 있게 되었고 과거의 분열적인 논쟁을 극복하게 되었다고 평가하였다. 아울러 이러한 윤리적 의료연구에 연구비를 추가 지원하겠다고 선언하였다. 부시 대통령은 또한 인간생명의 매매, 특허 또는 복제와 같은 반윤리적인 행태를 금지하는 입법이 필요하다고 역설하였다.

호주에서도 움직임이 일고 있다. 최근 호주에서는 치료목적의 복제를 허용하는 입법을 반대하는 방향으로 민감하게 전환하고 있다. 이는 배아를 파괴하면서 불치병 환자들을 곧 치유할 수 있는 것처럼 기망하던 사이비 과학자들에게는 중대한 패배를 의미한다. 호주 의회의 이러한 움직임은 전문적 훈련을 받은 과학자들이 아닌 의원들조차도 급격한 과학적 변화에 따라갈 수 있다는 점과 새로운 사실이 입증되는 경우에는 결정을 바꿀 수 있다는 점을 잘 보여주고 있다. 호주 '윤리적 줄기세포연구소' 소장 데이비드 반 젠느 박사는 "복제에 관한 한 더 이상 설득력 있는 주장은 없으며 이제 복제라고 하는 말라비틀어진 과학은 고사될 수 있다"고 증언하였다. 호주뿐 아니라 다른 많은 나라에서도 국회의원들이 치료목적의 복제를 허용하는 법을 통과시키는 것에 주저하고 있는 상황이다. 그런데 우리나라는 이와 다르다. 임기가 다 끝나가던 17대 국회가 2008년 5월 16일 믿기 어려운 불법과 날치기로 「생명윤리 및 안전에 관한 법률 개정안」을 단 한 사람의 이의도 없이 통과시켰다. 이에 앞서 국회 법제사법위원회는 정부가 국가생명윤리심의위원회의 심의를 거쳐 제안한 법안을 무시하고, 박재완 의원이 대표발의한 생명윤리법 개정안을 본회의에 상정키로 의결하였다. 이 개정 법률은 그 입법절차부터 잘못일 뿐 아니라 그 내용이 인간배아의 파괴를 허용하는 것으로 되어 있다. 자연과학에 대한 학문적 이해와 입법에의 반영을 도외시하면서 일부 생명윤리를 파괴하는 주장에 가까운 법률을 의결한 것이다.

17대 국회의 비극적 과오를 바로잡아야 할 몫은 18대 국회로 넘어 갔으나, 그 임기 4년이 끝나는 현재까지 소관 상임위원회에서는 아무런 논의조차 이루어지지 않고 있다. 인간생명의 존엄성을 지키는 일보다 더 중요한 일이 또 있을까. 18대 국회가 회기 말의 혼미 속에서 인간생명의 가치를 무시하고 이성적으로는 이해할 수 없는 입법을 한 잘못을 새로 출발하는 19대 국회가 바로잡아 주기를 기대해본다.

낙태문제에 있어 의학적 쟁점에 관한 고찰

심상덕*/최안나**

Ⅰ. 서 론

낙태 문제는 인문학적 측면(종교 철학 혹은 윤리적 측면 및 사회 경제학적 측면)과 의학적 측면 등 다양한 분야의 복합적 이슈를 가지고 있다. 따라서 한 개인이 어느 영역에 종사하는가 하는 점과 어떤 개인적 소신을 가지고 있느냐에 따라 각자의 주장이 첨예하게 엇갈리고 있는 것이 현실이다. 특히 인문학적 측면에서는 프로라이프로 일컬어지는 종교철학적 측면과 프로초이스로 일컬어지는 사회 경제학적 측면의 주장이 그 양극단에 위치하면서 오랜 기간 갈등과 답보의 상태를 유지해오고 있다. 그리고 이런 양자의 갈등은 다 나름대로 타당성이 있고 어느 한쪽의 주장이 일방적으로 옳다고 말하기는 어렵다. 왜냐하면 바라보는 관점에 따라, 또는 비

* 산부인과 전문의, 진오비(진정으로 산부인과를 걱정하는 의사들 모임) 회원.
** 산부인과 전문의, 진오비 대변인.

중을 두는 핵심 사항을 어느 것으로 하느냐에 따라 좌우되는 문제이기 때문이다. 그렇기 때문에 낙태 이슈에 있어 의학적 측면의 고찰이 중요하다. 의학적 측면은 비교적 객관적 기준을 바탕으로 할 뿐 아니라 종교철학적 측면이나 사회학적 측면이나 모두 의학적 혹은 생물학적 측면을 도외시하고 판단할 수는 없는 것이기 때문에 낙태 이슈에서 중요한 위치를 점한다고 할 수 있다. 그러나 의학적 측면이라고 해서 모든 의학자들이 일치된 견해를 가지고 있는 것은 아니며 낙태 이슈에 있어 사안별로 주장이 다소 엇갈리기도 한다. 그렇다해도 그런 차이는 상대적으로 적은 편이며 그보다는 의학적 측면을 고려치 않거나 비중을 가볍게 여김으로써 오는 갈등이 훨씬 큰 것이 현실이다. 그래서 낙태 문제가 추상적이고 주관적인 판단의 대상에서 보다 더 객관적이고 정확한 판단의 대상으로 고려되어 해결의 실마리를 찾는 데 도움이 되도록 의학적 측면이 주된 몇 가지 쟁점에 대하여 고찰해보고자 한다.

Ⅱ. 본 론

1. 생명의 시작을 어디로 볼 것인가 하는 문제

생명의 시작을 어디로 볼 것인가에 대한 다양한 견해는 죽음의 순간을 언제로 정할 것이냐 하는 논쟁만큼이나 오랜 기간 의학자들의 이슈 중 하나였다. 죽음의 정의에 관하여도 아직 모든 사람이 동의하는 정의가 내려져 있지는 않지만 의학자들 간에는 뇌사의 순간을 죽음의 순간으로 본다는 데 대체로 의견의 일치를 보고 있다.

그러나 생명의 시작 혹은 우리가 지상의 것으로 존귀하게 보호해야 할 생명의 순간을 어디로 정할 것이냐 하는 문제는 보다 더 첨예한 대립을 보이고 있다. 왜냐하면 죽음의 순간도 그렇기는 하지만 생명의 시작과 발달은 단계적인 과정을 따르는 것이 아니라 일련의 연속된 과정에 놓여 있기 때문이다. 그럼에도 불구하고 생명의 시작 순간에 대하여 사회가 공감대를 형성하는 것은 매우 중요한데 이는 생명의 순간을 어디로 정하는가에 따라 많은 의학적 조치들이 그 정당성을 잃거나 얻게 되는 측면이 있기 때문이다.

생명의 시작을 수정 순간이나 그 전으로 정의할 경우 수정된 난자를 이용한 여러 의학적 조치들은 낙태의 범주에 포함되고 그렇게 될 경우 이는 도덕적 갈등과 논란의 여지를 계속 초래하게 되기 때문이고 결국은 의학적 발전과 윤리적 충돌이라는 바람직하지 않은 대립 관계를 초래하기 때문이다. 그렇기 때문에 생명의 시작 순간에 대한 정의는 낙태 논쟁에서 우리 사회가 가장 먼저 합의를 이루어야 하는 부분이라 해도 과언이 아니다. 물론 현재 우리 인간이 생명의 시작 순간을 어디로 정하는가 하는 것은 어쩌면 정의의 문제가 아닐 수도 있을 것이다. 지금은 그렇지 않지만 과거 중세 이전까지는 출산되지 않은 태아는 보호해야 할 생명으로 인정하지 않았으며 이로 인해 많은 태아들이 희생되었고 지금은 그런 비극적 역사가 있었음을 많은 사람들이 부끄러워하고 있다.

1975년 낙태에 관한 서독 연방 헌법재판소의 판결은 이러한 인간의 자의작 판단의 위험성을 감안한 것이라 하겠다. 당시 서독 연방 헌법재판소는 낙태 허용이 위헌임을 판결하면서 아래와 같이 밝혔다. “언제부터가 인간인가에 대해 말하기는 참 어려운 문제이다. 이때 법은 가장 안전한 길을 택해야 한다. 즉 ‘태아도 인간이다’라는 길을 택해야 한다. 만일 그렇지 않고 ‘태아는 인간이 아니다’

라고 하고 낙태를 허가한 후 '태아도 인간이다'라는 통일된 학문적 결론이 내려진다면 법이 살인을 허용하는 결과를 초래하기 때문이다." 그러나 생명의 시작 시점에 관한 자의적 판단의 위험성을 감안하더라도 사람에 따라 자신의 기준에 따라 마음대로 이렇게 혹은 저렇게 해석하고 행동하도록 허용하는 것 또한 바람직하다고 말하기는 어려울 것이다. 그래서 철저한 논의와 검증을 거쳐 생명의 시작에 대한 대략적인 공감대를 이룰 필요가 있다고 할 것이다.

우선 생명 발생에 관하여 의학적 과정을 먼저 살펴보자. 인간 생명의 발생은 첫단계는 남성의 정소에서 정원세포로부터 정자가 발달하고 여성의 난소에서 난원세포가 성숙하여 배란기에 난포로 발달되어 난자가 배란되어 나오는 것에서부터 시작한다. 정자와 난자는 여성의 몸의 난관에서 수정이 이루어지고 수일 간의 성숙기간을 거친 후에 자궁 내막에 착상 소위 잉태가 된다. 잉태된 태아는 포배기 등 여러 발생학적 과정을 거쳐 점차 성인 인간의 모습과 비슷한 형태와 기능을 갖추어 나가다가 대략 임신 40주 정도에 출산을 통하여 세상 밖으로 나오게 된다. 간단히 태아의 발달 과정을 시기별로 요약하면 아래와 같다.

임신 1개월	정자와 난자가 수정되어 수정란이 자궁 안에 착상 되고 수정란의 분열이 일어나 개체화되는 시기
임신 2개월	쌀알만한 크기로 심박동이 시작되고 팔 다리와 각종 기관이 발생하고 뇌가 발달하는 시기
임신 3개월	얼굴 윤곽이 뚜렷해지고 머리와 몸통의 형체와 손발의 형태가 확실해지고 초음파로 움직임이 관찰되는 시기
임신 4개월	각종 장기의 형성이 완료되고 폐기능도 시작되는 시기
임신 5개월	엄마가 느끼는 태동이 시작되어 외부에서 태아의 존재를 구체적으로 확인할 수 있는 시기

임신 6개월	뇌가 급격히 발육하여 출산이 되더라도 현재의 의학 기술 수준에서 외부적 도움이 있을 경우 생존이 가능한 시기
임신 7개월	폐를 구성하는 폐포가 형성되어 숨을 쉴 수 있고 시각과 청각 기능이 갖춰져 빛과 소리에 반응하는 시기
임신 8개월	태아의 뇌와 폐의 성숙이 거의 이루어져서 특별한 의학적 도움이 없이도 생존이 가능한 시기
임신 9개월	면역 시스템이 형성되고 완전한 인간의 형체와 기능을 갖춘 시기
임신 10개월	체중 3kg, 키 50cm 전후로 눈물샘과 골격의 골화 등 몇 가지를 빼고는 성인 인간과 동일한 상태

여기서는 편의상 시기를 나누어 놓았지만 상기 기능과 발달은 연속적 과정이며 어느 순간을 떼어 이때부터는 아니고 이때부터는 그렇다고 말하기 매우 어려운 상황이다. 그런 점 때문에 어디를 생명의 시작으로 정하든 항상 논란의 여지와 모순의 문제는 남는다. 여하튼 그런 점을 감안하고 과거 그리고 현재 논의되고 있는 견해는 다음 4가지 정도이다.

(1) 출생설

출생하는 순간을 인간의 존엄성을 가진 생명의 순간으로 보는 견해이다. 10개월의 임신 기간을 마치고 출생하는 순간을 기점으로 삼기 때문에 10개월설이라고도 한다. 그러나 단순히 출생이라는 사건 이외에는 태아로서는 그 이전과 이후에 달라지는 것은 없고 의학의 발달로 하여 비록 출산은 되지 않았다 하더라도 태아의 존재가 분명히 확인되는 현재로서는 출산의 순간을 생명의 시작으로 보는 사람은 많지 않다.

(2) 체외 생존설

태아가 산모의 모체 밖에서 생존이 가능한 시기를 보호해야 할 생명의 시작으로 보는 견해이다. 당시는 임신 28주를 체외 생존의 가능한 시기로 보고 28개월설이라고도 했지만 의학의 발전으로 현재는 24주 혹은 20주까지도 생존하는 것이 가능해져서 단순히 28개월설이라고 부르기에는 무리가 있지만 주장의 논거는 같다. 이는 미국의 로대웨이드 판결에서 택한 기준이기도 하지만 체외 생존의 가능성은 의학의 발전과 거주 지역의 의료 발달 정도에 따라서 달라지는 문제가 있어 순수하게 의학적 판단 외에 사회적인 요인에 의해 좌우된다는 문제가 있다.

(3) 태동설

태동이 느껴지는 순간을 생명의 시작 혹은 보호해야 할 생명의 시작으로 보는 견해이다. 과학적 지식이 없던 19세기에 보편적인 생각이었지만 현재 의학의 발달로 태아에 대하여 좀더 자세히 알게 되면서 태동을 생명의 시작으로 보는 사람 역시 많지는 않다.

(4) 뇌파설

독일의 생명 윤리학자인 한스 마르틴 사스가 최초로 주장한 견해로 뇌의 형성이나 뇌파의 측정을 기점으로 삼자는 주장이다. 태아의 뇌가 수정후 60일 정도 형성되고 이후 10 내지 20일 후 뇌파도 검출되기 때문에 이때를 기준으로 하자는 것인데, 이는 생명의 끝을 뇌사로 정하는 대다수 학자의 견해를 감안하여 마찬가지로 뇌파가 발생하는 때를 기점으로 삼자는 것이 주장의 근거이다.

(5) 기관형성설(심장설)

기관 형성설과 심장설은 약간 다르지만 시기적으로 거의 비슷하기 때문에 함께 묶었다. 태아의 뇌와 심장 등 주요 기관이 형성되는 임신 8주 정도를 기점으로 하는 견해이다. 초음파라는 현재의 의학 기술로 태아가 정상적으로 생존하고 있는지를 의학적으로 판단할 수 있는 최초의 시기라는 측면이 있다.

(6) **잉태설**(착상설)

수정란이 모체의 자궁에 착상되는 순간을 생명의 기점으로 보는 견해이다. 수정후 대략 1 내지 2주 후에 자궁 안의 착상을 확인할 수 있기에 14일설이라고 부르기도 한다. 현대 의학의 발달 전이라 정확한 의미로 썼다고 말하기는 어렵지만 현대 의학의 아버지로 불리는 히포크라테스가 주장하고 소위 히포크라테스 선서로 알려진 선언문을 통해 밝힌 견해이다.

(7) **수정설**

정자와 난자가 만나 수정되는 순간을 생명의 시작으로 보자는 견해이다. 수정란이 자궁에 착상되기까지는 약 1주일 정도의 기간이 걸리기 때문에 잉태설과는 약 1주일 간의 시간차가 발생한다.

현재 의학자들은 대체로 잉태설을 좀더 선호하며 종교인들은 수정설을, 사회학자나 정치가들은 체외생존설을 선호하는 편이다. 진오비 회원을 비롯하여 종교적이거나 사회학적 측면에 경도되지 않은 순수 의학자들의 견해는 잉태설, 즉 착상 이후에 임신이라고 진단한다는 점과 생명의 정의에 있어서는 의학적 견지가 보다 더 중요하게 받아들여져야 한다는 점에서 자궁 내 착상을 기점으로 생명으로 존중하는 것이 가장 합리적이라고 생각한다. 이는 수정란의 약 70%(학자에 따라서는 30%)가 자연적으로 소멸된다는 점, 수정란의 세포 중 일부가 태아로 발전한다는 점에서 설득력이 있으며 현재 일반화된 불임치료 목적의 각종 보조생식술, 자궁 내 장치와 같은 피임 방법, 그리고 자궁 안에 착상되지 않은 자궁 외 임신과 같은 비정상 임신의 치료 경우에서 윤리적 충돌이나 갈등을 피할 수 있다는 점에서 장점이 있다. 그러나 위에서 말했다시피 위 견해 모두는 기본적으로 인간 개체의 시작 또는 생명의 시작이 어느 한 순간의 이벤트가 아니라 점진적 과정에 있다는 기본적인 난제를 안고 있다. 수정의 순간이나 잉태의 순간이나 태동의 순간 등 모두가 어느 찰나의 순간에 일어나는 일이 아니며 모두가 동일한 딜레마를 공통으로 가지고 있다면 결국 기점을 나누는 기준은 생물학적·의학적 의미의 생명 현상에 가장 부합하는 것을 택하는 것이 무난할 것이다.

참고로 생물학적으로 생명의 기준은 여러 가지가 있으나 대채로 다음 4가지 요건을 충족할 때로 본다.

1. 물질 대사작용
2. 성장과 번식
3. 환경에 대한 반응과 적응
4. 항상성의 유지

물론 위 조건은 인간만이 아니라 모든 생명체의 필요조건이지만 인간 나아가 태아도 생명 일반의 범주에 포함된다고 할 때 과연 어느 순간부터 위와 같은 조건을 비교적 충실히 만족하는가 말하라면 수정의 순간이라 말하기는 어려운 점이 있다. 물론 잉태설 등 다른 이론도 정도의 차이는 있지만 모든 조건을 만족하지는 못한다. 다만 우리의 보편적 윤리 기준과 의학적 소견을 바탕으로 할 때 현재로서는 생명의 시작으로 산모의 자궁에 정상적으로 착상이 된 잉태 시점을 기본으로 삼는 것이 가장 합리적인 판단으로 생각한다.

2. 안전한 낙태라는 주장의 타당성 문제

낙태가 현재처럼 보편적 의료 행위로 자리매김하면서 급격히 발생 건수가 늘어난 것은 낙태 시술의 발달과 관련한 점이 있다. 과거 임산모의 자발적 조치로 인한 다수의 사망사례가 보고되었지만 1960년대로 들어오면서 마취 기술과 항생제 그리고 초음파 및 의료 기구의 발달로 낙태 시술 자체로 인한 사망사례는 대폭 감소한 것이 사실이다. 이런 점 때문에 전문가에 의한 안전한 낙태라는 주장이 설득력을 얻게 되면서 낙태의 폭넓은 허용에 관한 근거로 흔히 제시되고는 한다. 그러나 낙태의 안전성에 관하여는 아직도 일치된 견해가 없으며 의학자들간에도 이견을 보이고 있다.

그런 견해의 차이는 안전함 혹은 위험성에 관한 적용 기준의 차이에서 발생하는 것이다. 이는 다음과 같은 몇 가지 측면에서의 견해 차이에서 오는데 그것은 다음과 같다.

첫째는 낙태를 함으로써 발생할 수 있는 문제를 전문가에 의한 낙태와 비전문가에 의한 낙태로 초래될 수 있는 부작용의 측면에서 보는가 아니면 낙태로 오는 문제(낙태 부작용)와 낙태를 하지 못함으로써 오는 문제(출산에 따르는 문제와 양육에 따르는 문제)의 비교를 통해 판단하는가 하는 판단 근거의 차이이고,

둘째로 낙태를 함으로써 혹은 낙태를 하지 못함으로써 초래되는 부작용을 단기적이고 육체적 후유증의 측면을 강조하여 보는가 아니면 장기적이고 정신적 후유증의 문제를 강조하여 보는가 하는 관점의 차이이며,

세번째는 낙태를 함으로써 혹은 낙태를 하지 못함으로써 감수해야 하는 부담의 문제를 노출된 것을 위주로 보느냐 아니면 잠재적이고 은닉된 것을 포함하여 보느냐 하는 관점의 차이인데 사실

이것은 객관적 기준을 세우기 어려운 측면이 있다.

이상의 세 가지 관점의 차이 중 세 번째는 두 번째와 중복된 점이 있는데 낙태를 함으로써 오는 중장기적 후유증과 잠재된 문제들은 상당 부분 가려질 수밖에 없는 점이 있기 때문이다. 여하튼 첫 번째 부작용의 측면에서는 비전문가에 의한 낙태보다는 전문가에 의한 낙태가 더 안전하다는 것은 재론의 여지가 없지만 과연 전문가에 의한 낙태라고 해서 안전한 낙태라고 할 수 있는가 하는 점에서 고민해 볼 여지가 있다. 그리고 사실 일부 의료 후진국을 제외하고는 대부분의 시술이 전문가에 의해 이루어지기 때문에 전문가와 비전문가에 의한 시술의 비교보다는 낙태 자체의 후유증을 비교하는 것이 더 합리적일 것이다.

그런 기본 토대를 공유한다면 낙태로 초래될 수 있는 위험은 이제 낙태를 하지 못함으로써 오는 문제와 구체적인 비교가 가능해질 뿐 아니라 설사 낙태를 하게 되는 경우라도 그에 따라 발생할 수 있는 부작용과 후유증에 대한 보다 더 적극적이고 구체적인 예방과 치료 계획을 마련할 근거가 생기게 된다. 그리고 그런 기본 토대를 진정성을 가지고 이해하게 된다면 낙태로 초래되는 위험을 단순히 육체적 부작용의 측면에서만 보려고 하는 편협성도 상당 부분 벗어나게 될 수 있을 것이다.

사실 낙태로 초래되는 위험성은 육체적 후유증보다 정신적 후유증이 더 큰 측면이 있는데 어떤 관점을 가지느냐에 따라 다른 쪽을 외면하려고 하는 확증 편향의 경향이 인간의 심리에 있기 때문에 시간적으로는 단기적 부작용과 장기적 부작용을 아우르는 전시적 관점으로, 의학적으로는 육체적 후유증과 정신적 후유증을 함께 고려하는 전인적 자세가 매우 중요하다. 그런 바탕을 가진다면 낙태의 후유증이 비록 단기적이고 육체적으로는 낙태를 하지 못하고 출산하는 데 따르는 위험보다는 더 크다고 할 수는 없겠지만(이것도 임신 초기의 낙태에만 해당되는 것이지만) 전시적 · 전인적 관점으로 보면 낙태의 위험이 출산에 비하여 훨씬 더 클 수 있다는 점에 동의하기 어렵지 않을 것이다. 참고로 낙태로 인해 발생할 수 있는 여성의 의학적 후유증은 아래와 같다.

육체적 후유증	골반염, 난관염, 복막염, 불임, 자궁외임신, 자궁 경부 열상, 출혈, 자궁 천공, 내부 장기 손상, 다음 임신의 유산 및 조산 위험 증가, 유방암 발생률 증가, 출혈이나 감염 혹은 마취 부작용으로 사망
정신적 후유증 (낙태 후 스트레스 장애)	우울증, 죄책감, 분노, 불면증, 자살 충동, 신경 쇠약, 대인기피증, 음주, 약물 중독, 아동 학대, 성기능 장애

보다시피 골반염이나 난관염, 자궁 손상과 출혈 등 몇 가지의 단기적이고 신체적인 후유증이 있을 수 있다. 그러나 그 모두는 장기적으로 발생할 수 있는 유방암의 발생률 증가에 비하면 어쩌면 상당히 가볍게 볼 수도 있는 것들이다. 왜냐하면 비록 낙태의 단기적 · 육체적 후유증 발생 위험이 전체 낙태 중 10% 정도의 빈도로 적지는 않지만 가장 치명적 단기 후유증인 사망건은 3000건당 1명 정도의 빈도로 아주 높다고 할 수는 없기 때문이다. 2007년에 패트릭 캐롤이라는 연구자는 “유방암 발병률의 증가는, 낙태율의 증가와 출산율의 저하에서 기인한다고 설명하는 것이 가장 합당하다”고 하는 논문을 미국 내과학회지에 발표하였고 각각 1930년, 1940년, 1950년에 출생한 여성의 낙태율과 유방암 발생률을 비교하여 상관계수는 최대 수치인 1에 근접하는 0.98이라는 사실을 밝히기도 하였다.

그러나 소위 낙태 후 스트레스 장애라고 하는 정신적 후유증의 측면에서 보면 낙태의 위험은 낙태를 하지 못하고 출산함으로써 생길 수 있는 위험에 비하여 비교할 수 없을 정도로 높다고 할 수 있다. 낙태로 하여 우울증, 죄책감, 분노, 불면증, 자살 충동, 신경 쇠약, 대인 기피증, 음주, 약물 중독, 아동 학대, 성기능 장애 등의 정신적 후유증도 정도의 차이가 있으나 낙태를 한 여성 대부분에서 나타날 뿐 아니라 10% 정도의 여성에서는 일상 생활이 곤란할 정도의 중증 장애를 보이고 있다. 또한 이런 후유증은 시간이 간다고 해서 저절로 좋아지지 않으며 사람에 따라서는 시간의 경과에 따라 더 심해진다는 보고도 있다.

반면 낙태를 하지 못하고 출산을 하게 됨으로써 오는 부작용은 일시적일 뿐 아니라 육체적 정신적 후유증이라기보다 직장과 학업 유지에서의 손해와 같은 사회적 문제이거나 양육에 따르는 경제적 부담의 문제인데 이런 것들은 정신적 후유증에 비하면 훨씬 개선이 쉬운 것들이다. 따라서 안전한 낙태라는 말은 비전문가에 의한 낙태에 비하여 전문가에 의한 낙태가 더 안전하다는 단순한 사실을 말할 뿐이며 결코 낙태를 하지 않는 것보다 낙태를 하는 것이 더 안전하다는 것으로 호도하는 우(愚)는 범하지 말아야 할 것이다.

3. 피임의 문제

낙태 문제의 해결 방안은 결국 크게 두 가지로 나눌 수 있다. 하나는 낙태를 하지 않고 출산을 선택할 수 있도록 돕고 사회의 인식과 제도를 개선하는 일이며 다른 하나는 낙태의 위험에 빠지지 않도록 미리 원치 않는 임신을 예방하는 것이다. 원치 않는 임신을 한 여성으로 하여금 출산을 흔쾌히 선택하도록 하는 것은 국가가 처한 사정마다 다르겠지만 상당한 비용과 노력 그리고 시간이 걸리는 일이지만 원치 않는 임신을 미리 예방하게 된다면 훨씬 더 적은 노력으로도 더 나은 효과를 거둘 수 있다. 이는 의료 영역에서 질병에 대한 치료보다 예방이 중요한 것과 같은 맥락이다.

원치 않는 임신을 미리 예방하는 방법에 있어서도 역시 두 가지 방안으로 해결책을 찾을 수 있는데 하나는 건전한 성관계와 성윤리를 회복하는 일이고 다른 하나는 효율적인 피임을 하도록 돕는 것이다. 물론 성윤리의 회복이 가장 바람직하다. 그러나 일부 여성 단체가 여성의 자기 결정권, 성적 자기 결정권을 내세우며 낙태의 허용을 주장하는 마당에 개개인의 성윤리와 성행위까지 국가나 사회가 간섭하는 것은 어려운 일이다. 장기적으로 윤리 회복 운동과 교육, 계도를 해야 하겠지만 인터넷을 통한 성적 정보의 범람과 선정적 대중 매체의 영향을 감안할 때 이는 매우 지난한 과정이 될 것이라고 생각된다. 따라서 현재로서는 효과적인 피임 방법을 택하도록 홍보와 계몽을 하는 것이 낙태를 줄일 수 있는 거의 유일한 방법으로 보인다. 특히 우리나라의 경우 피임에 대하여 제대로 알리고 올바른 피임법을 활용하게 된다면 대폭적인 낙태 시술 감소를 기대할 수 있다. 선진 외국의 경우 이미 피임약과 같은 효과적 피임법의 사용에도 불구하고 낙태율은 정체나 혹은 오히려 증가 추세에 있는 것을 감안할 때, 피임 실천율이 매우 낮은 우리나라는 오히려 개선의 여지가 더 많다는 점에서 희망적이라 할 수 있겠다.

2010년도에 보건복지부에서 발표한 낙태 관련 통계는 비록 4000명의 여성에 대한 조사이기는 하지만 그 세부 내용에서는 주목할 만한 부분이 있다. 보건복지부 발표에서 눈여겨볼 만한 부분은 낙태 경험 여성의 피임에 대한 것과 낙태를 하게 된 원인이다.

우선 낙태를 하게 된 원인은 기혼·미혼 합하여 원치 않는 임신이 35.0%, 경제상 양육 어려움이 16.4%, 태아의 건강문제가 15.9%로 대다수를 차지했다. 과거나 지금이나 낙태를 하게 된 첫번째 동기는 원치 않는 임신이다. 상식적으로 생각해도 아이를 원하지 않으면 성관계를 피하거나 아니면 효과적인 피임법을 택해야 한다. 그러나 통계는 단적으로 말해 아이를 원하지 않으면서도 성관계 하며 피임하는 것은 소홀히했다는 것을 보여주고 있다. 낙태를 하게 된 당시 전체 응답자 중 60%가 아예 피임을 하지 않았고 피임하지 않은 이유로는 임신될 줄 몰라서(62.2%)가 가장 많았다. 피임했으나 실패했다고 답한 경우도 42%가 월경 조절술, 40%가 질외 사정법으로 80%가 넘는 여성들이 실패율이 매우 높은 부정확한 피임법에 의존하였다가 낙태하게 된 것으로 파악되었다. 과거에 비해 피임 방법의 성공률이나 부작용 면에서 많은 발전이 이루어졌음에도 효과적인 피임을 택하지 않고 그저 운에 맡기다가 임신이 되면 낙태를 하는 것이 수십 년간 반복되어 온 우리의 모습이다. 세계 최고 수준의 우리나라 교육열을 생각해 볼 때 이러한 국민적 피임 무지는 기가 막힌 상황이다.

이런 통계는 2010년 피임연구회와 바이엘쉐링제약의 낙태 경험 여성의 피임방법에 대한 조사 결과도 마찬가지였다. 낙태 시술을 1회 이상 받은 20대 이상의 한국 여성 430명을 대상으로 피임 인식 조사를 한 결과를 보면 자연 피임법(월경주기법이나 질외사정) - 67%, 콘돔 - 36%, 피임 안함 - 13%, 피임약 - 4%, 자궁 내 장치(루프) - 3%의 순이었다. (복수 응답)

자연 피임법의 피임 실패율은 30% 이상으로 높은 것으로 알려져 있고 콘돔에 의한 피임도 올바른 방법으로 사용치 않을 경우 피임 실패율이 15% 이상이나 된다. 효과적 피임법인 피임약이나

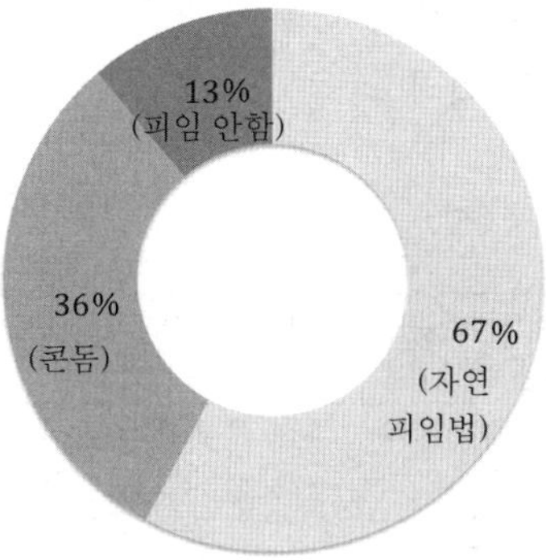

자궁 내 장치를 사용하는 국민들은 둘을 합하여 10%도 채 되지 않는다. 대부분의 낙태 경험 여성은 올바른 피임을 하지 않은 것이 직접적인 원인이다. 낙태의 대폭 허용을 주장하는 일부 단체들이 100% 정확한 피임법이 없고 피임약을 먹어도 임신이 될 수 있는데 어떻게 하란 말이냐고 주장하는 것은 위 통계만을 본다면 상당히 설득력이 떨어진다. 이런 추세가 지속되는 이유는 낙태의 위험성에 대해 제대로 알지 못하고 임신되면 낙태하면 되지 하는 안이한 생각과 아무런 제재 없이 쉽게 낙태할 수 있는 사회적 환경 때문이다. 결국 우리나라의 경우 낙태 문제의 해결은 낮은 피임 실천율의 해결과 상당 부분 겹친다고 할 수 있다.

이렇게 피임의 문제가 매우 중요하지만 문제는 피임의 방법에 있어서 사회적 직종 간에 다소 이견이 있다는 점이다. 일부 종교계에서는 일부 피임법을 낙태와 같은 행위로 보는 경향마저 있다. 그러나 의학자들의 대체적 견해로는 현재까지 알려진 피임 방법은 대부분 착상 이후에 작용하는 것들이 아니기 때문에 의학적으로 낙태로 보는 사람은 많지 않다. 의학계 내에서도 완전히 이견이 없는 것은 아니지만 피임 방법과 관련하여는 일부 종교계와 우리 사회 일반이 가진 인식의 차이가 좀 우려할 만한 수준이 아닌가 생각한다. 간단히 피임 방법과 피임 성공률에 대하여 살펴보면 다음과 같다.

먹는 피임약	난소에서 배란을 억제하여 피임하는 방법으로 정확한 복용법을 지킬 때 피임 성공률 97% 이상
응급 피임약	성관계 후 72시간 내에 복용하여 난자와 정자의 수정과 수정란의 자궁 내 착상을 방해하여 피임하는 방법으로 피임 성공률 70% 전후
콘 돔	정자의 자궁 내 진입을 차단하는 방법으로 올바로 사용시 피임 실패율은 5% 이하이지만 적절히 사용하지 않을 경우 피임 실패율 15% 이상
자궁 내 장치(루프, 미레나)	자궁 내에 수정란의 착상을 방해하는 피임 기구를 삽입 장착하는 방법으로 피임 성공률 95% 이상
삽입형 피임법(임플라논)	팔에 가느다란 호르몬 분비 막대를 삽입하여 배란이 억제되도록 하여 피임하는 방법으로 피임 성공률 99% 이상
체외 사정법	여성의 질 외에 사정하여 정자의 자궁 내 진입을 피하는 방법으로 피임 성공률 80% 이하
살정제	여성의 질 안에 살정 작용의 좌약을 넣어 정자를 죽여 피임하는 방법으로 지시대로 사용시 피임 성공률 85%
배란 주기법	배란기를 피해 성관계를 갖도록 하여 피임하는 방법이며 피임 성공률 80% 이하
난관수술/정관수술	난관이나 정관을 묶어 영구히 피임하는 방법으로 피임 성공률 99% 이상

이 중 특히 논란이 되는 것은 응급 피임약과 자궁 내 장치이다. 왜냐하면 이런 방법들은 수정란의 착상을 억제하는 것이기 때문에 일부에서는 낙태의 일종으로 보기도 하는데 그 근거는 생명의 시작점을 수정설로 보기 때문이다. 생명의 시작점을 수정설로 보지 않고 잉태설로 볼 경우는 이는 낙태의 범주에 들어가지 않는

데 이런 점 때문에 의학계 내부에서보다는 의학계와 종교인들간에 논쟁이 일고 있는 상태이다. 논란의 여지를 최소화할 수 있으면서 피임 실패율이 비교적 적은 방법은 먹는 피임약과 콘돔의 사용이며 현재로서는 두 가지 피임법의 대중화를 바탕으로 하면서 점차 자궁 내 장치 등 다른 피임법에 대한 사회의 공감대를 이루어나가는 방식이 무난할 것으로 판단된다.

4. 불임치료 시술과 선택유산 문제

불임(난임)은 정상적인 성관계를 갖는 부부에서 1년 이상 임신이 되지 않는 경우로 이런 난임 부부들을 위하여 여러 가지 의학적 치료 기술이 개발되어 있다. 난임 치료로는 배란이 잘되지 않는 경우 약물을 이용하여 배란을 돕는 배란 유도와 정자의 자궁 내 진입이 어려운 경우 정액을 특수 처리하여 자궁 내로 넣어주는 인공 수정, 체내수정이 어려운 정자와 난자를 체외에서 수정시켜 수정란을 자궁 안에 착상시키는 체외수정(시험관 임신) 시술 등이 있다. 이 중 수정란을 대상으로 하는 체외수정 시술이 논란의 대상이며 특히 잉여 수정란을 폐기하는 문제와 수정란의 일부 세포를 떼 내어 유전 질환 등을 검사하는 착상 전 유전자 진단과 이를 통해 선택 임신하고 이상 수정란을 폐기하는 것을 낙태의 범주로 넣을 것인가 하는 논쟁은 첨예한 대립각이 형성되어 있다. 우리나라는 1985년 체외수정 시술에 의해 첫 시험관 아기가 탄생한 이후 보조생식술 시행 의료 기관과 시술 건수가 계속 증가하여 대한산부인과학회 인공수태시술 의료기관 심사소위원회의 보고에 의하면 2008년 78개의 보조생식술 시술기관에서 28,029건의 보조생식술을 시행하여 5,291명의 신생아가 출산되었다. 현재 한 해에 약 3만여 건의 보조생식술을 시행하는 것으로 추정된다.

난임 치료 문제에 있어 수정설을 바탕으로 모든 보조생식술을 금지할 수도 있겠지만 이를 통하여 태어나는 아이들과 난임 부부의 간절함을 볼 때 그렇게 간단하게 재단할 수 있는 문제는 아니다. 보조생식술의 정당성을 판단하는 잣대는 결국 목적과 수단에 대한 판단과 생명의 시작점을 어디로 정할 것인가 하는 문제로 귀결된다. 생명의 시작점을 잉태설로 할 경우 아무런 문제를 초래하지 않지만 수정설을 주장하는 이들에게 이 시술들은 낙태의 범주에 들어갈 뿐이다. 그래서 수단과 목적의 문제를 생각하지 않을 수 없는데 혹자는 아무리 좋은 목적이라 하더라도 잘못된 수단을 통할 수 없다고 생각한다. 그러나 낙태에 관한 한 대부분의 나라에서 그 허용 범위에 산모의 생명과 건강권을 넣고 있으며 이는 낙태라고 하는 수단도 그 목적의 정당성 또는 불가피성을 감안하지 않을 수 없다는 이야기가 된다. 그렇다면 불임 부부가 원하는 아기를 얻고자 하는 욕망을 그런 기본권과 비교할 수 있느냐 하는 문제가 있다. 그러나 이는 이미 의학적 범주의 판단을 넘어서기 때문에 여기서는 그저 그런 논란이 있다는 정도만 밝히고 넘어가고자 한다. 다만 생명의 시작을 의학자들이 잉태설로 보는 것은 의학적 · 생물학적 합리성에 더하여 이렇게 피임과 난임 치료의 문제 등을 해결하려는 측면도 있기 때문이라고 생각한다.

국가별로 냉동배아 이식을 금지하는 이탈리아부터 난자 매매까지 허용하는 미국에 이르기까지 보조생식술에 대한 규제 범위는 나라마다 다르다.

우리나라는 과거에 정부의 규제 없이 민간 의료기관에 의해 난임 치료 영역이 확대 발전되어 왔으나 2005년 「생명윤리 및 안전에 관한 법률」이 시행된 이후 모든 배아 생성 의료기관은 보건복지부의 인준을 받도록 되어 있어 현재 150개의 기관이 인준되어 있고 정부의 지침에 의해 보조생식술을 시행하고 있다. 과거에는 체외수정시 임신 성공률을 높이기 위해 다수의 수정란을 이식하는 경우가 일반적이었고 이에 따른 다태 임신과 선택유산이 흔하게 일어났다. 정부가 배아 이식수를 제한하는 지침을 마련한 후 이식 배아수가 과거보다는 감소하였으나 2011년 대한산부인과학회 인공수태시술 의료기관 심사소위원회의 보고에 의하면 3개 이상의 배아를 이식하는 경우가 아직도 70% 이상이어서 다태 임신의 증가는 당연한 귀결이라 하겠다. 다태 임신이 된 경우 조산의 가능성 등을 막기 위해 선택적으로 유산시키는 것이 우리나라에서도 일반적으로 행해지고 있지만 그 동안 선택유산의 위법적 문제는 차치하고라도 시술 건수와 결과, 부작용 등 실태에 대해 조사된 적이 없다.

선택유산은 낙태와 달리 인위적으로 다태 임신을 유발하여 초래된다는 점에서 일반적인 낙태와는 또 다른 윤리적인 문제를 안고 있다. 아이를 원하는 난임 부부에게 치료의 결과로 생긴 아이를 선택적으로 유산시키는 것은 아이를 원치 않아 낙태하는 경우와 다른 정신적 갈등과 고통을 남기며 남은 태아가 동반 유산되는 등의 신체적 위험성도 있기 때문에 다태 임신을 원치 않는 난임 환자들에겐 이를 예방하는 시술을 해야 하지만 현실은 임신 성공률을 더 우선하고 있는 상황이다. 유럽 국가들은 다태 임신을 예방하기 위해 체외수정시 이식 배아수를 더욱 줄이고 있고 낙태가 허용되는 영국에서도 최근에 선택유산이 사회 문제화된 바 있다. 그러나 영국보다 선택유산 수가 적지 않을 것으로 예상되는 우리나라는 선택유산에 대한 윤리적, 법적 문제에 대해 학계에서도, 정부 차원에서도 논의된 바가 없다.

윤리와 법규의 정비가 과학의 발전을 따라가기란 쉽지 않다. 따라서 생명 윤리와 연관된 연구와 치료를 하는 과학자와 의학자는 기술의 발전과 함께 그 필요성과 윤리적 문제에 대한 사회적 공감대를 위해 먼저 노력해야 한다. 그리고 기술이 있고 수요가 있다고 우선 시행하는 것이 아니라 제도적으로 허용 범위가 결정된 후에 시행하는 것이 의학을 올바르게 발전시키는 길이다. 그 동안 우리나라는 수정란을 대상으로 하는 연구, 난자와 정자 공여 등 윤리적으로 논란이 되는 시술 들을 법규가 없는 상태에서 우선 시행하다 사회적 논란이 된 후에야 법규를 만들고 제한하는 식이었다. 그 중에 선택유산 문제와 대리모 문제는 아직도 허용 여부가 결정되지 않는 상태에서 시행되고 있다. 선택유산을 해야 하는 상황이 발생하지 않도록 수정란 이식과 배란 유도에 있어 더욱 주의 깊은 시술이 요구된다. 의학과 과학 발전에 있어 자율성과 성과 못지않게 윤리와 안전성 문제에 대해 우리 사회가 더 많은 관심을 가져야 한다고 생각한다.

5. 태아 기형시 낙태 허용의 문제

태아 기형은 출산 전부터 태아가 가지는 기형으로, 출생 후 갖게 되는 장애와는 다른 상황에 처해 있다. 출산을 기점으로 그 이후에 장애를 가진 경우에 생명 유지 여부를 타인이 결정하고 나아가 생명을 끝내도록 하는 나라는 없다. 그러나 출산 전에 가지게 되는 기형 혹은 장애에 대하여는 위와 같은 일반적 합의점은 도출되어 있지 않다. 2010년 고려대학교 의과대학 소아과 교실 장기영 교수팀의 설문 조사에 의하면 소아환자의 어머니 100명을 대상으로 하여 “만일 심장병 아기를 임신하게 될 경우 분만하겠느냐”는 질문에 40명만 "분만하겠다"고 답하고 60명은 "낙태하겠다"고 답했다. 또한 2010년 대한산부인과의사회의 조사에 따르면 산부인과 의사들은 94.6%가 기형시 낙태를 허용해야 한다고 답변했고, 불과 5.4%만이 기형이라도 출산해야 한다고 답했다. 조사 대상에 따라 다르기는 하지만 과반수 이상이 태아 기형의 경우 낙태를 허용해 주어야 한다는 의견을 가지고 있었다.

사실 산부인과 의사 단체들 간에도 이 문제는 열띤 논쟁거리 중 하나인데 주로 대학병원의 교수들로 이루어진 대한산부인과학회는 생존이 힘든 중증 기형아의 경우 낙태를 허용해야 한다고 주장하고 있고 주로 개원 의사들이 회원으로 있는 대한산부인과의사회는 중증의 여부와 관계없이 사회 경제적 이유를 포함하여 여성들이 원하면 대폭 낙태를 허용해 주어야 한다는 입장이며, 젊은 개혁적 성향의 산부인과 의사들의 모임인 진오비는 태아 기형으로 인한 낙태는 허용해서는 안 된다는 입장으로 산부인과 의사들 간에도 상당한 의견 차이가 있다.

태아 기형시 낙태 허용 여부와 관련하여 몇 가지 고려해야 할 점이 있는데 그 첫째는 과연 어디까지를 생존 불가능한 기형, 낙태를 허용해도 되는 기형으로 할 것이냐 하는 문제이다. 기형의 문제 역시 인체의 문제로 연속적인 스펙트럼의 성격을 가지고 있기 때문이며, 같은 기형이라도 상황과 조치에 따라 생존할 수도 또는 사망할 수도 있는 것들이 많다. 또한 역사가 증명하다시피 기형에 대한 치료 성과는 의학 기술의 발전과 함께 계속 높아지고 있다. 일례로 과거 심장 기형으로 많은 태아가 낙태되었지만 지금은 대부분의 심장 기형이 개흉수술 또는 간단한 삽관수술로도 완치가 가능하게 되어 현재 의학 기술 수준으로는 95%의 심장 기형이 완치되는 것으로 보고되고 있다. 또한 소아 환자의 어머니들을 대상으로 한 장기영 교수팀의 설문 결과를 보면 응답자의 65%가 "심장병 아기의 치료비용에 대한 국가의 보조가 충분하다면 분만하겠다"고 답했다는 사실이다. 즉 태아 이상 자체보다 이를 양육하기 어려운 사회적 · 경제적 문제가 더 큰 부담이라는 것이다.

두 번째로 고려해야 할 점은 과연 그런 중증 기형이라 하더라도 끝까지 최선을 다해 치료를 하는 것이 인간의 보편적 가치에 더 부합하는 것이 아닌가 하는 점이다. 현재 말기암을 포함하여 치료가 어려운 불치병처럼 알려진 많은 질병들의 경우에도 인간의 이성과 양심, 그리고 의사의 소명은 안락사를 택하기보다는 최선을 다해 치료하는 것이다. 그리고 그런 노력을 바탕으로 의학 기술이 발전하여 과거 어렵다고 생각했던 많은 질병들이 현재 완치의 단계에 이르게 된 것이다.

세 번째로 고려할 점은 기형에 대한 진단이 100% 정확하고 조언이 객관적이고 일정한가 하는 문제이다. 기형에 대한 진단도 의사 개인의 술기와 지식에 바탕하고 있고 기본적으로 모든 기형을 정확히 진단하는 데는 한계가 있다. 그러나 정부 통계에서도 나와 있지만 기형의 염려가 조금만 있어도 낙태를 택하는 경향이 있기 때문에 실제로는 기형이 없이 멀쩡한 태아도 약물 복용이나 기타 유해하다고 생각하는 부모의 불안으로 인해 다수가 낙태되고 있는 것이 현실이다. 따라서 태아 기형과 낙태의 허용 문제는 쉽게 기준을 정할 수 있는 문제가 아니며 그런 기형에 대하여 낙태를 허용하는 정책은 현재 기형 및 장애를 가진 사람들을 근본적으로 부정하는 잘못을 안게 되는 점까지 있다. 기형이 있다는 이유로 낙태를 허용한다면 인간을 신체적 완결성으로 하여 차별하게 되는 경향을 심화시키게 될 것이고 장애인들이나 기형아들에 대한 치료와 복지, 인권의 개선은 점점 더 어려워질 것이다. 과거 히틀러가 "병들고 약하고 불구인 아이들의 적발, 즉 그들의 박멸은 정당한 행위였으며 그것은 현재 우리 시기의 비참한 광기인 커다란 병리학적 문제를 간직하는 것보다 사실상 수천 배 더 인도적인 것이다"라고 말한 것과 다를 것이 없게 된다는 뜻이다.

이렇듯 태아 기형과 낙태의 허용 범위에 대하여 합일점을 찾기란 쉽지 않을 뿐 아니라 인류적 이득의 관점에서도 그에 대하여 논하기 보다는 기형의 예방과 치료법의 발전을 위해 노력하는 것이 더 낫다고 판단된다. 2011년 연세대학교 의학대학 소아외과학교실 한석주 교수 등이 우리나라에서 수술적 치료가 가능한 태아 기형의 출산에 산전 초음파 진단이 미치는 영향에 대해 대한외과학회지에 보고한 바에 따르면 수술적 치료가 가능한 태아 기형의 낙태율이 38~77%에 달하며 특히 초음파로 쉽게 진단되는 질환의 경우 치료 후 생존율이 80~97%로 매우 높음에도 불구하고 낙태율이 78~93%나 되어 초음파로 쉽게 진단되지 않거나(38~66%) 산전 진단이 안 되는 태아 기형(0%)에 비해 더 많이 낙태되는 것으로 보고하였다. 즉 산전 초음파 진단기술의 발전이 치료가 가능한 기형 태아의 출산과 치료에 기여하기보다 낙태의 위험성을 높이고 있다고 보여진다. 산전 검사의 목적은 이상 태아를 발견하여 제거하는데 있지 않다. 산전 진단기술의 발전이 태아 수술 등 치료 의술의 발전으로 이어지도록 학계의 노력과 사회적 관심이 필요하다.

선천성 기형의 발견과 치료에 이바지하고자 하는 목적으로 국제 선천성기형 감시기구(International Clearinghouse for Birth Defects Monitoring Systems, ICBDMS)에서는 19개의 선천성 기형을 분류하고 모니터링하고 있다. ICBDMS에서 분류한 19가지 선천성 기형의 목록은 다음과 같다.

1) 무뇌아(anencephaly)
2) 척수이분증(spina bifida)
3) 대뇌탈출증(encephalocele)
4) 수두증(hydrocephaly)
5) 소이증(microtia)
6) 구개열(cleft palate)
7) 구순열(total cleft lip)
8) 식도 무형성증 또는 협착증(esophageal atresia or stenosis)
9) 항문직장 무형성증 또는 협착증(anorectal atresia or stenosis)
10) 요도하열(hypospadias)
11) 신장 무형성증/이상형성증(renal agenesis/dysgenesis)
12) 사지감소 결손(limb reduction defects)
13) 제대탈출증(omphalocele)
14) 복부열증(gastroschisis)
15) 복벽 결손(abdominal wall defects)
16) 횡경막 탈장(diaphragmatic hernia)
17) 대혈관전환증(transposition of the great vessels)
18) 좌심저형성증(hypoplastic left heart syndrome)
19) 다운증후군(Down syndrome)

이 중에는 현재 의학 기술로 치료가 불가능한 것도 있고 거의 완치가 가능한 것도 있다. 중요한 것은 어떤 목표 의식을 가지느냐에 따라 그런 기형에 대한 국가나 사회의 노력 방향이 많이 달라진다는 점이다. 비록 치료가 힘든 기형이어도 적극적 치료에 나설 경우와 그렇지 않을 경우 향후 기형에 대한 사회의 인식과 생존 여부에 상당한 차이를 보이게 될 것이다.

Ⅲ. 결 론

이상으로 몇 가지 의학적 측면의 이슈들에 대하여 살펴보았는데 모든 나라들에서 그런 것은 아니겠지만 특히 우리나라에서는 낙태 이슈에서 의학적 측면의 고려나 의학자들의 견해가 가볍게 여겨지고 있는 것이 사실이다. 낙태란 여러 측면을 가지고는 있다고 해도 결국 산모와 의료진 사이에서 일어나는 의료 행위의 하나이다. 낙태라는 것이 단순히 개인의 문제로만 볼 수 있는 것은 아니지만 일부 단체에서 주장하는 것처럼 그저 여성의 자기결정권 또는 태아의 생명권의 대립이라는 이념적 논쟁의 대상이라고만 하기는 어렵다. 아니 그런 이념적 논쟁의 범주에 머물러 있는 한 오히려 낙태 문제의 해결이 더욱 어렵게 된다. 왜냐하면 이념 혹은 관점 또는 생각이란 사람마다 얼마든지 다를 수 있고 그런 관점이나 이념의 대립을 해소하는 것은 쉽지 않은 일이기 때문이다. 그래서 낙태 문제에 전문가인 의사의 견해와 조언에 우리 국민과 사회가 좀더 귀기울여 들었으면 하는 것이 2009년부터 낙태 근절 운동을 해오고 있는 진오비 회원들의 생각이다. 물론 그런 올바른 판단과 조언을 위하여 전문가들의 진솔한 견해와 풍부한 경험 고백이 전제되어야 함은 말할 것도 없으며 진오비 회원들은 이를 위해 노력하고 있다. 낙태 없는 대한민국은 불가능한 것이 아니며 불가능하다는 생각과 잘못된 방향으로의 접근이 문제의 해결을 어렵게 만들 뿐이다. 이런 점에서 모든 사회 구성원의 노력과 이해가 필요한데 이를 위해 낙태라는 것에 대하여 정확하고 객관적 인식을 가지도록 고양하는 노력이 그 기초가 될 것이다. 특히 생명의 시작을 어디로 볼 것인가에 대하여는 반드시 공감대를 이루어내야 한다.

이 이슈는 그것이 피임이나 불임 시술과 같은 여타의 문제들과 연관성이 있으면서 그 기초가 되기 때문이다.

시작을 분명히 정하지 못하면 나아가야 할 방향을 올바로 정할 수 없다. 우리 사회가 이것이 옳으냐 저것이 옳으냐 하고 논쟁만 하고 있는 동안에 많은 여성과 태아들이 희생되고 있다. 논의하고 공감대를 이루어야 할 부분은 그런 부분대로, 또 이미 공감대가 어느 정도 형성된 부분들은 그런 부분대로 사회 각 구성원이 함께 적극적으로 노력해 나가야 한다.

낙태 문제는 관념적인 문제가 아니고 나와 내 가족, 이웃에게 닥치고 있는 현실의 문제이다. 그러므로 더 이상 소모적 논쟁에 머물러 있기보다 각자가 자신의 영역에서 할 수 있는 최선을 다해 여성과 태아를 구하기 위해 노력해야 할 일이다. 여성과 태아의 공생, 낙태 없는 대한민국. 그것은 현재 낙태의 위기에 처하지 않은 이들이 나서야 할 의무이며 낙태의 위기에 처한 이들이 외쳐야 할 권리이다.

참고문헌

보건복지부, 2010년, 인공임신 중절 실태 조사.

심상덕, 2011년, 낙태와 낙태.

피임연구회와 바이엘쉐링제약, 2010년, 낙태 경험 여성의 피임방법에 대한 조사.

Assisted Reproductive Technology Committee, Korean Society of Obstetrics and Gynecology, CURRENT STATUS OF ASSISTED REPRODUCTIVE TECHNOLOGY IN KOREA, 2008, Korean J Obstet Gynecol 2011;54(12):741-763.

Carroll, Patrick S., 2007, Journal of American Physicians and Surgeons Volume 12 Number 3 Fall, The Breast Cancer Epidemic: Modeling and Forecasts Based on Abortion and Other Risk Factors.

International Clearinghouse for Birth Defects Monitoring Systems (ICBDMS), 1991, Congenital Malformation Worldwide. Elsevier, Oxford.

Sass, Hans-Martin, 1989, Brain-Life and Brain-Death. J Med & Phil, 14: 67-75.

Shin, Jae Ho, Seok Joo Han, The impact of the prenatal ultrasonography on birth of babies with Korean pediatric surgical index diseases, J Korean Surg Soc 2011;81:54-60.

낙태죄의 본질 · 현상 · 법제도

신동일*

Ⅰ. 시작하며

낙태죄는 한국에서 제한적으로만 진행되는 논의다. 속된 말로 앞문 뒷문 다 열어 놓고 창문 하나 지키고 있는 형국이다. 이러한 현상은 우리나라만 그런 것이 아니라 대부분의 국가들에서 공통으로 나타나고 있다. 낙태는 엄연히 태아(출생 전의 인간)를 살해하는 극단적인 범죄다. 타인의 생명침해에 대해 이처럼 관대한 경우는 없었다. 생명침해에 대한 비난은커녕 이런저런 눈치를 보고 어설픈 법집행과 정책만 남발하고 있는 것이 오늘 우리의 현실이다. 그 원인을 지적하는 일은 어렵다. 낙태죄에 대한 일반인들의 시각은 이미 범죄가 아닌 그 어떤 것으로 변했다. 낙태반대운동연합과 같은 일부 사회단체의 노력은 지속되지만 그 미래는 불투명하다. 낙태죄는 그 동안 사회학과 법학의 측면에서 주로 다루어졌다. 최근

* 한경대학교 교수, 법학박사.

의학적으로 낙태행위가 여성의 건강을 파괴할 수 있다는 주장이 등장했다. 필자가 생각하기에 낙태행위가 불법적인 것으로 인식되지 못하는 가장 큰 이유는 낙태행위의 본질에 대해서 무관심하기 때문이다. 낙태행위는 단순히 태아를 살해하는 일회적인 사건이 아니라, 어쩌면 인간의 오래 된 역사적 맥락에서 생각해야 하는 의료, 사회, 문화적 사건인지도 모른다.

2010년 국회 공청회에서 낙태죄의 개정에 대한 문제를 언급하면서 필자는 처음으로 낙태와 우생학과의 연관성을 지적하였다. 주요 내용은 낙태의 합법화의 배경에는 우생학적인 이념과 정책이 포함될 수 있다는 것이었다. 이 주장은 그 후 정부측의 강한 항의를 받았다. 당시 발표문은 공개가 되었지만, 정부측의 항의로 인하여 공청회에서 사용한 발표 자료는 비공개로 하기로 결정했다. 보건복지부나 인구협회의 관계자들은 아마도 인공임신중절수술의 문제를 다루는 데 '우생학'이라는 다소 선정적인 주제로 접근하는 것이 불편했을지 모른다. 그리고 그들의 생각엔 우리나라 모자보건법 제14조의 일부 규정의 문언에 '우생학'이라는 표현이 있다고 하여 모자보건법 전체를 우생학적인 프로그램의 일환인 것처럼 설명하는 것이 무리라고 믿는 것 같다. 여기서 한 가지는 동의할 수 있겠다. 우리 모두는 '우생학'에 대하여 불편한 느낌을 가지고 있다.

생명윤리 논쟁이 시작되면서 여러 다양한 주제들이 다루어졌지만, 실제로 '우생학'에 대해서는 소위 "적극적 우생학"[1]의 부당함을 제외하면 진지한 토론은 없었다. 의외로 역사학자들의 일부 논

1) 국내에서는 박은정, 생명공학시대의 법과 윤리, 이화여대출판부 2002에서 일부 다루어진 바 있다.

문들이나 저서들이 '우생학'을 자료적인 측면에서 다루고 있다. 이를 다루는 국내 역사학자들의 관점 역시 우생학을 19세기와 20세기 초반에 일종의 질병처럼 지나간 현상이라고 보고 있는 듯하다. 의학사적으로 근대 의학이 얼마나 우생학적으로 편향되어 있었는지를 논문으로 발표한 의사가 있었다.[2] 아무도 모두가 불편하게 여기는 '우생학'이 우리가 과학이라고 믿고 있는 생명공학에 깊은 연관성을 가지고 있다고 솔직하게 말하지 않았다. 더 이상의 진전은 없었다. 필자는 2007년 한국형사정책연구원의 지원으로 「우생학과 형사정책」이라는 정책 보고서를 집필한 바 있다. 그 연구를 진행하면서 어떻게 이와 같은 반인륜적이고 비민주적인 우생정책이 전세계적으로 성행했었는지 궁금했다. 나치스의 600만 명의 유대인 학살을 가능하게 만든 우생정책의 놀라운 파급력은 그 배경에 대한 호기심을 자극하였다. 이 연구를 진행하면서 우생학이란 나치스의 발명품이 아니라 영국의 일부 비전문적인 과학자들이 고안해낸 엉성한 가설에 빠른 성장을 갈구하던 미국의 정치인들이 성급하게 내린 정치적 결정의 산물에 독재정치를 위한 히틀러식의 이기적인 오해가 결합된 작품이었음을 알게 되었다.

지금까지 발표된 수많은 논문들과 저서들의 공통된 결론은 결국 우생학은 미국정책의 나치스 독일의 잘못된 확대해석이라는 것이다. 그런데 이들의 또 다른 결론은 놀랍다. 그러면 나치스가 멸망하면서 우생학은 사라졌는가? 이들의 결론은 반대다. 우생학은 유전학으로 이름만 바뀐 채 여전히 전세계의 과학계를 주도하고 있다는 것이다. 생명공학의 주요 학자들은 대부분 우생학자였고,

2) 신영전, "식민지 조선에서 우생운동의 전개와 성격: 1930년대 '우생'을 중심으로," 의사학 제15권 제2호(2006), 2 이하는 매우 중요한 연구다.

그들은 전쟁 전이나 전쟁 후에도 마찬가지의 연구를 진행하고 있었다. 이들의 생각은 언제나 "우월한 인종생산"(master race)이다. 인종을 개량하고 열등한 사람들을 도태시키는 것은 전혀 변하지 않았다. 다만, 이전의 우생학이나 우생정책이 조금 성글고 세련되지 못했었다면, 지금의 유전학으로 명칭을 변경시킨 우생학은 과학적인 세련미를 도구로 화려하고 지성적인 모습으로 치장되었다는 것뿐이다. 이러한 노력에 핵심적인 위치는 인간의 생식과정이다. 인간의 생식에 개입하여야만 우생을 실천할 수 있기 때문이다. 그를 위해 인공수정과 보조생식술이 시작되었으며, 태아의 대상화와 물질화가 비롯되었다. 인간과 구분되는 태아, 배아, 전배아가 인지되면서 살아 있는 사람들을 기준으로 하는 우생을 위한 '과학적 설득'이 진행되었다.

과학적인 설명은 합리적인 인식을 위해 필요하다. 그리고 과학적인 설명방식은 인류의 합리적 발전으로 인하여 얻게 된 매우 유익한 도구이다. 그러나 그와 같은 설명이 어떤 의도에 의하여 왜곡되거나 교묘하게 남용된다면 우리가 상상할 수 없는 비극으로 이어질 수 있다. 나는 최근에 이런 생각을 해보았다. 우생학은 단지 인간의 존엄성에 반하거나 비윤리적인 것이기 때문에 반대되는 것이 아니라, 오히려 객관적인 합리성의 측면에서 결핍되어 있거나 규범적인 합의절차를 빈번하게 위반하기 때문에 금지되어야 하는 것은 아닌가 하는 점이다. 나는 여기서 지금까지 해온 설명과는 조금 다른 방향에서 낙태행위의 '우생학'과의 인식론적인 연관성을 보여주려고 한다. 어쩌면 인류의 야만적인 품성이 남긴 흔적 중의 하나가 낙태행위에 대한 시각에 남겨 있는 것은 아닌가 하는 것이 내가 지금부터 설명하려는 내용의 핵심이다.

Ⅱ. The Better Angels

스티븐 핑커(Steven Pinker)의 책 *The Better Angels of Our Nature. Why Violence has declined*는 그 풍부한 내용만큼이나 예리한 통찰을 보여주고 있다. 그는 인류의 역사에서 폭력과 잔혹함이 야만과 문명시대에 성행했음을 말한다. 그 예로 드는 것 중 하나가 바로 유아살해와 낙태이다. 지금까지의 연구들에서 자주 언급되지 않았던 요소는 핑커가 말하는 유아살해와 낙태와 같은 현상이 인간의 잔혹함이라는 야만적인 관점에서 발생했다는 것이다. 이것은 그의 연구에 따르면 일상화되고, 정상적으로 여겨졌으며, 인간의 생명을 도구화하고, 경제적 목적이나 물신화하는 비이성적인 관념들의 복합체의 결론이다. 즉, (교육을 빙자한) 아동 학대, 살인, 여성의 학대와 강간의 일상화, 폭력범죄의 만연, 인종 학살을 위한 전쟁과 같은 현상의 일환으로 유아살해와 낙태가 포함된다.[3)]

어떤 문화권에서는 여아살해가 그리고 다른 문화권에서는 남아살해가 허용된다. 그 이유는 대체로 적자생존이라는 우생적인 목적과 다르지 않으며, 때로는 자원분배와 유산의 적정한 배정을 위한 목적으로 진행되기도 한다. 중국에서는 쌍생아의 경우 특별한 이유 없이도 한쪽 아이를 살해하는 풍습도 있었다. 인도에서 지금까지도 성행하는 여아살해는 결국 문화적으로 과다한 결혼지참금 제도와 계급제도의 부산물이다. 유아살해는 20세기 초반 유럽에서 가장 흔하게 논의되던 범죄와 비범죄의 경계였다.[4)] 20세기

---

3) 그의 책, 422 이하.

들어서면서 대부분의 유아살해와 아동학대, 그리고 낙태는 범죄로 여겨지게 된다. 그와 같은 현상에는 특별한 이유가 있다고 보이지는 않는다. 단지, 두 가지 정도의 잠정적인 추측이 가능하다. 일부 학자들은 1945년에 끝난 제2차 세계대전의 길고 잔혹했던 학살의 경험이 도덕적이고 윤리적인 인간의 조건을 생각하게 만들었다고 한다. 그리고 다른 측면에서는 18세기부터 법적으로 확정되기 시작한 '권리'의 개념이다. 각자 개인에게 특별한 자기 존중의 이해로 설명되는 권리인식이 보편화되면서 중요한 법적인 인식방법이 생겼다. 개인을 존중해야 하는 것은 개인의 권리를 존중하는 것으로 직접 설명된다. 이러한 방법론은 개인의 개념이 의미론적으로 넓어지면서 성인남성의 권리에서 출발하여 여성의 권리, 아동의 권리, 소수 인종의 권리, 동성연애자의 권리, 태아의 권리, 그리고 동물의 권리까지 확장될 수 있었다.

폭력의 감소가 가능하게 된 근거에 대해서 핑커는 인간 이성과 지능의 성장과 권리의식의 확대, 그리고 교육 등을 제시한다. 이러한 생각은 저자도 인정하듯이 근대 철학자 칸트(I. Kant)의 "영구평화론"의 결론과 맥을 같이하고 있다. 현대사회에서 폭력성의 감소는 타인을 존중하고 이성적인 판단을 추구할 수 있는 여건이 만들어진 후에 가능했다는 핑커의 주장은 새로운 것은 아니다. 다만, 그의 설명은 이전의 이론들을 통합하여 우리에게 보여준다는 데에 장점이 있다. 리프킨의 공감이론[5] 역시 같은 의미로 받아들

---

4) 우생학이 유럽에 성행하던 무렵 형법적으로 많은 논란을 일으켰던 사항들은 바로 안락사, 자살, 영아살해, 그리고 낙태였다. 그 모든 유형들은 사회적으로 문제되는 존재들이 생존의 능력이 있느냐를 대상화하여 논쟁이 진행되었다. 19세기 이전에는 낙태죄나 자살관여죄, 그리고 안락사를 처벌하는 법률을 가진 경우가 많지 않았다.

일 수 있다. 그렇다면 하나의 가설이 발견된다. 인간의 폭력성은 결국 무지의 산물이고, 폭력을 실천하는 사람들은 대체로 지능이 낮거나 교육을 못받은 사람이어야 한다. 또한 그들은 자신의 행동에 대해 무지하고 의미를 생각하지 못하며, 피해자의 권리나 인격을 존중하지 못하는 경우여야 한다. 핑커나 리프킨의 설명은 이러한 가설에 대체로 중요한 근거를 제공한다. 아주 간단히 말하면 모든 폭력은 무지의 산물이다. 이런 생각은 어느 정도는 전통적인 형법에서 대상으로 하는 폭력범죄의 실제 사례에서 볼 수 있다. 폭력범죄자의 대부분은 경험적으로도 이성적인 사람이라기보다는 무지한 사람의 유형에 가깝다. 교도소에 수감되어 있는 폭력범죄자나 폭력전과자의 실제 교육수준이나 이성능력을 평가하면 이러한 가설이 조금 더 합리적인 것으로 보인다. 범죄학 이론들의 결론도 대부분 이와 일치한다. 우리가 합리적으로 동의할 수 있는 가설은 그러므로 인간의 폭력성은 대체로 피해자에 대한 무지에서 발생한다는 것이다.

근대 이후 보편교육의 실시와 매스커뮤니케이션의 등장, 그리고 직접선거와 같은 투명한 정치현실 등이 이전 사회보다 중대한 폭력을 감소시키고 있다. 인종학살과 같은 행위는 세계적인 비난을 받으며 감소되었고, 아동학대나 가정폭력과 같은 일상화된 폭력도 감소되었다. 학교폭력과 거리에서의 폭력 등도 1900년대의 통계와 비교하면 급격하게 줄었다. 무엇보다 1945년 제2차 세계대전 이후로는 전세계가 주목할 만한 전쟁이 없이 평화가 지속되고 있다는 것이 역사적으로 중요하다. 어떤 계기로 인류 역사상 보기

5) J. Rifkin, The Empathic Civilization. The Race to Global Consciousness in a World in Crisis, Penguin 2009, 423 이하.

드믄 평화 시기를 가능케 했는지 단언하기는 어렵다. 그러나 위의 가설에 따라 추측해보면, 1945년 이후 증가한 학교의 수와 교육받은 사람의 수, 그리고 민주주의에 의한 정치적 안정, 독재의 청산 등과 같은 사건들은 충분히 평화의 시대를 설명할 수 있는 단서가 된다. 실제로 50년 전 인류보다 지금의 인류는 훨씬 높은 IQ를 가지고 있으며, 경제적으로 안정되어 있다. 알코올과 마약과 같은 물질들은 관리되어 있으며, 어떤 시기보다도 인간들은 자신의 건강이나 육체에 대해 잘 알고 있다. 그리고 특히 중요한 것은 '권리 혁명'이라고 말할 수 있을 1970년대 이후의 급격한 평등사회가 이제 이상한 현상이 아니라는 점이다.

결국 타인에 대한 존중은 심리적인 공감으로부터 시작되고, 그를 위해서는 일정한 교육과 이성적인 능력이 전제되어야 한다. 타인의 권리를 존중하는 것을 통해서 평화로운 공존을 실천할 수 있다는 것이 인류가 지난 세기 이해하게 된 교훈이다. 이 교훈은 개인의 성찰에만 그치는 것이 아니라 보편적인 교육을 통하여 세대간, 그리고 공간적으로 확대되고, 개인들의 성찰을 통한 직접 정치참여를 통해 규범적으로 확정된다. 그 사회의 가치는 제도적인 법률로 굳어지게 되며, 과거로 회귀될 수 있는 폭력성이나 이기적인 행위 등은 법적인 통제로 금지되면서 평화로운 사회가 정착되었다는 것이다. 그 내용의 확대는 법적인 보호절차의 기본구조에서 확실한 가능성을 보장받았다. 이러한 설명은 매우 설득력 있다. 유사한 주장은 제러미 리프킨의 「공감의 시대」(The Age of Empathy)에서도 나왔다. 공감(Einfühlung)이 중요하게 부각되면서 인간은 서로를 존중하게 되고 평화롭게 공존할 수 있는 구조를 만들었다. 그런 면에서 리프킨의 '공감'과 핑커의 '천사성'(better angels)은 유사하다.[6)]

그렇다면 아직 우리가 모르는 것은 무엇일까? 우리의 무지로 인하여 피해를 받는 대상은 어떤 것이 있을까? 이 영역은 지속적으로 확대될 것이다. 위에서 언급한 동물의 권리보호는 지금 시작단계이고, 윤리적인 교육에 대한 주장도 점차 증가될 것이다. 이미 평등한 지위를 보장받아야 한다고 어느 정도 결정된 피교육자의 권리 역시 더욱 강화될 수 있다. 평등한 교육 주체로서의 지위는 의료현장에서 의사와 환자의 관계와 같이 개선될 수 있다. 이런 문제들 중 아직 무지의 영역에 놓여 있는 것이 바로 낙태의 문제라고 생각되지는 않는가?

Ⅲ. Mother Machine[7)]

"판코스트(가명이거나 그의 제자 중 한 명의 이름일 수 있음) 박사는 필라델피아에 있는 제퍼슨 메디칼 의대의 교수이다. 그는 퀘이커 교도인 불임 여성을 수 차례에 걸쳐 검사했다. 후에 그는 그녀는 임신이 가능하지만 그녀의 남편이 불임, 즉 무정자증임을 알게 되었다.

판코스트 교수(또는 그의 학생 중 한 명일 수 있다)는 새로운 기술을 생각했다. 그녀를 불러서 클로로포름으로 마취를 했다. 그는 시험관을 그의 제자 중 한 명에게 주어 자위행위를 하게 했고 그의 정액을 그녀의 자궁에 주입하였다. 그녀가 깨어났을 때 무슨 조치가 취해졌는지 전혀 몰랐다. 그는 그녀에게 말하지 않았다.

---

6) 그의 책에도 리프킨의 공감이론에 대한 지적이 있다.

7) Gene Corea, *The Mother Machine, Reproductive Technologies from Artificial Insemination to Artificial Wombs*, Harper & Row, 1985.

9개월 후 그녀는 아들을 낳았다. 1884년의 일이다.

이것이 인류 최초의 기부된 정자로 성공시킨 인공임신이었다. 바로 강간이었다."[8)]

코리아(Corea)의 책은 많은 사람들에게 읽히지는 않았다. 그럼에도 불구하고 20여 년 전 이 책은 낙태의 문제, 더 나아가서는 생명공학이 여성에게 주는 의미를 잘 말해주고 있다. 우리는 여성주의 학자들은 대체로 낙태를 찬성하는 것으로 생각한다. 그러나 여성학자들의 견해도 다양하다. 엄격한 낙태금지론을 펴는 학자도 있으며, 제한적인 허용에 찬성하는 학자, 그리고 매우 급진적으로 낙태를 찬성하는 학자로 나뉠 수 있다. 이 책이 설명하는 여성의 육체에 대한 과학기술에 대한 역사와 사회학적 관점은 나에게는 좀 더 설득력이 있어 보인다. 코리아의 설명의 핵심은 이런 것이다: 우생학적인 관점에서 시작된 생명공학 기술은 근본적으로 여성에 대한 남성의 우월감 또는 그 여성에 대한 착취의 목적을 가지고 있다. 이는 근본적으로 반여성적이며, 여성의 몸을 도구화하는 시도에서 비롯된다. 즉, 생명공학은 결국 남성중심 사회가 여성들에게 가하는 과학적 강간이다.

초기 우생학자들은 우생정책과 관련하여 인구계획을 제안하면서 "넘치는 인구에 대한 제안"으로 소개했지만 그 이면에는 우리에게 숨겨지고 은폐된 역사가 존재한다. 제2차 세계대전 종료 후 히틀러가 불러온 우생학적인 학살[9)]의 비참함으로 인하여 우생학

---

8) Corea, 위의 책, 12.

9) 나치스의 1933년 「유전병예방법」은 유전병부터 맹인, 난청, 헌팅톤병, 알코올중독에 이르기까지의 다양한 항목의 거세목록을 가지고 있었다. 여기에 질병과 관련없는 집시, 걸인 등도 거세 대상에 포함되었다. 이를 가능하

이라는 명칭은 사라진 것처럼 보인다. 그러나 1940년대와 1950년대는 '유전학' 또는 '가족계획'이라고 단어만 바뀐 채로 그대로 유지된다.[10] 새로운 이념은 '인구정책'과 '장애아의 예방'이었지만, 실제로는 우생정책의 기본 이념인 '사회적 부적응자의 차단'이 그대로 차용되었다. 사회적 또는 유전적 부적응자(unfit)를 구분하기 위한 방법론으로 등장한 과학적 수단이 AID(artificial insemination of donor semen)이다. 우생학은 전쟁 후에도 여전히 강한 정책으로 진행되었다. 실례로 냉전체계에서 과학자들은 핵전쟁 이후 우생학적인 피폐화를 우려하여 우수한 정자와 난자를 핵방공호 안에 보관해야 한다는 공식적인 제안도 있었다.[11] 인공수정의 역사는 우생학과 부분적으로는 —코리아의 설명처럼— 여성에 대한 과학적 차별정책의 결과다.

왜 인공수정이 필요했는지는 충분히 설명되지 않았다. 인공수정 기법이 개발되던 당시의 자료에는 오늘날과 같은 인구감소 또는 불임의 만연이 보고되지 않는다. 반대로 인구증가로 인한 대책이 지지를 얻고 있었다. 그럼에도 불구하고 인공수정 기법이 개발

게 한 배경은 제1차 세계대전의 패망 후 프랑스군(주로 북아프리카 식민지에서 온 흑인 병사들)에 의해 강간당하여 출생한 "라인란드 사생아들"(The Rheinland Bastards)을 거세시키기 위한 노력이 실제로는 가능한 통로가 되었다. 이에 대해서는 Friedmann Pfäfflin and Jan Gross, "Involuntary sterilization in Germany from 1933 to 1945 and some consequences for today", *Int. J. of Law and Psychiatry*, vol. 5(1982), 419-523.

10) E. Black, *War Against the Weak. Eugenics and America's Campaign to Create a Master Race*, Four Walls Eight Windows, 2003.

11) 심지어 정자와 난자를 보관하는 것이 사람들을 직접 대피시키는 시설보다 저렴할 것이라는 언급도 있다. 이러한 제안은 A. Huxely, *Perspectives in Biology and Medicine*, 6 Winter 1963, 178.

된 것은 식량감소에 대비한 인구의 조절 등의 의도와 관계없다. 인간의 출산을 통제할 수 있다는 과학적 가설은 '보다 좋은 형질의 인간만'을 출생시킬 수 있다는 의도에 더 가깝다. 부적절한 인간의 출생을 선별적으로 중지시키는 노력이 인공임신의 개발에 포함되었다. 바로 이 시점에서, 코리아의 분석에 따르면, 여성들은 "새로운 인간을 창조하는 여신"의 존엄성을 잃고 단순히 "애를 낳는 암소"로 격하된다.[12] 현재 진행되고 있는 배아와 태아에 대한 검진과 부모의 유전형질 검사 등은 실제로 우생학과 여성을 우수한 혈통의 인간을 생산하기 위한 기계로 이해하지 않는다면, 설명이 어렵다. 우생학의 계기는 인공수정과 보조생식을 위한 핵심적인 이념으로 자리잡고 있다. 그리고 여성의 도구적인 남용현상은 여전하다. 아마도 이러한 과학적 배경은 과학자들의 의도적이거나 무지에 의해 진행되고 있을 것이다. 이러한 꾸준한 전개는 1970년대 의욕적으로 시작된 '인공 자궁'[13] 실험이 완전히 실패로 판명되거나 의외로 성공할 때까지 멈추지 않을 예정이다. 여성의 몸을 이용하지 않는 우월한 인간의 출생만이 지금 진행되고 있는 생명공학의 핵심 가치라는 것은 강조되지 않았다.

박은정 교수의 저서인 「생명공학시대의 법과 윤리」는 과학을 빌미로 여성의 몸에서 발생하는 은밀한 차별적 문제를 언급한 바 있다. 비록 그 생각은 많은 여성주의자들에게 크게 영향을 주지는 않았다. 내가 간단하게 지적하고 싶은 점은 의생명공학이 기본적으로는 여성의 차별을 이념적인 출발점으로 하고 있으며, 그간의

12) Corea, 위의 책 56 이하.

13) 인공자궁(artificial uterus)는 1932년 헉슬리의 「용감한 신세계」(Brave New World)에서도 언급된다. 이 연구는 실패로 끝난 Biosphere 1 project와 함께 여전히 진행 중이다.

과정에서 이와 같은 태도는 변하지 않았다는 것이다. 배아실험과 인간의 발생에 대한 이해를 위한 연구들에서는 우생학적인 인식과 '인공자궁개발'과 같은 은폐된 목적들이 발견되기도 한다. 또한 거의 모든 생명공학적인 연구들은 필수적으로 여성의 몸을 도구화하여 진행될 수밖에 없다. 즉, 대부분의 생명공학적 임상실험의 대상은 원칙적으로 여성이다. 발생학에서 수태와 초기 단계의 성장과정에 대한 이해는 단백체 연구와 유전학에서는 필수다. 문제는 이러한 과정은 반드시 여성의 도움으로 또는 직접 여성의 몸을 통하여만 관찰될 수 있다는 점이다. 그러므로 임상실험은 여성에게만 집중되어 있다. 게다가 임상실험의 결과는 여성을 위한 것이 아니다. 인류 역사와 지속적으로 공존했던 여성에 대한 착취는 생명공학시대에 더욱 합리화되고 있다. 그럼에도 불구하고 그 분명한 인식은 여성주의자들의 입장에 반영되지 않는다. 특히 낙태의 문제에 대한 여성주의적인 시각은 코리아의 견해에 따를 때 모순이다.

코리아의 설명에서 돋보이는 것은 임신과 출산이라는 현상에 대한 사회의 시각의 변화다. 앞에서 언급했듯이 역사적으로 볼 때 임신과 출산에 대한 여성의 임무는 신성시되었다. 그러나 그 능력이 과학적으로 설명되면서부터 －이미 시몬느 보봐르가 철학적으로 주장했듯이－ 여성의 이 기능은 단순한 생물학적인 과정으로만 이해되기 시작했다. 소위 인공자궁 실험이나 남성우월주의적인 생식이해에서 볼 수 있듯이 이제 생명의 탄생의 주역은 남성만으로 국한되었으며, 여성의 몸은 그를 위한 도구로만 인지된다. 이와 같은 드라마틱한 변화의 과정 속에서 코리아는 우생학과 이를 이어받은 생명공학 기술의 숨겨진 모습을 보여주고 있다. 그 탁월한 제목에서도 읽을 수 있듯이, 여성의 몸, 종국적으로는 여성 자체가 사회를 존속시킬 수 있는 수단으로 인식되었다. 사실 이러한 설명은 그 동안 매우 제한적인 측면에서만 주장되었다. 결국 코리아의 지적과 같이 우생학과 유전학이 근본적으로는 같은 내용이며, 여성에 대한 차별적인 시각을 배경으로 오늘날과 같은 생명공학 기술이 등장하고 있으며, 그리고 그 핵심적인 과정에 보조생식과 낙태라는 상황이 자리 잡고 있다는 것을 인지하는 것은 많이 알려져 있지 못하다. 아마도 이러한 관점은 낙태행위를 다시 보게 만드는 중요한 근거일 수 있다.

Ⅳ. 낙태죄를 위한 변명

1. 법률과 해석

그 동안 우리 형법학계에서조차 형법 제269조 이하의 낙태의 죄는 상징적인 조항이라는 주장이 공공연히 제기되었다. 이는 해당 조항의 규범력이 상실된 채 현실적으로 적용되지 않았고, 그로 인해 (불법)낙태가 사회적으로 만연했기 때문이다. 형법상 낙태의 죄는 死文化되었다는 自嘲도 있었다. 사실 형법상 낙태의 죄는 단지 법학강의에서만 논의되는 주제로 전락했다. 그럼에도 불구하고 현행법은 낙태행위를 금지한다. 금지는 단순히 태아를 생명권의 주체로 존중하라는 것을 넘어서 임부의 건강권에 대한 주의요구도 포함하고 있다. 그러므로 우리 형법의 낙태의 죄는 직접 태아의 생명과 임부의 건강을 보호하는 법구조를 가지고 있다. 형법에서 낙태행위를 정당화하는 유일한 근거는 사실 '기대불가능성'이다. 이는 독일 연방헌법재판소의 두 가지 결정에서도 분명히 나타난다.[14] 인간의 생명에 대한 침해는 금지다. 예외적인 허용을 구성하는 법제도나 법이론도 있다. 우리나라의 경우는 사형제도를 두고 있으며, 일부 국가는 소극적 안락사와 같은 제한적 허용 법을 가지고 있다. 그럼에도 불구하고 이러한 법률적인 예외적 허용이 원칙으로 격상되지는 못한다. 분명히 해두어야 하는 것은 우리의 경우 형법 제269조 이하의 낙태행위 금지는 모자보건법 제14조에 의하여 예외적으로 허용될 수 있다는 것이다.

중요한 것은 우리 법률은 모자보건법을 통해 형법의 낙태행위 금지를 포기하지 않았다. 그리고 예외적 허용의 경우도 사실상 매우 협소하다. 정확한 설명을 하자면 이렇다. 모자보건법 제14조의 적응사유에 해당하는 경우는 낙태금지를 실제로 규범으로 강제할 수 있는 기대가능성이 없다. 그럼에도 불구하고 국가는 태아의 생명보호의 의무를 포기할 수 없다. 또한 국가는 생명의 위협을 받고 있는 임부에게 생명포기를 강요할 수 없다. 여기서 임부 개인의 타협점을 예외적으로 인정한다. 임부는 모자보건법 상의 적응사유가 있는 경우 본인이 결정하여 낙태금지 규범을 준수하지 않아도 된다. 이 경우에 의학적인 지원을 해준 의사에게 동의낙태죄의 책임을 묻지 않는 것이다. 간단히 말해서 형법상의 낙태금지는 언제나 유효하다. 모자보건법은 낙태금지의 실천을 임부에게 위임하고 있다. 이는 원칙과 예외관계의 자동적인 설정이 아니라, 행위금지의 규범명령을 기대불가능성을 이유로 그 준수를 임부의 결정에 위임한 경우다. 일반적으로 다른 기대불가능성의 원리에 따른 결정은 법원이 구체적 정황에 따라 내리게 되어 있다. 엄격히 말해서 태아의 생명을 우선적으로 고려하기 위한 법제도는 모자보건법 제14조

14) 이에 대해서는 이 책에 함께 수록된 G. Duttge(신동일 역), "독일에서 후기 낙태의 문제점," 80 이하; 배인구, "독일 낙태죄 규정에 대한 독일 연방헌법재판소 판결," 235 이하.

와 같은 허용규정을 두지 않거나, 그 개별적인 상황을 법원이 판단할 수 있게 하는 것이 더 낫다고 볼 수 있다.

현실적으로 형법상 낙태금지는 모자보건법 제14조의 허용규정과 기묘하게 상호작용하면서 일반인들의 시각에서는 '낙태는 정상적인 행위'라는 허구의 믿음이 생겼다. 법률은 법률이다. 그 적용은 언제나 인간의 개입에 의해서 이루어진다. 이런 이유로 낙태행위는 그동안 사회적 관심을 끌지 못하였고, 범죄임에도 불구하고 묵시적으로 용인할 수 있는 어떤 것으로 자리잡았다. 이러한 오해에는 역사적 배경이 있다.

2. 낙태죄 허용에 대한 역사적 배경

태아의 생명권을 살아 있는 인간과 동등하게 파악하는 법이해는 근대 법학의 발전의 연장선에서 나올 수 밖에 없는 논리적 귀결이다. 인간의 시작을 과학적인 가설에 따라 확장한 소위 '수정설'은 법논리와 법이념적인 종착지였다. 수정설의 관점은 인간의 존엄성과 생명권을 수정단계로 규정함으로써 보편적 인권과 실질적 평등권의 실현을 의도한 근대법학의 기본 취지와 결합될 수 있기 때문이다. 수정설은 발생학적인 측면에서 보편적 인간의 존엄성을 시기적 차별성 없이 보장하기 위한 근대 법학의 평등권 논의와 함께 미성숙한 인간과 장애를 가진 인간, 그리고 인간으로 잠재성을 가진 태아에게까지 법의 직접 대상으로 파악하고 있다. 이러한 관점은 최근 국제적으로 태아나 인공 수정된 배아에까지 인간의 존엄성을 헌법적으로 인정할 수 있게 만드는 길을 제공할 수 있었다. 이러한 규범인식은 당시 형법들(1850년~1900년)이 최초로 낙태의 죄를 제정하는 데에 근거가 되었다.

이러한 금지경향은 제2차 세계대전이 끝나고 전후 복구 사업과 냉전체계가 시작되면서 새로운 국면을 맞이하게 된다. 단적인 예를 살펴보면 현재 우리나라 모자보건법에도 포함되는 범죄학적인 적응사유는 한시적인 해결을 위하여 고안된 적응사유이다. 전쟁 후 프랑스에서는 나치에 의한 강간 피해자들에게 교회의 반대에도 불구하고 예외적으로 낙태를 허용하였고, 같은 시기 독일에서도 소련군의 강간에 의하여 임신한 독일 여성들에게 낙태를 허용하였다. 이것이 바로 '범죄학적 적응사유'가 법제화된 원인이었다. 그러므로 범죄학적 적응사유란 법이론적 논쟁을 통해 검토된 제도가 아니라고 할 수 있다. 단순히 당시의 불행한 역사를 극복하기 위한 한시적 정책이 고착된 현상이라고 할 것이다.

또 하나의 중요한 정치적 배경은 냉전체계다.[15] 좌·우 이념으로 분리된 냉전체계하에서의 주로 공산주의 체제는 여성주의 운동에게 새로운 대안적 주장과 실험적 정책을 만드는 계기가 될 수 있었다. 여성을 평등한 사회적 공동체 일원으로 빠르게 편성하기 위한 지름길이 고려되었다. 그 예로 1917년 혁명으로 세계 최초의 남녀평등사회를 구현하였다는 볼셰비키의 러시아는 1920년 여성의 제한 없는 '낙태선택권'(사회·경제적 적응사유의 기본원리)을 최초로 법제화하는 국가가 되었다. 이러한 현상은 거의 모든 공산화된 국가들에서 동일하게 발생하였다. 인간의 가치를 위하여 기존의 가치와 원칙을 모두 새롭게 해체하겠다는 발상은 역설적으로 인간의 생명가치를 수단화하여 정치적으로 도구화·물질화하였다. 이미 공산화된 국가들의 인간 생명에 대한 도구화·물질화 경

15) 이에 대한 내용은 신동일, "모자보건법 제14조: 개정 필요성과 방향," 안암법학 제32권(2010), 143 이하.

향은 비규범적인 일탈로 급격하게 변모되었다. 이들의 생명에 대한 관점은 '사회적 이익'을 위하여 '개인을 희생'시키는 위험한 이념으로 전개되었다. 즉, 인간 생명에 대한 '物化'가 진행된다. 이미 1920년 소비에트연방법에 따라 낙태선택의 자유권리를 인정한 루마니아는 자본주의 국가와의 경제적 격차가 점차 벌어지고 국가경쟁력이 떨어지자 대책마련을 고심하였다. 이들은 인구증가정책을 준비한다.[16] 국가 경쟁력을 위하여 절대적으로 인구증가 전략을 사용한다. 그 결론으로 1948년 루마니아 형법 제482조를 제정하여 모든 형태의 낙태행위를 금지하기 시작하였다.[17] 이들의 주장은 "태아는 개인의 소유가 아닌 국가의 재산이므로 모든 공화국 시민들은 공화국 자산을 감소시키는 행위를 못한다"였다. 이러한 낙태행위의 전면금지는 차우세스쿠가 정권을 잡는 1966년까지 지속되었다. 이후 낙태행위를 허용하게 된 이유는 "국가의 미래는 총 인구수와 국민의 개별적 능력"이라는 이해 때문이었다.

강력한 국가를 위하여 많은 인구를 원하면서도 양질의 시민을 얻기 위해서 계획된 임신과 출산을 국가가 주도적으로 시도하면서, 인구조절을 위한 포괄적인 정책의 하나로 '낙태선택의 자유화'

---

16) B. Berelson, "Romania's 1966 Anti-Abortion Decree: The Demographic Experience of the First Decade," *Population Studies* Vol. 33(1976), 209 이하. 당시 루마니아는 2000년까지 총인구 3천만 명을 목표로 하고 있었다.

17) L. Anton, "Abortion and the Making of the Socialist Mother during Communist Rumania," in: L. Bernstein(ed.), *Mothering the Nation: Constructing and Resisting and National Allegories Through the Maternal Body*, Cambridge Scholars Press 1976, 49-61; 신동일, "태아는 생명이다," 이영애 편, 생명윤리와 법치국가, 국회의원 이영애 의정활동 자료집(2008-2012), 열린애드 2012, 617 이하.

가 이용되었다. 예를 들어서 1966년 루마니아의 「임신조절법」은 (1) 45세 이상의 여성, (2) 이미 4명 이상의 자녀를 부양하는 여성, (3) 특별위원회에서 건강상 임신이 문제되거나 장애아를 출산할 가능성이 있는 여성의 경우에 인공임신중절 수술을 하도록 법제화하고 있다. 같은 제도는 당시 동독과 소비에트 러시아, 공산화된 중국 등에서 쉽게 찾아볼 수 있다. 여성주의 운동과 공산주의적인 우생정책이 어떻게 결합되고 있는지는 좀 더 자세한 연구가 필요하다. 그러나 여기서 말하고 싶은 것은 이론사적으로 낙태자유화 또는 낙태선택권의 진정한 의미는 태아를, 더 나아가서는 인간의 생명을 도구화하고 물질화하여 특정한 집단의 이익을 위해 일관되게 희생시키는 것에서 출발한다는 것이다.[18] 결론은 낙태선택권의 논의는 자율성이나 사회적 생존권의 재해석을 통해 등장한 것이 아니다.

---

18) 이러한 배경에 대한 인식 없이 여성의 자기결정권, 또는 Pro-Choice를 태아의 생명권과 비교 분석하는 것은 불완전하다. 올바르게 이해한다면 여성주의 관점의 또 다른 대안인 태아생명권을 보호하기 위한 여성주의적 관점 간의 차별적 이해가 필요하다는 생각이다. 이론적으로 Pro-Choice와 Pro-Life가 대립하기 이전에 Pro-Choice의 또 다른 이론틀인 Feminists for Life의 이론적 대안이 균형을 맞추어야 한다. 1970년대 Roe v. Wade 사건의 파장이 미국 사회를 뒤흔들 때 이미 1912년 평등권운동을 주도한 Alice Paul이나 Pat Goltz와 같은 또 다른 관점의 여성주의자들은 "낙태합법화 운동이 종국적으로는 여성주의 운동을 파괴시킬 것"이라고 선언한 바 있다 (Refuse to Choose; Women Deserve Better!). 문제는 진술의 일방성이다.

Ⅴ. 올바른 이해를 위한 제언

현상적으로 보면 낙태자유화는 과학(이성)적 논의의 결과가 아니라 우연한 사건의 집합에서 툭 불거져 나온 결과다. 이 현상은 1930년대와 1950년대의 일부 국가에서 진행된 이념과 정치적인 배경에서 돌발적으로 등장한 사건들의 단순 집합이다. 이러한 사건과 현상들은 전문적인 토론과 학문적인 검토가 따르지 않은 채 지속적으로 정책에 반영되었고, 그에 따라 기존의 원칙과 규범이 흔들리게 되는 결과를 가져왔다.

제한적이고 부분적인 낙태행위는 정당화될 수 있다는 진술은 사실 기존의 법규범이 인정하고 있는 정당화사유를 반복할 뿐이다. 그러므로 낙태행위에 대한 규범적 구조나 설명방식은 변화된 것이 없다. 다른 국가의 법률태도 역시 마찬가지이다. 대표적으로 낙태를 자유화했다고 믿고 있는 캐나다의 경우는 일정기간 안에는 임부가 스스로 낙태를 선택할 수 있게 법개정을 하였다. 기간 내의 일부 낙태행위가 임부의 선택에 의해 허용되고 있다. 그러나 여기서도 여전히 원칙은 "낙태는 생명침해이며, 금지된다." 일정 기간 안에서 기간 적응을 선택적으로 허용하는 현상이 낙태행위는 '살인 범죄'라는 원칙을 변경하고 있다고 볼 수는 없다. 만일 그 원칙이 변경되었다면 기간적응 역시 필요 없게 된다. '태아'인 조건에서는 그 처분이 완전이 자유의 범위에 속해야 하기 때문이다. 그러므로 낙태가 '자유화'되었다는 주장은 분명하지 않은 진술에 불과하다. 결과적으로 우리는 보편적으로 "낙태행위는 금지되어야 한다"는 규범을 반사적으로 확인할 수 있다.

문제는 현재 제기되고 있는 두 가지 진술: "태아는 태아이다"

와 "낙태는 선택이다"라는 명제는 어떤 측면에서 강한 회의론적인 태도를 가지고 있다는 사실이다.[19] 생각해보면 "태아는 태아일 뿐"이라는 진술은 철학적 논법에서 본다면 '회의론'(scepticism)과 유사하다. 그 이유는 이성적 판단 근거에서 볼 때, 어떤 의학 또는 생물학도 태아와 인간의 연속적 이해구조에 대해 의심을 한 경우는 없기 때문에 이러한 주장은 새로운 조건문을 만드는 강한 회의론과 유사하다. 의 · 생물학적으로 태아는 인간과 동일한 소위 생물학적 연속성에 속해 있다. 그러므로 태아라는 개념은 인간과의 연속성의 고리에 갇혀 있다. '태아'와 '인간'의 명사적 차이는 대상의 속성의 차이점에 대한 구분이고 그 동일성을 훼손하지 않는다. 그럼에도 불구하고 우리는 일상언어에서 "태아=태아"라는 구분법에 익숙해져 버렸다. 그 구분의 결과로 파생된 현상은 '태아'는 더 이상 인간의 種에 포함되지 않을 수 있다는 이해이다.

이제 조금 더 어려운 문제로 접근해야 한다. 우리가 회의론적인 태도에서 시작된 태아의 정체성과 생명권 보호범위의 문제를 어떻게 좀 더 합리적이고 타당한 결론에 이를 수 있게 하느냐이다. 이를 위해서는 '낙태' 개념이 일반 언어사용에서가 아니라 좀 더 규범화된 문법구조에서 어떻게 정립되는가를 살펴봐야 한다. 만일

---

19) 이 주제에 대해서는 2010년 성신여자대학교 법학연구소 주최로 자기결정권의 객관적 규칙에 대한 세미나에서 발표한 바 있다. 당시 성신여자대학교 법과대학의 김나경 교수와 고려대학교 법학전문대학원 이상돈 교수가 내 발표에 대해 토론해 주었다. 여기서 확인한 사실은 여전히 사회적 객관적인 이해구조를 발견하는 인식론적 근거가 일부 철학적인 연구에 토대를 두고 있다는 점이다. 나는 이후에는 요즘 유행처럼 번지는 인지과학같은 실천 자연과학의 설명틀이 계발되기를 희망한다. 내 발표문에 대한 정리는 "자기결정권과 객관적 규칙에 관하여," 성신법학 제10호(2011), 1 이하에 실려 있다.

낙태의 기본 개념에 대한 새로운 회의적 접근법이 타당할 수 있으려면 해당 논증이 개념에 대해 어떤 태도를 가지고 있는지를 검토할 것이 필요하다. 그러나 아쉽게도 개념해체 또는 변경에 대한 진술은 보이지 않는다. 여기서는 태아 개념이 기존의 동일성과 종개념에서 부정될 수 있다는 가정이 존재한다고 상상해 보기로 한다. 이제 '태아'는 인간의 범위에서 벗어나서 독립적으로 설계된 어떤 존재다.

나는 이미 이와 같은 전제는 과학적인 공리나 일상대화적인 논법에서 성립할 수 없다고 생각한다. 그럼에도 불구하고 언제나 이러한 전제가 발생하는 것은 어떤 측면에서는 '맥락 이탈'이며, 다른 측면에서 그 주장을 위한 조건문이 '맥락 안'(Interne Argumentation)에 있는 것이 아니라 '맥락 밖'(Externe Argumentation)에 있기 때문인 것으로 볼 수 있다.[20] 이러한 논증 구성은 이미 강한 회의론을 검토하는 수많은 철학적 작업에서 시도되었다. 이미 유명한 철학적 해결방식[21]은 이와 같은 문제점에 대해서 설명하고 있다. 예를 들어 비트겐쉬타인(L. Wittgenstein)이 어떻게 규칙 개념을 동원하여 강한 회의론적인 논증들을 반박하고 있는지를 확인해 보기로 하자. 비트겐쉬타인 철학에 대한 새로운 해석은 솔 크립키(S. Kripke)의 것이 흥미롭다. 다음과 같은 설명을 들어 보자:

> "어떤 사람이 무엇인가를 의미한다는 주장을 합법화하기 위해 필요한 모든 것은 대략 그것이 합법적으로 주장될 수 있는 구체적인 상황[22]들이 있으며, 그런 조건들 아래에서 그것을 주장하는 게임이

---

20) 신동일, 위의 글(주 17), 609 이하.

21) 주로 거론되는 논증은 주관적 기준의 객관적 기준과의 일치성 문제를 연구한 고전으로는 A. Ayer, *Language, Truth and Logic*, Gollancz 1936.

우리의 삶에서 역할을 갖는다는 것이다. 그런 주장들에 '사실들이 대응한다'는 가정은 전혀 필요하지 않다."

이 말은 두 가지 측면에서 매우 중요하다. 첫째는 회의론자들의 소위 일반 논증의 '극단적 무한 해체 경향'(이것을 강한 회의론이라고 부를 수 있다)을 제한할 수 있다는 가능성을 내포하는 언급이다. 여기서 논증(또는 개념)의 해체(강한 회의)란 바로 다음과 같은 예로 설명할 수 있다. 크립키의 설명[23]을 예로 한다면, 1 더하기 3은 4라는 사태를 우리는 모두 '알고 있다'. 그런데 회의론자들은 이렇게 말한다. 1 더하기 3은 1일 수도 있다. 특히 다음과 같이 믿는 사람이 존재한다면, 그 사람의 믿음은 틀린 것이 아니라 새로운 진리명제가 될 수 있다.

예컨대 $x \mp y =$ if $x, y < 5$, then $x+y$
$= $ if $x, y > 5$, then 1

이 경우는 1 더하기 3의 답이 1이다. 여기서는 두 가지의 상이한 규칙이 '존재'하는데, 과연 어떤 규칙이 더 우선적으로 적용되어

---

22) 이러한 크립키의 생각은 비트겐쉬타인을 프레게와 구분짓는 중요한 분수령이 되고 만다. 잘 알려진 대로 프레게는 Grundlagen der Arithmetik에서 기호의 의미는 오로지 문장의 맥락 안에서만 문의되어야 한다는 '문맥의 원리'(Kontexttheorie)를 제안하였다. 비록 비트겐쉬타인이 프레게의 문맥 원리의 정신을 다소 추종하고 있다고 볼 수는 있지만 대상의 이름을 언어의 쓰임에 포괄적으로 대표한다고 믿을 근거는 없다는 것이 크립키의 해석이다. S. Kripke(남기창 옮김), 비트겐쉬타인 규칙과 사적 언어, 철학과 현실사 2003.

23) 크립키는 복잡하지는 않지만 덧셈과 특정 조건 함수를 예로 들고 있다.

야 할지, 또는 어떤 규칙에 따라야 하는 경향이 우선적이어야 하는지 혼란스러울 수 있다. 이 문제를 해결하는 비트겐쉬타인의 아포리즘적인 설명은 다음과 같았다: "§201 우리의 역설은 이것이었다. 모든 행위 방식을 하나의 규칙과 일치하도록 만들 수 있기 때문에 규칙은 어떠한 행위 방식도 규정할 수 없다."[24] 이 난해한 문장의 현대적 해석은 강한 회의론자들이 이미 승인되고 합의된 규칙을 무시하는 현상을 현실적으로는 개별적인 사적 언어(private language)를 창설하는 행위와 같으며, 종국적으로는 비문법적인 언어현상처럼 '궤변'일 수 있다는 지적이다.[25] 일상대화에서는 이러한 현상이 수없이 반복될 수 있다. 그러나 철학적인 논의가 이성적인 절차라고 볼 때 전문대화 역시 이러한 강한 회의론적 태도에 따라 진행될 수는 없다. 더욱이 강한 회의론적인 태도나 맥락에서 벗어난 주장을 제어할 수 있는 과정과 절차는 이미 그 전문가 집단에서 승인되고 확인된 방법론에 포함되어 있다. 더욱이 이러한 주장은 기본적으로 '조사가능한'(surveyable) 영역에서 벗어나 있기 때문에 기본적으로 과학적인 설명이 될 수 없기도 하다. 물론 일상대화에서도 이와 같은 주장은 '궤변'으로 평가될 수 있다. 여기에 대한 추가적인 해설은 비트겐쉬타인의 문제된 아포리즘 §201의 후문[26]에

---

24) "this is our paradox: no course of action could be determined by a rule, because every cause of action can be made out to accord with the rule."(독일어 원문은 "Eine Regel könnte keine Handlungsweise bestimmen, da jede Handlungsweise mit der Regel in Übereinstimmung zu bringen sei").

25) 소위 '일치'(agreement)의 문제이기도 하다. S. Kripke(남기창 옮김), 위의 책, 157 이하.

26) "It can be seen that there is a misunderstanding here from the mere fact that in the course of our argument we give one interpretation after

서 발견할 수 있다:

> "우리의 논증 과정에서 우리가 이런 해석 저런 해석을 해본다는 것 때문에 작은 오해가 발생하는 것처럼 보일 수 있다. 마치 한 논증은 우리에게 어떤 순간에는 적당하지만, 다르게 생각하면 곧 무력해지는 것과 같다. 이 사실이 보여주는 것은 해석이 아니라, 실제 사건에서 우리가 소위 '그 규칙에 복종한다'와 '그 규칙을 위반한다'라고 말하는 게 드러나는 것을 통해 규칙을 파악하고 있다는 사실이다. 그러므로 다음과 같이 말하는 경향이 있다: *모든 규칙을 따르는 행위는 해석이다.* 그러나 우리는 '해석'이라는 말을 규칙을 설명하는 것을 다른 설명으로 대체하는 것으로 엄격히 제한해야 한다." (강조는 필자)

이 문장에서는 비트겐쉬타인의 명석한 접근법, 즉 사실과 진술(명제)이 관계되지 않는다는 것이다. 나는 최근에 이러한 비트겐쉬타인의 설명의 중요성을 자각하게 되었다. 그는 엄밀한 논증의 완성을 공동체의 '진술태도'와 "해석"과 관련시키고 있다. 기본적으로 우리는 －물론 개인적인 차이는 있겠지만－ '사실'과 '진술'이 의심 없이 동형적으로 대응될 때 진술이 '참'이라고 믿고 있다.[27]

---

another; as if each one contented us at least for a moment, until we thought of yet another standing behind it. What this shews is that there is a way of grasping a rule which is not an interpretation, but which is exhibited in what we call "obeying the rule" and "going against it" in actual cases. Hence there is an inclination to say: every action according to the rule is an interpretation. But we ought to rstrict the term "interpretation" to substitution of one expression of the rule for another."

그러나 철학적 발전을 따라가 보면 그와 같은 인식에는 상당히 설득력 있는 반론이 존재하는 것도 '사실'이다. 간략하게 설명하면 사실과 진술은 독립적인 사건 또는 독립적인 요소를 또 다시 독립적인 인식주체에 의해 평가될 수 있다는 조건이 의심스러워진다. 그러므로 공동체의 이해라는 언어게임의 규칙에 어떻게 사실판단의 주체가 반응하는지에 대한 문제가 분석되어야 한다. 비트겐쉬타인은 언어작용과 규칙을 평면적으로 파악하는 것이 아니라 언어작용 자체가 규칙 속에서 '구성'(해석)된다는 것을 통해 해결한다. 여기서 규칙은 대상이 아니라 주체의 해석기준으로 바뀐다. 그러므로 비트겐쉬타인은 프레게식의 순수 진리조건에서 벗어나서 주장 가능성 조건 또는 정당화 조건으로 회의론적 역설을 해결하고 있는 것이다.[28]

요컨대 태아 개념을 인간 개념과 분리하여 이해하려는 진술은 강한 회의적 진술로서 또는 '사적 언어'라는 의미에서 부정되어야 한다. 소위 동일성 논증이 분명히 어떤 해석의 규칙을 제시해주고 있다. 그러므로 인간과 태아의 동일성 문제는 "고양이는 동물이다"에 대한 동일성 문제[29]를 해결하는 것보다는 훨씬 쉽다. 더 나아가서 동일성 논증은 실제로 "수정란도 인간이다"를 지지해준다. 위의 규칙에 따라 검토할 때 적어도 수정란과 인간을 생물학적으로 다른 존재라고 구분할 수 있는 자연적 발견은 존재하지 않았다. 자연

---

27) 데이비드 흄의 설명은 너무나 고전적인 회의론에 착안하고 있다. 그의 의심 없이 회의되지 않는 마지막 단계에서만 온전한 이해가 시작된다는 가설은 또 다른 문제점을 가지고 있기도 하다.

28) S. Kripke(남기창 옮김), 위의 책, 124 이하.

29) H. Putnam, "It Ain't Necessarily So," *Journal of Philosophy*, 59, no. 22(1965. 10/25), 658 이하.

종의 범위에서 인간과 수정란은 발전단계의 한 구성일 뿐이고 다른 존재가 아니다. 그러므로 인간과 수정란은 서로 고정 지시체로서 연결되고 물리적 또는 생물적 동일성은 충분한 근거를 가지고 '주장될 수' 있다. 하물며 태아는 더 분명한 동일성의 논증 범위에 포함된다. 이 첫번째 요소를 전제하는 경우에만, 다음 문제인 태아 생명권 보호의 제한을 위한 논증은 어떤 규칙 범위에서 논의되어야 하는지를 살펴볼 수 있다. 그렇다면 태아 생명 존중을 위한 공동체의 규칙은 어느 정도까지 부정될 수 있는가?

Ⅵ. 정당한 해석을 위한 기준

나는 여기서 한 가지만 조금 더 설명해 보려고 한다. 인간과 태아의 개념에 대한 지금까지의 구분은 의학적 구분법에 따르고 있다. 즉 "언제부터 언제까지는 태아라고 부른다"라는 구성이다. 의학적 태아개념은 적어도 규범적 사태를 재구성하지 않는다. 그러므로 "14세 미만은 형사미성년자로 한다"와 같은 구분법과 다르다. 그 이유는 의학적인 구분의 필요성과 형사미성년자 구분의 필요성은 전혀 다른 목적과 효과를 가지고 있기 때문이다. 법학에서는 이를 오래전부터 사실과 규범으로 구분하여 설명하고 있다. 우선적으로 의학적 구분법은 법학적 구분법과 다른 전문영역이다. 앞에서 언급했듯이 의학적 구분법의 목적은 법학적 구분법의 목적[30]과 다르다. 학문적인 특성에서뿐만 아니라 해당 분야가 달성

30) 실제로 법학적인 방법론에서 자주 거론되는 '규범적 인식'과 '사실적 인식'의 차이점은 비트겐쉬타인의 새로운 회의론의 방법론과 매우 흡사하게 닮아 있다. 법학에서 어떤 '사실'은 그 자체로 물리적인 사건의 집합이 아니

하고자 하는 목표가 또한 다르기 때문이다. 근대 이후 헌법은 보편적이고 기본적 인권을 확장하고 있다. 그러나 모자보건법의 낙태 허용 규정은 그 반대방향으로 가는 것처럼 보인다. 일반적인 생명윤리 논쟁[31)]이 진행되면서 인간 생명의 시작에 대해 제기된 논증들은 거의 예외없이 '인간 생명의 존엄성' 적용범위를 배아까지 확대하고 있다. 보편적 인간의 평등권과 생명권의 적용 범위를 생명공학기술의 전영역에서 확장할 수 있는 가능성을 만들었다. 즉, 태아단계에도 진입 못한 냉동상태의 수정란의 인권이 일부 국가 또는 국제협약에서는 법적인 보호 대상이 되었다. 초기 인간배아의 존엄성과 그 가치는 모든 살아 있는 인간이 이성적으로 존중하고 보호해야 할 대상에 포함된다.[32)]

구체적 문제는 태아 생명포기를 제3자인 임부 본인 또는 관련인(관련인에는 배우자와 친권자와 후견인 등이 포함된다)이 결정한다는 것이다. 우리 법의 구조상 대리동의권은 제한적이다. 특히 그

다. 마찬가지로 어떤 행위 해석과 의미도 물리적인 공간과 시간적인 체계를 그대로 기술하는 것이 아니고, 그 행위와 행위자의 의도가 실제로 승인된 규범과 어떤 방식으로 연관되었는지를 해석하는 것을 말한다.

31) 국내의 논의를 확인할 수 있는 자료는 박은정, 생명공학시대의 법과 윤리, 이화여자대학교 출판부, 2000; 보다 최근의 법논쟁에 대해서는 이인영, 생명의 시작과 죽음. 윤리논쟁과 법 현실, 삼우사 2009.

32) 이러한 공통 인식에서 1998년 유네스코 국제협약과 2004년 유엔 생명협약이 등장하였고, 이를 토대로 대부분의 국가들은 인간 생식세포와 수정란을 보호하는 법규정을 두고 있다. 우리의 경우도 예외는 아니어서 이미 「생명윤리 및 안전에 관한 법률」로 인간 생식세포 및 배아 보호를 규범화하고 있으며, 그 실질적인 보호수준에 대한 논의가 2010년 10월 헌법재판소에서 다루어지기도 하였다. 그러나 아쉽게도 헌법재판소는 2010년 5월 20일 전원일치로 냉동중인 배아는 기본권 주체가 아니라는 취지로 최종 결정하였다.(2005 헌마 346)

대리권 행사로 인하여 생명이 침해되는 경우는 불가능하다. 최근 '존엄사 또는 연명장치 선택적 포기 논란'에서도 대리동의권은 논의되었다. 배아의 기본권 지위인정 여부에 대한 헌법재판소의 심리도 기본적으로는 타인의 생명권에 대한 대리동의권의 확정과 제한의 문제와 연결되어 있다.[33] 그러므로 법이론적으로 볼 때 타인의 생명이익에 대해 제3자가 결정하도록 규정한 모자보건법 제14조의 규정들이 －본인인 태아의 생명이익을 제3자인 임부가 자신의 이익을 위해 대리결정함－ 헌법과 민법의 원칙에 부합하는지는 여전히 의문이다.

아주 제한적인 예외는 이미 설명한 바와 같이 기대불가능성에 의한 허용이다. 즉, 임부와 태아의 회피할 수 없는 '이익충돌'을 전제한다. 그러나 형법이 인정하는 예외는 생명 대 생명의 갈등이다. 즉, 모체와 태아 중 누군가는 사망할 수 있는 의학적 판단이 있어서 일방의 사망이 회피할 없는 경우의 인공임신중절수술을 낙태의 죄로 처벌하지 못한다는 의미이다. 법률 제14조 제1항 제1호의 본인이나 배우자가 '우생학적 또는 유전학적 신체질환'의 경우와 다음 호의 '우생학적 또는 유전학적 정신질환'의 경우는 임부에게 이와 같은 대리권 행사로 인해 태아가 생명을 포기해야 하는 근거가 부족할 수 있다. 태아의 정신감정을 도대체 어떻게 한다는 것인가? 그러므로 현행 모자보건법은 태아를 모와 생물적 부의 종속물로만 판단하는 구조를 가지고 있다. 이를 해결하는 새로운 이해방

---

33) 자주 국내 논의에서 분명히 다루어지지 않는 논제가 바로 국가의 생명보호 의무와 개인의 자기결정권의 규범적 맥락이다. 국가의 생명보호 의무는 개인의 자기결정권을 언제나 초과하는 규범적 명령이라고 보아야 법논리적으로 모순이 없다는 것이 독일연방헌법재판소의 형법상 낙태죄 규정에 대한 위헌심사 결정 내용이었다. 이것은 우리 헌법의 기본 원칙이기도 하다.

식은 태아의 생명보호 의무를 일차적으로 부모의 결정 범위에 두는 것이 아니라 좀 더 객관화된 국가에게 위임하는 것이다. 그러므로 이 법의 제14조는 일차적으로 모든 가능한 태아의 생명침해를 방지하는 법률로 바뀌어야 한다.

마지막으로 모자보건법 제14조 제1항 제3호 내지 제4호는 소위 범죄학적(도덕적) 적응사유로 설명한다.[34] 우리 법은 본인의 의도적 또는 중대한 과실에 의한 행위만 책임을 지도록 하고 있다. 예를 들어 살인범의 경우도 책임능력이 없는 상태에서 저지른 행위라면 책임을 인정하지 않는다. 그런데 강간에 의한 임신이 된 태아는 왜 자신의 존재 형성을 위한 생식세포 제공자의 범죄 사실에 의해 국가로부터 사형선고를 받아야 하는가? 태아에게 무슨 도덕적 책임이 있는가? 마치 과거 부모의 범죄를 자손이 책임져야 한다는 소위 '代贖制度'처럼 보인다. 태아는 인간과 규범적으로 동일하게 보호되어야 한다는 규칙(원칙)은 이미 존재하는 공동체의 합의이다. 헌법과 형법의 생명보호 규정들과 여전히 문제가 많은 모자보건법상의 인공임신중절수술 허용규정 역시 생명보호원칙을 반복적으로 규율하고 있다. 다시 반복하자면 "태아는 태아이다"는 일종의 강한 회의론일 뿐이고, 타당한 주장의 조건을 충족하지 못한다. 법적으로 재구성되는 '사실'과 '규범평가'는 그렇기 때문에 매우 복잡하고 엄격하게 통제된 알고리즘, 즉 형사소송절차에서 다

34) 유럽을 기준으로 한 인공임신중절수술 허용을 위한 범죄학적 적응사유의 법이론적 검토는 Gunnar Duttge, "Regelungskonzepte zur Spätabtreibung im europäischen Vergleich: Ansätze zur Lösung des Schwangerschafts-konflikts?" in: Wewetzer/Wernstedt(Hg.), *Spätabbruch der Schwangerschaft. Praktische, ethische und rechtliche Aspekte eines moralischen Konflikts*, Campus Verlag 2008, 86 이하.

루어진다. 그러므로 전문대화는 사건에 대한 '단순 평가'가 아니라 사건의 규범적 재구성, 즉 '해석'이 문제된다. 그러나 우리가 주목해야 하는 실제 사실은 어느 경우나 생명보호의 상대화가 발생할 수 있는 조건이다. 즉, 핵심은 조건발생을 위해 평가대상자가 어떻게 작용하고 있느냐는 점이다. 살인범죄자, 전투참가군인, 정당방위행위자 등은 자기 행위에 대한 도덕적・규범적 책임 평가를 기초로 다음의 결론, 즉 그에게 상대적 생명권행사를 승인할 것인가를 결정할 수 있다. 그러나 우리가 논의하는 대상은 태아이다. 즉, 제1의 범주적인 영역에서 근거 없이 다른 범주로 넘어갈 수 있는 대상이 아니다. 논리적으로 보면 범주를 판단할 수 있는 근거는 평가주체의 태도이다. 태아는 여기서 '태도'를 확정할 수 없는 주체일 뿐이다. 태아는 생명보호 상대화 평가의 대상이 될 수 없다. 오직 남는 것은 태아 대 임부의 생명 대 생명 충돌의 조건이다. 사실 오늘날 의학의 수준에서 본다면 이러한 충돌상황은 자주 등장하지 않는다. 이를 해결하기 위한 몇 가지 아포리즘은 다음과 같다.[35)]

A1. 태아의 개념은 인간과 동일한 개념 폭을 가진다. 의학적인 구분은 발생과정에 따른 편의적이고 사실적인 구분일 뿐이고, 그 주체의 성향을 구분할 수 있는 것이 아니다. 그러므로 태아와 인간을 구분하는 것은 규범적인 판단과 평가를 위하여 이용될 수 있는 조건을 충족할 수 없다.

A2. 태아에 대한 생명권 보호 제한의 주장은 승인된 공동체의 규칙을 존중하는 틀에서 제기되어야 한다. 새로운 규칙을 창설하

35) 신동일, 위의 글(주 17), 619 이하.

는 행위는 '사적 규칙'과 같은 접근이라고 볼 수 있다. 타인의 권리와 그에 대한 공동체의 보호의무가 범주로 포함되므로 일반 논증의 규칙이 아니라 국가의 보호의무와 태아의 생명권 침해의 관계가 가장 중요한 대화 내용이 되어야 한다.

A3. 태아의 주관적 권리를 확인할 수 없다는 조건은 태아를 국가의 절대적 보호의 대상으로 만든다. 그러므로 임부의 생명 위태화 상황만이 태아의 생명포기를 위한 가치 평가의 조건이 될 수 있다.

A4. 임부의 자율권은 태아의 생명권 보호 논쟁에서 포기될 수 밖에 없다. 자율권은 자유권의 내용이고 태아 생명권은 더 상위의 근본 규범으로 보호된다. 그러므로 자율권을 근거로 생명권을 제한할 수 있다는 논증은 범주적 오류(categorial fallacy)에 포함된다.

A5. 낙태선택의 자유화 정책은 사회적인 사태들의 집단적 오류현상으로 볼 수 있다. 또한 이미 오류의 고착화로 인하여 마치 해결될 수 없는 난제로 자리잡고 있다. 이 문제의 해결은 전문대화의 규칙을 준수하는 토론 방식의 재설계에 의해 해결될 수 있다.

A6. 요소(원자) 명제로 재구성하면 "낙태행위는 인간에 대한 생명침해"이며, 이러한 행위는 공동체의 살인금지 규범에 따라 금지된다. 전문대화에서 토론 자유권의 범위는 정상적인 공동체의 규범의 범위에서 가능하다.[36)]

---

36) 이를 통해 구성된 새로운 모자보건법 제14조에 대한 개정안은 이미 이영애

Ⅶ. Apocalyse and Quo Vadis

법은 결국 할 수 있는 것에 자유를 그리고 할 수 없는 것에 한계를 짓는 것이다. 그 과정은 다양한 설명이 가능하지만, 종국적으로는 규범이론적으로 바라보는 것이 적절할 수 있다. 1956년에 발표한 베르너 마이호퍼(Werner Maihofer)의 글 "인간질서의 본질에 관하여"(Vom Sinn menschlicher Ordnung)[37]은 이렇게 결론짓는다.: "한 개인이 타인과 맺는 질서로 가는 방식은 두 가지 정도 되는 것 같다. 하나는 개인의 역할에 대한 (객관적) 요구를 인지하는 것과 다른 하나는 타인과의 관계에 대한 성찰을 통해서이다. 자신의 역할을 파악하는 것은 '정언명령'에 따르고 타인과의 관계에서는 소위 '자신이 타인에게 원하는 것을 타인에게 해라'라고 하는 황금법칙이 적용된다." 주관의 객관화 법칙에 대한 마이호퍼의 통찰은 법학의 사회적 관계성에 대한 치밀한 논증의 결과다. 인간의 사고방식은 규범을 준수하는 것을 통해서 보호되고 형성된다는 전제를 구체화한다.[38] 낙태의 경우 인간에 대한 즉물적이고 물질적인 기

의원 대표발의로 제18대 국회에 제출되었다.

37) Vittorio Klostermann 1956. 원문은 "Der Entwurf des Einzelnen in die Ordnung mit Andern, ist auf einem zweifachen Wege mäglich: in der Besinnung auf die Forderung der eigenen Rolle(kategorischer Imperativ) und Andere uns begegnet(godene Regel)." 86.

38) 마이호퍼의 글들은 나와 함께 수학한 동문들에게는 일종의 난해하고 정확한 인식이 불가능해 보이던 암호문이었다. 나이가 들어 다시 읽는 그의 글은 우리의 존경하는 스승 심온 심재우 선생님의 이론과 함께 얼마나 인간의 능력이 발전하는 과정이 어려운지를 생각하게 해준다. 적어도 이 글을 보는 내 동문들은 그 의미를 이해할 것으로 믿는다.

계처럼 보던 것이 우생학이라면 그 반대에서 법치국가적인 이론으로 접근하여 추상적인 가치를 함께 고려하는 것이 규범이론적인 접근이다. 궤변과 오해에 가득찬 인식들은 이제 포기되거나 비판될 만큼 인류의 지성이 성장해야 한다고 믿는다. 타인의 객관적 존엄성이 존중되지 못하는 사회는 이미 그 존재론적인 가치를 벗어나고 있다.

여기 "태아는 생명이다"에서 진정으로 말하고 싶은 것은 과거에 대한 반성만이 아니라 인간의 객관적인 규범인식을 통한 사회적 관계성의 오류를 수정하여 온전하고 모순없는 법체계로 도달하고자 하는 미래의 희망이다.

Die Problematik der Spätabtreibung in Deutschland

Gunnar Duttge*

I . Das Dilemma

Der wahrlich existentielle Konflikt zwischen dem Lebensinteresse eines noch ungeborenen Kindes und den Belastungen und Lebensplänen der schwangeren Frau hat seit Anbeginn der Menschheitsgeschichte jede Gesellschaft an jedem Ort dieser Welt mit einem außerordentlich schwierigen rechtsethischen Problem konfrontiert. Es versteht sich gleichsam als „Ewigkeitsthema der Menschheit —ihrer Kulturgeschichte im

* Prof. Dr. iur., Abteilung für strafrechtliches Medizin- und Biorecht, zugleich stellvertretender Direktor des Zentrums für Medizinrecht, Georg-August-Universität Göttingen. Der Verfasser dankt seinem langjährigen wiss. Mitarbeiter und Doktoranden *Henning Bernau* für seine wertvolle Unterstützung insbesondere bei der Erarbeitung des Textes zur Rechtslage in Deutschland (Abschnitte II. und III.).

Allgemeinen wie ihrer Kriminalgeschichte im Besonderen"[1] Alle rechtsgeschichtlichen und rechtsvergleichenden Forschungsergebnisse lassen dabei – so der frühere Direktor des Freiburger Max-Planck-Institutes *Eser* – „keinen Zweifel an der Tatsache, dass es Eingriffe zur Beendigung einer ungewollten Schwangerschaft auf diese oder jene Weise schon immer und überall gegeben hat".[2] Der medizinische Fortschritt in der Peri- und Neonatologie (v.a. durch die Pränataldiagnostik) sowie rechtskulturell der Siegeszug der Menschenrechte zum Schutz des Subjekts vor seiner zwangsweisen Vereinnahmung durch das Kollektiv hat es jedoch in der Moderne weit schwieriger als etwa noch zu Zeiten *Platons*[3] gemacht, den Schwangerschaftsabbruch zu legitimieren. Nahezu alle „aufgeklärten" Gesellschaften behelfen sich deshalb mit – je nach kulturellem Kontext im Detail unterschiedlich ausfallenden – Kompromisslösungen, die vielleicht aus pragmatischer Perspektive zufriedenstellen können, nicht aber rechtsprinzipiell.

Als besonders „unethisch" wird in Deutschland schon seit längerem die Möglichkeit des erlaubten „Spätabbruchs" bis unmittelbar vor Beginn der Eröffnungswehen bei „Unzumutbarkeit" einer Fortsetzung der Schwangerschaft (§ 218a Abs. 2

---

1) R. Merkel, in: Roxin/Schroth (Hrsg.), Handbuch des Medizinstrafrechts, 4. Aufl. 2010, S. 303.

2) *Eser*, in: Eser/Koch (Hrsg.), Schwangerschaftsabbruch im internationalen Vergleich, Teil 3, 1999, S. 519.

3) Im Überblick *Jerouschek*, in: U. Gerhard (Hrsg.), Frauen in der Geschichte des Rechts, 1997, S. 248 ff.

StGB) kritisiert. Die jüngste Reform des Schwangerschaftskonfliktgesetzes[4] hat diese Option der erlaubten Tötung von weit entwickelten Kindern zwar nicht kategorisch verboten, jedoch den Versuch unternommen, das Problem wenigstens abzumildern, indem in Fällen eines embryopathischen Befundes durch Etablierung zusätzlicher Verfahrenssicherungen voreilige Entscheidungen möglichst verhindert werden sollen. An dem grundlegenden Dilemma und an den Widersprüchlichkeiten der Rechtslage – auch im Verhältnis zur alltäglichen Praxis – hat sich dadurch aber nichts geändert. Mit der nachfolgenden Darstellung verbindet sich die Hoffnung, den sehr geschätzten südkoreanischen Kolleginnen und Kollegen einen profunden Einblick in die aktuelle Situation und Diskussionslage in Deutschland zu eröffnen, um so einen Beitrag zu den aktuellen Klärungsbemühungen in Südkorea im Kontext des Schutzes ungeborenen Lebens[5] zu leisten.

Stoßen in einer Konfliktsituation auf beiden Seiten hochwertige Rechtsgüter ohne Möglichkeit eines wechselseitig schonenden Ausweichens aufeinander, so fällt die Suche nach einem „verhältnismäßigen Ausgleich“[6] schwer: Denn wenn es

---

4) Gesetz v. 26. August 2009 (BGBl. I S. 2990).

5) Zuletzt insbesondere die Entscheidung des koreanischen Verfassungsgerichtshofs zum Status von in vitro gezeugten Embryonen, Urteil v. 27.05.2010.

6) Vgl. *Hesse*, Grundzüge des Verfassungsrechts der Bundesrepublik Deutschland, 20. Aufl. 1995, Rn 72: „praktische Konkordanz“ *Stern*, Das Staatsrecht der Bundesrepublik Deutschland, Bd. III/2, 1994, S. 835:

zutrifft, dass der Umgang mit dem eigenen Körper zu den „vorrangigen Ansprüchen" eines Menschen zählt,[7] so impliziert die Etablierung einer (sogar strafbewehrten) Pflicht zur Fortsetzung einer Schwangerschaft bis zur Geburt einen hohen Grad an Verlust dieses höchstpersönlichen Bestimmungsrechts.[8] Auf der anderen Seite steht mit der Hinnahme oder gar Akzeptanz von Schwangerschaftsabbrüchen nicht weniger als Tötungsunrecht[9] in Frage, sofern angenommen wird, dass jedenfalls mit der Nidation (= Einnistung der befruchteten Eizelle in den mütterlichen Uterus) bereits menschliches Leben entstanden ist. Eben dies entspricht aber unabhängig von der Streitfrage um den Schutz von Embryonen in vitro[10] auch europaweit der wohl vorherrschenden Auffassung, wenngleich nicht zu übersehen ist, dass dieser Abwehr- und Schutz-

---

„optimale Verhältnismäßigkeit" dazu näher *Lerche*, in: Stern-FS 1997, S. 197 ff.

7) Mit Blick auf die Emanzipationsbewegung: *Janet Radcliffe Richards*, The Sceptical Feminist, 1982, S. 271: „Wenn ein menschliches Wesen überhaupt einen gerechten und vorrangigen Anspruch auf irgendetwas hat, hat es einen gerechten, vorrangigen Anspruch auf seinen eigenen Körper".

8) Manche Medizinethiker gehen sogar so weit, von einer „Vergewaltigung" der zum Austragen verpflichteten Frau zu sprechen, z.B. *John Harris*, The Value of Life, 1985 (dt. Der Wert des Lebens, 1995), S. 227.

9) Vgl. *Siep*, Konkrete Ethik, 2004, S. 335: „Tötung eines gleichberechtigten Mitglieds der Rechtsgemeinschaft".

10) Zuletzt innerhalb der deutschen Debatte einerseits *Duttge*, Zeitschrift für Rechtsphilosophie 2007, S. 76 ff.; andererseits *Birnbacher*, Bioethik zwischen Natur und Interesse, 2006, S. 368 ff.

anspruch des eingenisteten Embryos in seiner Wertigkeit mitunter sogleich wieder reduziert wird durch Annahme eines „gradualisierten vorgeburtlichen Lebensschutzes".[11] Von der Widersprüchlichkeit im Verhältnis zur grundsätzlichen Anerkennung eines Subjektstatus (jedenfalls) ab Nidation abgesehen, mag eine solche Abstufung bzw. Anwachsung der Schutzdimension bei den verschiedenen Einzelausprägungen grundrechtlicher Freiheit (wie z.B. bei der Meinungs- oder Versammlungsfreiheit) annehmbar sein; im Falle des Lebensschutzes handelt es sich jedoch um eine singuläre „Alles- oder Nichts-Konstellation",[12] in der es nicht um ein „Mehr" oder „Weniger", sondern allein um die Alternative zwischen Leben oder Sterben geht. Denn das menschliche Leben bildet — wie das BVerfG zuletzt in seiner Entscheidung zum Luftsicherheitsgesetz betont hat — die „vitale Basis" für den in der Menschenwürdegarantie verankerten Subjektstatus,[13] aus dem die in Art. 2 ff. GG benannten Freiheits- und Gleichheitsrechte als Konkretisierungen resultieren: Wer nicht leben darf, dem wird das (ihm allein aufgrund seiner Existenz verbürgte) Recht auf Achtung seines Daseins als

11) So insbes. *Dreier*, Zeitschrift für Biopolitik 2002, S. 4 ff. und JZ 2007, 260 ff.; ebenso *Enders*, Jura 2003, 666, S. 672 f.; *Hilgendorf*, in: Brohm-FS 2002, S. 387, 398 ff.; *Hörnle*, ARSP 2003, S. 318, 337; *Schreiber*, in: Bernsmann/Ulsenheimer (Hrsg.), Bochumer Beiträge zu aktuellen Strafrechtsthemen (=Geilen-FS), 2003, S. 157, 164 f.; *Wagner-Westerhausen*, Ethik in der Medizin 2008, S. 6 f.

12) Treffend *Rosenau*, in: Schreiber-FS 2003, S. 761, 771.

13) BVerfG NJW 2006, S. 751, 757.

Ausgangspunkt aller konkreten Lebensäußerungen vorenthalten.[14]

Das BVerfG hat dieses Dilemma mit der Formel von der „Zweiheit in Einheit" anschaulich zu machen versucht, was zur Folge hat, dass dem Lebensschutzinteresse des nasciturus auch im Verhältnis zu seiner Mutter Wirkkraft zukommt. Ein solcher Schutz des Ungeborenen „ist nur möglich, wenn der Gesetzgeber einen Schwangerschaftsabbruch grundsätzlich verbietet und ihr [der Mutter] damit die grundsätzliche Rechtspflicht auferlegt, das Kind auszutragen".[15] Im Hinblick auf die rechtlich geschützten Belange der Schwangeren stellt sich jedoch die Frage, ob es nicht Konstellationen gibt, in denen dieser Grundsatz seinen Geltungsanspruch verlieren muss, mithin das rechtlich geschütztes Interesse der betroffenen Frau vorrangig und daher ein Schwangerschaftsabbruch (ausnahmsweise) erlaubt ist. Fasst man diese Frage freilich so, dass nach „moralischen Gründen" zu suchen sei, die „schwerer wiegen als das Lebensrecht" des Fötus,[16] wird man kaum zum Ziele kommen. Denn ausgehend von der in allen europäischen Rechtsordnungen herausgehobenen Wertigkeit menschlichen

---

14) Siehe auch die weiteren Einwände bei *Hoerster*, in: F.A.Z. v. 29.2.2008, S. 35: Verkehrung der verfassungsrechtlichen Bindung einfacher Gesetze; Inkonsequenz bei der Anerkennung eines vollen Lebensrechts des geborenen Säuglings; Missachtung der bundesverfassungsgerichtlichen Rspr., insgesamt: „Ad-hoc-Erfindung zur Absegnung" der erwünschten „Liberalisierung des Embryonenschutzes".

15) BVerfGE 88, 203, 252.

16) *John Harris* (Fn 8), S. 22 ff.

Lebens (s. auch Art. 2 EMRK) lässt sich nicht vorstellen, wie das Selbstbestimmungsrecht der Schwangeren selbst in seiner engeren, besonders schutzwürdigen körperbezogenen Dimension im Rahmen einer qualitativen Bewertung der betroffenen Rechtsgüter und des Grades der ihnen drohenden Gefahren als (wesentlich) „überwiegendes Interesse" (§ 34 StGB [rechtfertigender Notstand]) ausgewiesen werden könnte. Das BVerfG hat deshalb betont, dass „Grundrechte der Frau gegenüber dem grundsätzlichen Verbot des Schwangerschaftsabbruchs nicht durch[greifen]", da sie nicht „so weit tragen, dass die Rechtspflicht zum Austragen des Kindes von Grundrechts wegen – auch nur für eine bestimmte Zeit[17] – *generell* aufgehoben wäre": „Ein Ausgleich, der sowohl den Lebensschutz des nasciturus gewährleistet als auch der schwangeren Frau ein Recht zum Schwangerschaftsabbruch einräumt, ist nicht möglich, weil Schwangerschaftsabbruch immer Tötung ungeborenen Lebens ist".[18]

Gleichwohl erkennt das BVerfG „Ausnahmelagen" an, in denen der Abbruch der Schwangerschaft keine rechtliche Missbilligung verdient. Grundlage hierfür ist allerdings kein „Überwiegen" von Gründen auf Seiten der Schwangeren im Rahmen einer Güter- und Interessenabwägung, sondern der Gedanke der „Unzumutbarkeit": Sind „Belastungen gegeben

17) Sonst stünde das Lebensrecht des Ungeborenen unter dem Vorbehalt, dass die Mutter in der ersten Phase ihrer Schwangerschaft nicht von ihrer Tötungsbefugnis Gebrauch macht.

18) BVerfGE 88, 203, 254 ff.

[···], die ein solches Maß an Aufopferung eigener Lebenswerte verlangen, dass dies von der Frau nicht erwartet werden kann", so ist die Rechtspflicht zur Fortsetzung der Schwangerschaft insoweit gleichsam suspendiert. Bezug genommen wird damit auf die Idee des „ultra posse nemo obligatur", wonach niemand über sein Können hinaus verpflichtet werden kann. Dieser vor allem in klassischen Notstandslagen wie dem „Brett des Karneades"[19] oder in jüngster Vergangenheit zum Abschuss von Luftfahrzeugen bei terroristischen Angriffen und zur sog. Rettungsfolter in Anspruch genommene Rechtsgrundsatz beansprucht hohe Evidenz,[20] ist aber in seinen Konturen und den hieraus sich ergebenden (z.B. strafrechtsdogmatischen) Folgen noch wenig geklärt. In letztgenannter Hinsicht reichen die Möglichkeiten von der Annahme einer (zumindest in strafrechtlichem Kontext) erlaubten Tat über die Anerkennung eines Entschuldigungsgrundes (unter Aufrechterhaltung des Unrechtsurteils) bis hin zu reinen Strafzumessungslösungen, die jedoch so weit gehen können, dass trotz verhängten Schuldspruchs von Strafe gänzlich abgesehen wird. In erstgenannter

19) Dazu grundlegend die gleichnamige Schrift von *Küper*, 1999.

20) Vgl. etwa *Engisch*, Der rechtsfreie Raum, in: Bockelmann/Arth. Kaufmann/Klug (Hrsg.), Beiträge zur Rechtstheorie, 1984, S. 35; *Koriath*, in: Jahrbuch für Recht und Ethik Bd. 11 (2003), S. 317, 333; zur grundlegenden Ambivalenz zwischen Vermeidbarkeit und Schädigungsverbot vgl. die berühmte Wendung bei *Kant*, Metaphysik der Sitten, 1797, Anhang zur Einleitung in die Rechtslehre, II.: „Der Sinnspruch des Nothrechts heißt: Noth hat kein Gebot[···]; und gleichwohl kann es keine Noth geben, welche, was unrecht ist, gesetzmäßig machte".

Hinsicht erkennt das BVerfG für den hiesigen Kontext die „einzigartige Verbindung von Mutter und Kind" und die damit einhergehenden besonderen Handlungs-, Sorge- und Einstands-pflichten als legitimierenden Grund für die Unzumutbarkeitsgrenze an; die belastenden Umstände müssen jedoch weit schwerer wiegen als jene, „die im Rahmen der Normalsituation einer Schwangerschaft" liegen.[21] Freilich soll sich die „Ausnahmelage" nicht auf Fälle beschränken, in denen „eine ernste Gefahr für das Leben der Frau oder einer schwerwiegenden Beeinträchtigung ihrer Gesundheit" besteht; Ausnahmelagen seien vielmehr „auch darüber hinaus denkbar"[22]: Neben der „hergebrachten medizinischen Indikation" und der kriminologischen könne ebenso die embryopathische Indikation – „ihre hinreichend genaue Umgrenzung vorausgesetzt" – vor der Verfassung Bestand haben; für andere Notlagen gelte dies jedoch „nur dann, wenn in ihrer Umschreibung die Schwere des hier vorauszusetzenden sozialen oder psychisch-personalen Konflikts deutlich erkennbar wird, so dass – unter dem Gesichtspunkt der Unzumutbarkeit betrachtet – die Kongruenz mit den anderen Indikationsfällen gewahrt bleibt".[23]

---

21) BVerfGE 88, 203, 257.

22) BVerfGE 88, 203, 256.

23) BVerfGE 88, 203, 257.

II. Widersprüchlichkeit der Rechtslage in Deutschland

Diese vier im Ganzen überhaupt in Betracht kommenden Indikationen (medizinische, kriminologische, embryopathische und soziale) hat das deutsche Recht schon seit dem 15. StrÄG 1976 aufgegriffen; deren Rechtsnatur (echte Erlaubnis?) ist jedoch vom Gesetzgeber bewusst offen gelassen worden („nicht strafbar"), so dass sich hierüber eine heftige Kontroverse entwickelte. Während die Annahme eines Rechtfertigungsgrundes für die in § 218a Abs. 1 Nr. 2 StGB a.F. enthaltene (erweiterte) medizinische Indikation[24] jedenfalls innerhalb ihres Kerngehalts eine gewisse Plausibilität für sich in Anspruch nehmen konnte, in gleicher Weise wie auch für die kriminologische Indikation nach § 218a Abs. 2 Nr. 2 StGB a.F.,[25] wurde die Übertragung der Rechtfertigungsthese auf die darüber

---

24) § 218a Abs. 1 Nr. 2 StGB a.F.: „[…] wenn der Abbruch der Schwangerschaft unter Berücksichtigung der gegenwärtigen und zukünftigen Lebensverhältnisse der Schwangeren nach ärztlicher Erkenntnis angezeigt ist, um eine Gefahr für das Leben oder die Gefahr einer schwerwiegenden Beeinträchtigung des körperlichen oder seelischen Gesundheitszustandes der Schwangeren abzuwenden, und die Gefahr nicht auf eine andere für sie zumutbare Weise abgewendet werden kann".

25) § 218a Abs. 2 Nr. 2 StGB a.F.: „[…] wenn nach ärztlicher Erkenntnis an der Schwangeren eine rechtswidrige Tat nach den §§ 176 bis 179 StGB begangen worden ist und dringende Gründe für die Annahme sprechen, dass die Schwangerschaft auf der Tat beruht […]".

hinaus explizit geregelte embryopathische (§ 218a Abs. 2 Nr. 1 StGB a.F.)[26] und vor allem auf die sog. Notlagenindikation (§ 218a Abs. 2 Nr. 3 StGB a.F.)[27] mit guten Gründen bezweifelt. Zu letzterer hat insbesondere das Bayerische Oberste Landesgericht in einer sorgfältigen Problemanalyse eindrucksvoll hervorgehoben, dass die Rechtsordnung der Bundesrepublik „kein gesetzliches oder durch Rechtsprechung gebildetes Beispiel [kennt], bei dem die Vernichtung eines Rechtsguts von höchstem Verfassungsrang dadurch gerechtfertigt würde, dass die Existenz dieses Rechtsguts für einen anderen nicht zumutbar erscheint".[28] Es hat hieraus konsequent die Schlussfolgerung gezogen, dass nur ein Schuldausschließungsgrund angenommen werden könne,

---

26) § 218a Abs. 2 Nr. 1 StGB a.F.: „[…] wenn nach ärztlicher Erkenntnis dringende Gründe für die Annahme sprechen, dass das Kind infolge einer Erbanlage oder schädlicher Einflüsse vor der Geburt an einer nicht behebbaren Schädigung seines Gesundheitszustandes leiden würde, die so schwer wiegt, dass von der Schwangeren die Fortsetzung der Schwangerschaft nicht verlangt werden kann".

27) § 218a Abs. 2 Nr. 3 StGB: „[…] wenn nach ärztlicher Erkenntnis der Abbruch der Schwangerschaft sonst angezeigt ist, um von der Schwangeren die Gefahr einer Notlage abzuwenden, die so schwer wiegt, dass von der Schwangeren die Fortsetzung der Schwangerschaft nicht verlangt werden kann, und nicht auf eine andere für die Schwangere zumutbare Weise abgewendet werden kann".

28) BayObLG NJW 1990, S. 2328, 2332 m. Bspr. *Beckmann*, MedR 1990, S. 301 ff.; *Otto*, JR 1990, S. 338 ff.; ähnlich *Roxin*, in: Oehler-FS 1985, S. 181, 187: „[…] unverbrüchlich festzuhaltende Grundsatz, dass kein Sterblicher einen unschuldigen und an der Entstehung der Notlage unbeteiligten Menschen mit direktem Vorsatz töten darf".

auf dieser Basis aber keinerlei Anknüpfungspunkt bestehe „zur Auslösung sozialversicherungsrechtlicher Leistungstatbestände" oder für einen Anspruch auf Lohnfortzahlung im Krankheitsfall, des Weiteren der auf den Abbruch gerichtete Arztvertrag gem. § 134 BGB nichtig sein müsse und schließlich das Lebensrecht des Ungeborenen notfalls aufgrund von Nothilfe sowie ansonsten „mit Hilfe eines nach § 1912 BGB zu bestellenden Pflegers durchsetzbar" sei.[29)]

Das BVerfG hat demgegenüber trotz deutlicher Absage an eine *rechtfertigende* „allgemeine Notlagenindikation"[30)] die „sich aus dem grundsätzlichen Verbot des Schwangerschaftsabbruchs an sich aufdrängenden Folgerungen" nicht für zwingend angesehen und anstelle dessen vielmehr das Schaffen von „Rahmenbedingungen" verlangt, die es der betroffenen Frau nahe legen, an der Lösung des Konflikts „verantwortlich mitzuwirken" und nicht „in die Illegalität auszuweichen". Konkret: „Über die Herausnahme des Schwangerschaftsabbruchs aus der Strafdrohung hinaus muss sichergestellt sein, dass gegen das Handeln der Frau und des Arztes von Dritten Nothilfe

---

29) BayObLG ebd.

30) BVerfGE 88, 203, 271 f.: „Die Beratungsregelung will wirksamen Schutz dadurch erreichen, dass sie die Frau um ihrer Aufgeschlossenheit gegenüber der Beratung willen davor bewahrt, eine sie rechtfertigende Notlage darlegen und sich deren Feststellung unterziehen zu müssen. Das hat unvermeidlich zur Folge, dass die Beratungsregelung die Möglichkeit einer Rechtfertigung durch die allgemeine Notlagenindikation nicht verheißen kann".

zugunsten des Ungeborenen *nicht* geleistet werden kann. Die Frau muss auch in der Lage sein, den Abbruch durch einen Arzt im Rahmen eines wirksamen privatrechtlichen Vertrags durchführen zu lassen. [Weiterhin ist] die Gewährung von Sozialhilfe für nicht mit Strafe bedrohte Schwangerschaftsabbrüche in Fällen wirtschaftlicher Bedürftigkeit ebenso wenig verfassungsrechtlich zu beanstanden wie die Fortzahlung des Arbeitsentgelts. [Allgemein bestehe die hoheitliche] Verpflichtung, ein ausreichendes und flächendeckendes Angebot sowohl ambulanter als auch stationärer Einrichtungen zur Vornahme von Schwangerschaftsabbrüchen sicherzustellen".[31] Wie diese in den Rechtsfolgen weit reichende „Gleichstellung"[32] der doch eigentlich verbotenen mit den gerechtfertigten Schwangerschaftsabbrüchen gleichwohl das Bewusstsein vom eigenständigen Lebensrecht des Ungeborenen erhalten bzw. sogar stärken sowie dem Eindruck entgegenwirken soll, „der Schwangerschaftsabbruch würde von der Rechtsordnung am Ende doch gutgeheißen",[33] bleibt rätselhaft[34] und ist von der Entwicklung der letzten zehn Jahre

---

31) BVerfGE 88, 203, 279, 312 und 328.

32) So explizit BVerfGE 88, 203, 279; siehe auch ebd., 261: „Der Schutzauftrag verpflichtet den Staat schließlich auch, den rechtlichen Schutzanspruch des ungeborenen Lebens im allgemeinen Bewusstsein zu erhalten und zu beleben. Deshalb müssen die Organe in Bund und Länder erkennbar für den Schutz des Lebens eintreten".

33) Ausdrücklich betonend BVerfGE 88, 203, 320.

34) *R. Merkel* spricht von einem „offensichtlichen Selbstwiderspruch", vgl. zuletzt in: Roxin/Schroth (Hrsg.), Handbuch des Medizinstrafrechts, 4. Aufl. 2010, S. 355 ff.; siehe auch *Deutsch/Spickhoff*, Medizinrecht, 6.

nachdrücklich widerlegt worden. Der Bonner Staatsrechtslehrer *Hillgruber* hat die vorherrschende Praxis wie folgt zusammengefasst: „Die Beratung ist bei den meisten zugelassenen Beratungsstellen [⋯] längst zu einem routinemäßig abgewickelten Vorgang verkommen und die Abtreibung nach ergebnisoffener Beratung stellt für abtreibungswillige Frauen die unproblematische Inanspruchnahme einer medizinischen Dienstleistung mit staatlicher Kostenübernahme dar".[35] Der langjährige Direktor der Klinik für Frauenheilkunde und Geburtshilfe München-Großhadern, *Hermann Hepp*, spricht eindringlich von einer akuten Gefahr für das allgemeine Rechtsempfinden und insbesondere auch für das Selbstverständnis der Ärzte[36] – deren „ureigenste Aufgabe" auch nach Überzeugung des BVerfG doch eigentlich darin besteht, „Leben zu erhalten".[37] Und die rechtliche Konstruktion als solche –

Aufl. 2008, Rn 736: „flagranter Bruch des Prinzips der Einheit der Rechtsordnung".

35) *Hillgruber*, in: Büchner/Kaminski (Hrsg.), Lebensschutz oder kollektiver Selbstbetrug?, 2006, S. 12, 25 f.; siehe auch die Antwort der Bundesregierung v. 19.9.2003 auf die Kleine Anfrage des Abgeordneten *Hüppe*, BT-Drucks. 15/1556, S. 67 f.: weit über 90 % der Abbrüche aus § 218a StGB werden aus Steuermitteln finanziert!

36) In: Schumann (Hrsg.), Verantwortungsbewusste Konfliktlösungen bei embryopathischem Befund (Göttinger Schriften zum Medizinrecht, Bd. 4), 2008, S. 65 ff.

37) BVerfGE 88, 203, 292; siehe auch ebd., 289: „Der Arzt ist schon durch Berufsethos und Berufsrecht darauf verpflichtet, sich grundsätzlich für die Erhaltung menschlichen Lebens, auch des ungeborenen, einzusetzen".

Verbot und Förderung/Gewährleistung der Abtreibung in einem —hat das Landgericht Karlsruhe vor wenigen Jahre als ein Gedankenmodell bezeichnet, das „lediglich spezifisch Rechtskundigen sowie den unmittelbar mit der Schwangerschaftskonfliktberatung bzw. dem Schwangerschaftsabbruch Befassten überhaupt bekannt, geschweige denn verständlich sein" dürfte.[38)]

1. *Veränderungen zwischen den BVerfGE 39, 1 ff. und 88, 203 ff*

Die Ungereimtheiten beginnen schon, wenn man die beiden Urteile des Bundesverfassungsgerichtes miteinander vergleicht. Zwar baut die jüngere (1993) auf der älteren (1975) auf, enthält jedoch ungeachtet des gemeinsamen Wertefundaments (a) und einer Vertiefung in der Begründung (b) auch eine Reihe von Abweichungen hinsichtlich der daraus gezogenen Schlussfolgerungen (c) und insbesondere ein erheblich modifiziertes Verständnis vom zentralen Kriterium der „Unzumutbarkeit" (d).

a) Übereinstimmungen in den Basisaussagen

BVerfGE 88, 203 ff. bestätigt in den Kernaussagen die schon durch BVerfGE 39, 1 ff. etablierte Grundstruktur des Abtreibungsrechts: das Bestehen einer staatlichen Schutzpflicht zugunsten des Nasciturus unter impliziter Anerkennung seiner

---

38) LG Karlsruhe, Urteil v. 4.11.2005 — 4 O 208/05.

grundrechtlichen Schutzwürdigkeit (Menschenwürde und Lebensrecht jedenfalls ab Nidation),[39] die hieraus resultierende Bewertung eines jeden Schwangerschaftsabbruchs als Tötung ungeborenen Lebens[40] und Erforderlichkeit eines klaren Verbotes nicht gerechtfertigter Schwangerschaftsabbrüche[41] sowie die Beschränkung der Rechtspflicht der Schwangeren zur Austragung des Kindes durch das Kriterium der „Zumutbarkeit",[42] so dass die staatliche Rechtsordnung von der schwangeren Frau nicht verlangen kann, dem Lebensrecht des Nasciturus *unter allen Umständen* den Vorrang zu geben.[43]

b) Vertiefungen durch BVerfGE 88, 203 ff.

Betrachtet man das jüngere Judikat näher, so sind in einigen Bereichen verglichen mit dem älteren sogar tiefer gehendere Auseinandersetzungen erkennbar. So nimmt BVerfGE 88, 203 ff. insbesondere deutlicher zur Frage der Grundrechtsträgerschaft des Nasciturus Stellung, wenn es dort heißt: „Menschenwürde kommt schon dem ungeborenen menschlichen Leben zu, nicht erst dem menschlichen Leben nach der Geburt oder bei ausgebildeter Personalität. [···] Dieses Lebensrecht, das nicht erst durch die Annahme seitens der Mutter begründet wird, sondern dem Ungeborenen schon

39) Vgl. BVerfGE 39, 1, 41 sowie BVerfGE 88, 203, 251.

40) Siehe BVerfGE 39, 1, 43 sowie BVerfGE 88, 203, 255 f.

41) Dazu BVerfGE 39, 1, 53 f. sowie BVerfGE 88, 203, 226.

42) Vgl. BVerfGE 39, 1, 50 sowie BVerfGE 88, 203, 257 f.

43) Wie vorstehende Fn.

aufgrund seiner Existenz zusteht, ist das elementare und unveräußerliche Recht, das von der Menschwürde ausgeht".[44] In diesem Zusammenhang wird auch ausführlich die staatliche Schutz- und Förderpflicht aus Art. 6 Abs. 1, 4 GG hervorgehoben.[45] Weiterhin setzt das Urteil aus dem Jahre 1993 seinen Schwerpunkt auf die Ausgestaltung der Beratung für Schwangerschaftsabbrüche innerhalb der ersten 12 Wochen (im Rahmen des § 218a Abs. 1 StGB), während sich das Urteil von 1975 noch mit sehr knappen Hinweisen begnügt[46] und nur allgemein eine lebensschutzfreundliche Beratung verlangt hat, was in der Praxis kaum beachtet wurde.[47] Vor diesem Hintergrund sah sich das BVerfG jetzt gezwungen, im Einzelnen die Bedingungen zu bestimmen, unter denen die Schwangerschaftskonfliktberatung hinsichtlich (1.) des Beratungsinhalts, (2.) ihrer verfahrensmäßigen Durchführung und (3.) der institutionellen Organisation einschließlich der Auswahl der mitwirkenden Personen der grundrechtlichen Schutzpflicht gerecht wird.[48] Besonders bedeutsam für die Bewertung der aktuellen Lage ist die ausdrückliche Betonung der dem Staat auferlegten Beobachtungs- und Nachbesserungspflicht, die u.a. statistische Erhebungen und Dokumentationen verlangt.[49]

---

44) BVerfGE 88, 203, 251 f.

45) BVerfGE 88, 203, 258 f.

46) BVerfGE 39, 1, 61 ff.

47) *Kriele*, Abtreibung vor dem Grundgesetz, 1992, S. 66 ff. m.w.N.

48) BVerfGE 88, 203, 281 ff.

49) BVerfGE 88, 203, 309.

c) Aufweichungen und Absenkungen durch BVerfGE 88, 203 ff.

Allerdings finden sich auch einige Abweichungen gegenüber BVerfGE 39, 1 ff. zuungunsten des ungeborenen Lebens, die schon kurz nach Verkündung des neuen Urteils nachhaltig kritisiert worden sind.[50] Auffällig ist insbesondere, dass die noch im ersten Urteil eingehend herausgearbeitete Formel vom Lebensrecht als „Höchstwert" und von der Menschenwürde als Basisvoraussetzung für alle anderen Grundrechte[51] in dieser Form nicht aufgegriffen wurde. Auch fehlt der Hinweis auf die Wesensgehaltsgarantie aus Art. 19 II GG als äußerste Grenze jedweden Grundrechtseingriffs[52]; stattdessen wird betont, dass das menschliche Leben nicht „absolut" geschützt sei, mithin nicht immer Vorrang gegenüber anderen Rechtsgütern genieße.[53] Auf diesen Aspekt stützt sich schließlich zugleich die entscheidendste und weitreichendste Abweichung: War die Fristenregelungim Jahre 1975 noch für verfassungswidrig erklärt worden, stellt das Gericht nun die Argumentation um und folgt der Einschätzung des Gesetzgebers, dass ein reines Indikationenmodell den angestrebten Schutzzweck nicht erreichen könne[54]: „Es ist eine

---

50) U.a.: *Beckmann*, Abtreibung in der Diskussion, S. 102 ff..; *Belling*, MedR 1995, S. 184 ff. *Geiger*, Menetekel, JVL 10, S. 33 ff.; *Hofmann*, in: Sutor-FS, (1965), S. 333 ff.; *Tröndle*, NJW 1995, S. 3009, 3010.

51) BVerfGE 39, 1, 41.

52) BVerfGE 39, 1, 43.

53) BVerfGE 88, 203, 253 f.

verfassungsrechtlich unbedenkliche Einschätzung des Gesetzgebers, wenn er sich zur Erfüllung seines Schutzauftrags einem Schutzkonzept zuwendet, das davon ausgeht, jedenfalls in der Frühphase der Schwangerschaft sei ein wirksamer Schutz des ungeborenen Lebens *nur mit der Mutter, aber nicht gegen sie möglich*".[55] Die seitherige Entwicklung der statistisch ermittelten Abbruchszahlen lassen jedoch an der Wirksamkeit des neuen „Schutzkonzepts" zweifeln.

d) Veränderungen im Verständnis des Unzumutbarkeitskriteriums

Mit dieser Neuakzentuierung der Rechtskontrolle ging zugleich eine veränderte Funktion des Unzumutbarkeitskriteriums einher. Ursprünglich sollte es lediglich die Grenzen bestimmen, bis zu denen der intendierte Lebensschutz mit den Mitteln des Strafrechts garantiert werden könne.[56] Als Anknüpfungspunkt

---

54) In BVerfGE 88, 203, 265 heißt es: „Verfassungsrechtlich nicht zu beanstanden ist die aus dieser Analyse gewonnene Einschätzung des Gesetzgebers, die Ausgestaltung der Strafdrohung im geltenden Recht wirke im Falle des Schwangerschaftskonflikts einer dem Austragen des Kindes aufgeschlossene Haltung der Frau eher entgegen, weil die schwangere Frau ihren Konflikt als höchstpersönlich erlebt und sich gegen seine Beurteilung und Bewertung durch Dritte wehrt" siehe zur Argumentation des Gesetzgebers auch ebd., 221.

55) BVerfGE 88, 203, 266.

56) BVerfGE 39, 1, 48: „Es ergibt sich hier die Frage der Zumutbarkeit, mit anderen Worten die Frage, ob der Staat auch in solchen Fällen mit dem Mittel des Strafrechts die Austragung der Schwangerschaft erzwingen darf"; evtl. andere Begriffsverwendung aber auf S. 49 f., 53, 64.

diente dabei die strafrechtsdogmatische Figur der sog. „Unzumutbarkeit normgemäßen Verhaltens" auf der Grundlage eines Vergleichs der beiden konfligierenden Interessenslagen. Als Leitlinie galt: Je schwerwiegender die Gefahr für das ungeborene Leben ist, desto mehr ist dem „Täter" an eigenem Opfer zuzumuten. Mit dem Wechsel in der Schutzkonzeption in Richtung einer (begrenzten) Fristenregelung (mit verpflichtender Beratung) diente das Unzumutbarkeitskriterium nicht mehr als Begrenzung erst auf Sanktionsebene, sondern vorverlagert bereits der Verhaltenspflicht: Der siebte Leitsatz in BVerfGE 88, 203 ff. verkündet jetzt: „Grundrechte der Frau tragen nicht so weit, dass die Rechtspflicht zum Austragen des Kindes – auch nur für eine bestimmte Zeit – generell aufgehoben wäre. Die Grundrechtspositionen der Frau führen allerdings dazu, dass es in Ausnahmelagen zulässig, in manchen dieser Fälle womöglich geboten ist, *eine solche Rechtspflicht nicht aufzuerlegen*. Es ist Sache des Gesetzgebers, solche Ausnahmetatbestände im Einzelnen nach dem Kriterium der Unzumutbarkeit zu bestimmen. Dafür müssen Belastungen gegeben sein, die ein solches Maß an Aufopferung eigener Lebenswerte verlangen, dass dies von der Frau nicht erwartet werden kann".[57] In den Urteilsgründen heißt es dann ergänzend: „Dieses Kriterium hat [···] deshalb seine Berechtigung, weil sich das Verbot des Schwangerschaftsabbruchs angesichts der einzigartigen Verbindung von Mutter und Kind nicht in einer Pflicht der Frau

57) BVerfGE 88, 203, 204.

erschöpft, den Rechtskreis eines anderen nicht zu verletzen, sondern zugleich eine intensive, die Frau existentiell betreffende Pflicht zum Austragen und Gebären des Kindes enthält und eine darüber hinausgehende Handlungs-, Sorge- und Einstandspflicht nach der Geburt über viele Jahre nach sich zieht".[58]

Die Unzumutbarkeit steht jetzt nicht mehr im Rechtfertigungszusammenhang des Übermaßverbotes, das Maßstäbe für die Auswahl der geeigneten Mittel benennt, sondern ist unmittelbar dem pflichtenbegründenden Tatbestand zugeordnet. Dieses veränderte Verständnis in den rechtsdogmatischen und -theoretischen Grundlagen bewirkt nicht nur eine deutliche Entkriminalisierung, sondern weiterreichend einen Rückzug der Rechtskontrolle insgesamt: Während der Blick auf die Schutzwürdigkeit des ungeborenen Lebens in weitem Umfang zum Einsatz des Strafrechts drängt, bewirkt der Blick auf die begrenzten Ressourcen der Gebotsadressaten eine mehr oder weniger weitreichende Suspendierung der Rechtspflicht.

2. *Widersprüche innerhalb von BVerfGE 88, 203 ff.*

Mit diesem Wechsel in der Argumentation hat sich das BVerfG allerdings mit den eigenen Grundwertungen in Widerspruch gesetzt. Denn es geht nach wie vor davon aus, dass der Abbruch für die gesamte Dauer der Schwangerschaft

58) BVerfGE 88, 203, 256.

grundsätzlich als Unrecht betrachtet werden müsse und demgemäß rechtlich verboten sei.[59] Sieht man jedoch auf die Einzelheiten der vom Gericht ausgebreiteten Verfahrensregelungen, so hat es am Ende beinahe den Anschein, als handle es sich um ein erlaubtes bzw. sogar förderungswürdiges Unternehmen.

a) „Letztentscheidung" der Schwangeren

Der Rückzug der Rechtskontrolle drückt sich insbesondere in der Festlegung des BVerfG aus, dass die Letztentscheidung über die rechtlich freigestellte Tötung des Ungeborenen (im Rahmen der Beratungslösung gem. § 218a Abs. 1 StGB) alleine bei der Schwangeren selbst liege.[60] Damit wird einer Privatperson, noch dazu einer unmittelbar am Rechtskonflikt Beteiligten, die Entscheidung über Leben und Tod übertragen. Das Gericht bezeichnet die Schwangere als die „letztlich tatsächlich Bestimmende"[61] und damit deren höchstpersönliches Gewissen als diejenige Instanz, vor der diese den Abbruch zu „verantworten" habe.[62] Auf diese Weise entfällt jede Möglichkeit einer heteronomen Kontrolle oder gar Korrektur dieser Gewissensentscheidung, die nicht einmal mehr

---

59) BVerfGE 88, 203 (Leitsatz 4).

60) BVerfGE 88, 203, 268, 270, 297 und 318 sowie in den abweichenden Voten von *Mahrenholz, Sommer* (339, 342 ff., 348) sowie *Böckenförde* (363).

61) BVerfGE 88, 203, 270.

62) *R. Merkel*, Schwangerschaftsabbruch, in: Roxin/Schroth (Fn 1), S. 203.

in der Rechtfertigungslast hinsichtlich der jeweils maßgeblichen Gründe und Motive steht.[63] Mit der Bewertung des Schwangerschaftsabbruchs als grundsätzlich rechtswidriges Tatgeschehen (noch dazu: als Tötungsdelikt) ist eine solche Verantwortungsdelegation aber schlechterdings nicht zu vereinbaren. Wenn die „Rechtswidrigkeit" dieser Tat keinerlei rechtliche (Sanktions-) Folgen hat, dann wird dieses Verdikt vom tatsächlichen Geschehen völlig abgekoppelt und verliert damit seine Glaubwürdigkeit.[64] Bei Ausbleiben jedweder Rechtsfolgen nimmt es eher den Charakter einer nur noch unverbindlichen moralische Empfehlung oder eines Appells an; denn im rechtlichen Sinne ist ein Verbot, das abhängig von der Befolgungsbereitschaft seiner Adressaten ist, in Wahrheit keines.[65]

b) Anwendbarkeit der §§ 134, 138 BGB bzw. des § 32 StGB

Im Lichte der übergreifenden, verfassungsrechtlich fundierten „Rechtswidrigkeitsthese" bleibt weiterhin rätselhaft, wie der Abbruchsvertrag zwischen der Schwangeren und dem Arzt

---

63) Nach den Regelungen des Schwangerschaftskonfliktgesetzes (SchKG) ist dies auch durchaus gewollt, siehe u.a. §§ 5 Abs. 2, 6 Abs. 2, 7 Abs. 3, 13 Abs. 2 SchKG.

64) Zum ebenso rechtstatsächlichen wie normativen (Gleichbehandlung!) Defizit eines „sozialethischen Tadels" ohne Übelszufügung überzeugend *Kühl*, in: Eser-FS 2005, S. 149, 160.

65) Treffend *R. Merkel*, Schwangerschaftsabbruch, in: Roxin/Schroth (Fn 1), S. 207.

dennoch wirksam sein kann ohne Anwendbarkeit der §§ 134, 138 BGB.[66] Dies erzwingt einen eklatanten Bruch der wertbezogenen Einheit innerhalb der Rechtsordnung: Der Arzt soll zwar zivilrechtlich zum Abbruch verpflichtet sein, aber mit Ausführung gleichzeitig im strafrechtlichen Sinne „rechtswidrig" handeln. Die auf Kompatibilität zielende These, wonach Gegenstand des Behandlungsvertrages „lediglich die Beendigung der Schwangerschaft, niemals hingegen die Tötung des Kindes als solche" sei,[67] hat sich nicht durchsetzen können, wie die weithin als schädlich angesehene „Kind-als-Schaden"- Rechtsprechung des Bundesgerichtshofs[68] hinlänglich zeigt. Von hieraus muss man sich in der Tat fragen, woran sich bei solcher Rechtskonfusion „das Rechtsbewusstsein der Menschen eigentlich noch orientieren soll".[69]

Darüber hinaus wäre im Falle einer „rechtswidrigen" Tat der behandelnde Arzt ebenso wie jede dritte Person befugt, dem ungeborenen Leben lebenserhaltende Nothilfe (§ 32 StGB) zu leisten.[70] Das BVerfG will dies aber trotz der angenom-

---

66) So aber BVerfGE 88, 203, 295.

67) Siehe *Papsthart*, ZfL 2006, S. 123 ff.; zuletzt auch *Duttge*, in: Schumann (Fn 36), S. 95 ff.

68) Dazu eingehend in kritischer Auseinandersetzung *Schmidt-Recla*, in: Schumann (Fn 36), S. 81 ff.

69) *Büchner*, ZfL 2008, S. 2, 3 – gerichtliche Bestätigung durch LG Heilbronn ZfL 2002, S. 20 f.

70) In diesem Sinne *Lesch*, Notwehrrecht und Beratungsschutz: Zur Zulässigkeit der Nothilfe gegen die nach § 218a Abs. 1 tatbestandslose Abtötung der Leibesfrucht, 2000, S. 64 ff.; a.A. jedoch die h.M., z.B.

menen „Rechtswidrigkeit" nicht zulassen,[71] damit dadurch nicht das gesetzliche „Beratungsschutzkonzept" unterlaufen und ad absurdum geführt werden kann, und fordert eine strafgesetzlichen Regelung, die dies „sicherstelle".[72] § 32 StGB enthält aber bis heute keine dahingehende Einschränkung des Nothilferechts, so dass sich hierin ein weiterer Bruch in der „Einheit der Rechtsordnung" zeigt.[73]

c) Staatliche Sicherstellungspflicht

Damit Schwangerschaftsabbrüche nicht im Dunkel der Illegalität stattfinden und bei „Unzumutbarkeit" auch faktisch die Möglichkeit eines Abbruchs gegeben ist, hat die Rechtsgemeinschaft nach Ansicht des BVerfG für „ein ausreichendes und flächendeckendes Angebot sowohl ambulanter als auch stationärer Einrichtungen zur Vornahme von Schwangerschaftsabbrüchen" vorzusorgen.[74] Dies sei eine „legitime" Staatsaufgabe, wenngleich staatsorganisatorisch Sache der Bundesländer.[75] Eine „Staatsaufgabe" zur „flächendeckenden" Ermöglichung und Förderung von an sich strafwürdigem

---

Nomos Kommentar zum StGB/*Herzog*, § 32 Rn 19; *Satzger*, JuS 1997, S. 800 ff.; s.a. *Mitsch*, JR 2006, S. 450 ff.

71) Dazu auch *Dreier*, ZRP 2002, S. 377, 380; *ders.*, JZ 2007, S. 261, 267 f.

72) BVerfGE 88, 203, 279.

73) Bestätigend: *Deutsch/Spickhoff*, Medizinrecht, Rn 736; Schönke/Schröder-*Eser*, StGB-Kommentar, 27. Aufl. 2006, § 218a Rn. 38; die h.M. meint hingegen, es lasse sich die „Gebotenheit" der Nothilfe verneinen.

74) BVerfGE 88, 203, 328.

75) BVerfG ebd.

Unrecht ist zweifelsohne ein einzigartiges Novum des sog. Rechtsstaates.

d) Staatliche Kostenübernahme und Lohnfortzahlung

Die Durchführung des Schwangerschaftsabbruchs soll zudem durch finanzielle Hilfeleistungen sichergestellt werden.[76] So widerspreche die Lohnfortzahlung für die *abbruchsbedingt* eintretenden Fehlzeiten am Arbeitsplatz[77] nach Ansicht des BVerfG nicht dem Schutz des ungeborenen Lebens, sondern sei vielmehr für die Wirksamkeit des Beratungskonzeptes erforderlich.[78] Gleiches gelte für die zu erbringenden Sozialhilfeleistungen zur Finanzierung dieses „rechtswidrigen" Tuns.[79] Einschränkungen hat das Gericht lediglich mit Blick auf Zahlungen der gesetzlichen Krankassen vorgenommen, und auch dies nur, soweit kein wirtschaftlich bedürftigen Fall vorliege.[80] Das Kriterium der „Bedürftigkeit" wird allerdings anhand der Einkommensverhältnisse (allein der Frau) bestimmt die Grenze liegt demgemäß deutlich höher als bei der Sozialhilfe.[81] Infolgedessen bekamen die Krankenkassen seit

---

76) Siehe §§ 5 Abs. 2, 6 Abs. 2, 7 Abs. 3, 13 Abs. 2 SchKG.

77) Siehe § 1 Abs. 2 Lohnfortzahlungsgesetz (analog); dazu auch BAG NJW 1989, S. 2347; LAG Hamm NJW 1987, S. 2326 ff.; *Dreier*, ZRP 2002, S. 377, 380; *Stein/Frank*, Staatsrecht, 20. Aufl. 2007, § 33 II (S.276) *Stürner*, JZ 1990, S. 709 ff.; krit. *Tröndle*, NJW 1989, S. 2990 ff.

78) BVerfGE 88, 203, 324 f.

79) BVerfGE 88, 203, 317, 320 ff.; Dreier, ZRP 2002, S. 377, 380.

80) Vgl. BVerfGE 88, 203, 315 ff., 321; *Vultejus*, Abbruch der Schwangerschaft, in: Im Namen des Volkes, Humanistische Union 1993, S. 5 (19).

1996 die angefallenen Kosten für ca. 90 Prozent aller Schwangerschaftsabbrüche von den Bundesländern erstattet. Mit anderen Worten handhabt die Praxis die vermeintliche Ausnahme für Härtefälle schon seit Inkrafttreten des neuen „Schutzkonzepts" als Regelfall mit einer bezifferten Kostenfolge von ca. 42 Millionen Euro.[82] In einer Broschüre des Bundesministeriums für Gesundheit und soziale Sicherung mit dem Titel „Die Gesundheitsreform: eine gesunde Entscheidung für alle" findet sich unter dem Stichwort „Schwangerschaftsabbruch" der Hinweis: „Für Versicherte ändert sich nichts, da diese Leistungen auch weiterhin über die Krankenkasse abgerechnet werden. Da es sich um Leistungen handelt, die *im gesamtgesellschaftlichen Interesse* sind, werden diese aus Steuermitteln finanziert"[83] *Büchner* führt dazu treffend aus: „Das Bundesministerium scheut sich also nicht zu verkünden, die Tötung Ungeborener, für deren Schutz einzutreten seine Pflicht wäre, liege im gesamtgesellschaftlichen Interesse, weshalb sie aus Steuermitteln zu finanzieren sei – ein Zynismus, der kaum zu überbieten ist".[84] Auch hieran

81) Siehe dazu die Antwort der Bundesregierung auf eine Kleine Anfrage von MdB Hubert Hüppe, BT-Drucks. 15/1556 v. 19.09.2003; weiterhin *Büchner*, ZfL 2004, S. 48, 51 f. *R. Merkel*, Schwangerschaftsabbruch, in: Roxin/Schroth (Fn 1), S. 207.

82) *Büchner*, ZfL 2004, S. 48, 52.

83) http://www.abakus24.de/versicherungen/downloads/dokumente/aktuell/die_gesundheitsreform_eine_gesunde_ entscheidung_fuer_alle_0401.pdf, S. 23.

84) *Büchner*, ZfL 2004, S. 48, 52.

erweist sich somit die Richtigkeit der Einschätzung, dass die Bemakelung der Abtreibung als vermeintliches „Unrecht" in Wahrheit nur von „verbal-symbolischer" Natur ist.[85]

e) Zuerkennung der Berufsfreiheit, Art. 12 GG

Besonders greifbar und eindrücklich wird diese Widersprüchlichkeit aber dadurch, dass derselbe Senat des BVerfG in seinem Urteil zum Bayerischen Schwangerenhilfeergänzungsgesetzes abtreibenden Ärztenden grundrechtlichen Schutz der Berufsfreiheit zugebilligt hat.[86] Wie kann es sein, dass „rechtswidriges" Töten mit „an sich" strafrechtlicher Relevanz (siehe § 218 StGB) zugleich als grundrechtlich geschütztes und schützenswertes Tun gelten kann (noch dazu: wenn die grundrechtliche Handlungsfreiheit unter dem Vorbehalt der „Rechte anderer" steht, vgl. Art. 2 Abs. 1 GG)? Da sich ein Betrüger, Dieb oder Mörder selbstredend nicht auf die Berufsfreiheit des Art. 12 GG berufen kann, lässt sich hieraus nur folgern, dass der Schwangerschaftsabbruch in der Sache gar nicht (mehr) als verbotswidrig bewertet wird.[87]

In diesem Zusammenhang muss auch gefragt werden, wie sich denklogisch überhaupt fassen lassen soll, dass sich der Arzt dem Vorwurf „rechtswidriger Abtreibungen" selbst dann

---

85) Wie hier u.a. auch *Sachs*, JuS 1999, S. 908 ff.

86) BVerfGE 98, 265 ff. ablehnend *Büchner*, NJW 1999, S. 833 ff..; *ders.*, JVL 17 (2000), S. 9, 10; zustimmend dagegen *Suerbaum*, DVBL 1999, S. 1690 ff.; *ders.*, NJW 2000 S. 849 ff.

87) *Suerbaum*, NJW 2000, S. 849, 850.

ausgesetzt sieht, wenn er die vorgegebenen gesetzlichen Bestimmungen zum Schwangerschaftsabbruch genauestens einhält?[88] Deshalb spricht der Erste Senat des BVerfG inzwischen von einem bloß „vermeintlichen Unrecht“[89] und offenbart damit den verfassungsgerichtsinternen Dissens. In der Entscheidungsbegründung zu einem ähnlichen Fall heißt es zudem: „Ein Schwangerschaftsabbruch [···], dessen Voraussetzungen detailliert geregelt sind und an dessen Durchführung zudem staatliche und kirchliche Stellen mittelbar mitwirken, ist nach dem Verständnis des unvoreingenommenen und verständigen Publikums wenn auch nicht erwünscht, so doch rechtmäßig“[90] In gleicher Weise widerspricht sich eklatant, dass einerseits von einer rechtwidrigen Handlung die Rede ist, andererseits aber der durchführende Arzt von Kritikern der Abtreibungspraxis nicht mit einer solchen bezeichnet werden darf.[91] Zuletzt hat das BVerfG allerdings ein zivilgerichtliches Unterlassungsurteil unter Verweis auf die Meinungsfreiheit (Art. 5 Abs. 1 S. 1 GG) wieder aufgehoben, wenn sich das beanstandete Verhalten auf einen Protest mit Flugblättern vor der

---

88) Schönke/Schröder-*Eser*, § 218a Rn. 14 ff.

89) BVerfG, Beschl. v. 06.09.1999 – 1 BvR 1204/99, http://www.kindermordgegner.de/Strafprozess1/Einspruch1/Vorbereitung1/Urteil3/Kommentar4/body_bverfg-n_angenommen.html#BVerfG-n.angen.

90) So LG Heilbronn, Urt. v. 18.12.2001 – 3 O 2388/01, ZfL 2002, S. 20, 21.

91) So OLG Karlsruhe NJW 2003, 2029 ff.; OLG Stuttgart ZfL 2002, S. 54 f. mit Anm. *Zimmermann*; LG Heilbronn ZfL 2002, S. 20 ff.; *Dreier*, ZRP 2002, S. 377, 380; *R. Merkel*, in: Roxin/Schroth (Fn 1), S.207.

betreffenden Arztpraxis („rechtswidrige Abtreibungen, die aber der deutsche Gesetzgeber erlaubt und nicht unter Strafe stellt") beschränkt und nicht für die Patienten den Charakter eines „Spießrutenlaufs" annimmt.[92] Das Tatgericht hatte dem Protestierer bemerkenswerterweise vorgehalten, dass er das deutsche Abtreibungsrecht „mit einer [gemeint: negativen] moralischen Bewertung verbunden" habe.

Im Ganzen ist somit selbst die fundamentale verfassungsrechtliche Bewertung des Schwangerschaftsabbruchs ganz und gar unklar und herrscht infolgedessen weithin Verwirrung. Eine konsequente und in sich stimmige Konzeptionsieht anders aus. Das BVerfG bemüht sich ersichtlich um die Quadratur des Kreises, die schlechterdings nicht gelingen kann: einerseits die Fahne einer idealistisch verstandenen Rechtsstaatlichkeit hochzuhalten und andererseits zugleich einen pragmatischen Ausweg für abbruchswillige Frauen zu finden, um nicht des hartherzigen, frauenfeindlichen Konser-

---

92) BVerfG Beschl. v. 08.06.2010 – 1 BvR 1745/06 -, siehe Pressemitteilung Nr. 43/2010 vom 29. Juni 2010, abrufbar unter: http://www.bundesverfassungsgericht.de/pressemitteilungen/bvg10-043.html (Stand: 01.11.2010); Tagesschau v. 29.06.2010, abrufbar unter: http://www.tagesschau.de/inland/bundesverfassungsgericht150.html (Stand: 01.11.2010); Focus Online v. 29.06.2010, abrufbar unter: http://www.focus.de/panorama/vermischtes/urteil-abtreibungsgegner-duerfen-vor-arztpraxen-demonstrieren_aid_524806.html (Stand: 01.11.2010); Ärzte Zeitung v. 29,06,2010, abrufbar unter: http://www.aerztezeitung.de/politik_gesellschaft/article/609476/abtreibungsgegner-darf-praxis-protestieren.html (Stand: 01.11.2010).

vativismus[93] gescholten zu werden. Dies führt in der Konsequenz jedoch zu einer eklatanten Widersprüchlichkeit des Rechts, die das Vertrauen der Bürger verspielt und damit den eigenen Ordnungs- und Geltungsanspruch preisgibt.

3. *Widersprüchlichkeiten in den gesetzlichen Regelungen*

So kann es nicht überraschen, dass sich diese fundamentalen Ungereimtheiten auch auf der einfachgesetzlichen Ebene wiederfinden. Die (scheinbare) Anerkennung eines vollgültigen Lebensrechts des Fötus mit der normenhierarchisch höchsten Geltungskraft innerhalb des innerstaatlichen Rechtssystems[94] gibt den Inhalt der Pflichtberatung geradezu vor: § 5 Abs. 1 S. 3 SchkG verlangt, dass sich alle Beratungsstellen in gleichsam dienender Funktion gegenüber dem ungeborenen Leben „von dem Bemühen leiten lassen, die Frau zur Fortsetzung der Schwangerschaft zu ermutigen", und zwar in unmissverständlicher Verdeutlichung der (Verfassungs-)Rechtslage, wonach „das Ungeborene in jedem Stadium der Schwangerschaft auch ihr gegenüber ein eigenes Recht auf Leben hat" (§ 219 Abs. 1 S.

---

93) Zur rechtsprinzipiellen Berechtigung einer konservativen, wertbezogenen Grundhaltung näher *Duttge*, Fortschritt im Recht, in: Schweighofer/ Liebwald/Augeneder/Menzel (Hrsg.), Effizienz von e-Lösungen in Staat und Gesellschaft. Aktuelle Fragen der Rechtsinformatik, 2005, S. 546 ff.

94) Erinnert sei nur an die schöne Formulierung in BVerfGE 88, 203, 252: „Leben, das … sich nicht erst *zum* Menschen, sondern *als* Mensch entwickelt".

1-3 StGB). Damit kaum verträglich soll die Beratung aber zugleich zwecks Vermeidung nötigender Einflussnahmen auf die Schwangere „ergebnisoffen“ geführt werden, und am Ende führt das Verfahren zwingend, d.h. in jedem Falle zum Ausstellen der für den Abbruch benötigten Bescheinigung (siehe § 219 Abs. 2 S. 2 StGB; § 7 SchkG).[95] Ja mehr noch: Die — u.U. anonym bleibende (vgl. § 6 Abs. 2 SchkG) — Schwangere braucht nicht einmal die Gründe für ihre Absichten zu benennen (vgl. § 5 Abs. 2 Nr. 1 a.E. SchkG)[96] und kannsomit jeden Kommunikationsversuch ins Leere laufen lasse. Damit fehlt es aber zugleich an jedweder Prüfungsmöglichkeit darüber, ob es sich überhaupt um eine — noch dazu die zumutbare Opfergrenze übersteigende — „Konflikt“— bzw. „Notlage“ handelt, über die „verantwortlich und gewissenhaft“ zu befinden der Schwangeren von Rechts wegen eigentlich aufgegeben ist (§ 219 Abs. 1 S. 2-4 StGB).

Dass die Beratungsstellen jene dienende Funktion der Schwangerschaftskonfliktberatung häufig nicht mit Blick auf das ungeborene Leben, sondern mehr oder weniger ausschließlich in Bezug auf die Wünsche der Schwangeren begreifen und praktizieren, ist inzwischen kein Geheimnis mehr.[97] Wenn

---

95) Nach § 7 Abs. 3 SchkG darf die Beratung nicht die Beachtung der in § 218a Abs. 1 StGB vorgesehenen Fristen unmöglich machen, so dass die Bescheinigung u.U. selbst bei noch fortbestehendem Beratungsbedarf schon vorzeitig ausgestellt werden muss!.

96) Siehe dagegen zur „Unerlässlichkeit“ einer Mitteilung der Gründe BVerfGE 88, 203, 284 f., 307.

überdies dann nicht einmal die zuständigen Landesbehörden ihrer Prüfungspflicht nach § 10 Abs. 3 SchwG nachkommen,[98] kann nicht einmal mehr ansatzweise noch von einem „Lebensschutz"-Konzept, sondern muss von einer in Rechtsform gegossenen Preisgabe des Lebensrechts Ungeborener zugunsten der schwangeren Frau zur beliebigen Handhabung und Ermöglichung einer „Selbstindikation"[99] nach freiem Ermessen gesprochen werden, was von der Rechtspolitik mit Hilfe von Euphemismen (z.B. „Schwangerschaftsunterbrechung", „Reduktion" [bei Mehrlingen]) und sophistischen Überlegungen beredt

---

97) Nähere Hinweise zum Selbstverständnis ausgewählter Träger der Schwangerschaftskonfliktberatung bei *Büchner*, in: ZfL 2005, S. 70 ff.; s. auch *Ellwanger*, ZfL 2005, S. 76: „Aus den Aufzeichnungen und Berichten der Einrichtungen nach § 10 SchkG, Verlautbarungen der Trägerverbände, Befragungen beratener Frauen durch diese Verbände und sozialwissenschaftliche Untersuchungen geht hervor, dass viele Beratungsstellen ein Selbstbestimmungsrecht der Frau über die Verfügbarkeit des ungeborenen Lebens zum Ausgangspunkt ihrer praktischen Arbeit nehmen, dies den Frauen oftmals als Einstieg ins Beratungsgespräch auch ausdrücklich erklären und so bei ihnen eine Akzeptanz dergestalt herstellen, dass der Frau jedenfalls der Eindruck vermittelt wird, sie allein sei gewissermaßen Herrin des Verfahrens".

98) Vgl. den selbstkritischen Erfahrungsbericht von *Ellwanger*, ZfL 2005, S. 76, 77: „…dass die Beratungsstellen mit Duldung und Zulassung der Anerkennungs- und Prüfbehörde die Aufzeichnungen in aller Regel lediglich stichprobenartig (etwa je zehn pro Einrichtung innerhalb von drei Jahren) zur Vorlage an die Behörde selbst auswählen. Nicht etwa wählt die Behörde aus. Dabei verwenden die Beratungsstellen Formulare, die abstrakt…".

99) *Tröndle*, in: Otto-FS 2007, S. 821, 827.

verdrängt wird. Die verheerenden Folgen für die Rechtskultur im Ganzen wie insbesondere auch für das ärztliche Selbstverständnis (siehe § 12 Abs. 1, 2 SchkG)[100)] sind schon zur Genüge beschrieben worden. Wie etwa widerspruchsfrei einerseits mit der inzwischen zur Routineuntersuchung gewordenen Pränataldiagnostik (PND) in immer weiter gestecktem Ausmaß nach möglichen Befundtatsachen für einen erlaubten Schwangerschaftsabbruch gesucht werden darf, während andererseits die Vornahme eines „Gen-Checks" in vitro vor Implantation des Embryos (PID) nach bislang vorherrschender (wenngleich vom Bundesgerichtshof mittlerweile abgelehnter) Interpretation des ESchG strikt verboten sein bzw. jetzt per Gesetz verboten werden soll,[101)] erschließt sich auch dem juristisch Vorgebildeten nicht ohne weiteres.

Man glaube aber nicht, dass sich darin die Widersprüchlichkeit des geltenden Gesetzesrechts schon erschöpft: Nicht nur dem „Schwangerschaftsabbruch nach Beratung" (§ 218a Abs. 1 StGB), sondern auch der „sozial-medizinischen Indikation" nach § 218a Abs. 2 StGB ist letztlich die Übertragung einer Tötungsermächtigung an die Schwangere ohne effektive

---

100) Näher *Büchner*, ZfL 2008, S. 2 ff., 10: „Zumutung für den Ärztestand" *Hepp*, Der Gynäkologie 1996. S. 407 ff.

101) Dazu jüngst BGH NJW 2010, S. 2672 ff.; näher *Duttge*, GA 2002, 251 ff. siehe auch *v. Renesse*, ZfL 2001, S. 10, 12; *Schreiber*, Deutsches Ärzteblatt 97 (2000), A-1135; *Schroth*, JZ 2002, S. 170 ff. zum derzeit herrschenden rechtspolitischen Aktivismus siehe *Duttge*, in: Legal Tribune Online v. 27.10.2010.

externe Kontrolle immanent. Denn das Gesetz knüpft die Erlaubnis (nun auch im rechtsdogmatischen Sinne)[102] im Kern wiederum an das subjektive Empfinden der „Unzumutbarkeit" bezogen auf die Möglichkeit einer Fortsetzung der Schwangerschaft („wenn … die Gefahr nicht auf eine andere für sie zumutbare Weise abgewendet werden kann"), das durch die darüber hinaus benannten unbestimmten Rechtsbegriffe nicht nennenswert verobjektiviert wird. Insbesondere das Ausgreifen der ehedem streng medizinischen in den Bereich der bis 1992 geltenden Not-lagenindikation (§ 218a Abs. 2 Nr. 3a, b StGB a.F.)[103] durch Berücksichtigung auch der „gegenwärtigen und zukünftigen Lebensverhältnisse", über die eine „ärztliche Erkenntnis" im eigentlichen Sinne zu treffen doch mangels dahingehender besonderer Sachkunde gar nicht recht möglich erscheint, erweitert den Kreis denkbarer, die Unzumutbarkeit begründender Anknüpfungspunkte nahezu bis zur Grenzenlosigkeit und lässt demgemäß – dem Willen des Gesetzgebers entsprechend[104] – auch die Einbeziehung eines aufgrund PND prognostizierten embryopathischen Befundes ohne weiteres zu.

102) Siehe die Formulierung von § 218a Abs. 2 StGB: „…ist nicht rechtswidrig…".

103) Man vergleiche diese mit der „sozial-medizinischen Indikation" nach geltendem Recht: „…angezeigt ist, um von der Schwangeren die Gefahr einer Notlage abzuwenden, die so schwer wiegt, dass von der Schwangeren die Fortsetzung der Schwangerschaft nicht verlangt und [die] nicht auf eine andere für die Schwangere zumutbare Weise abgewendet werden kann".

104) Vgl. BT-Drucks. 13/1850, S. 51.

Demgegenüber ist die von Gesetzes wegen an sich intendierte Filterwirkung mittels der genannten gefahrbezogenen Kriterien insbesondere auch infolge der Bezugnahme auf „seelische Gesundheitszustände" so weit reduziert, dass *Tröndle* hierin zu Recht nachgerade eine „Einladung zum Missbrauch" gesehen hat, „nach Ablauf der Dreimonatsfrist soziale Gesichtspunkte, mit medizinisch- psychiatrischen vermengt", nachzuschieben, „um unbefristet sogar einen gerechtfertigten Schwangerschaftsabbruch zu erreichen, für den Leistungsansprüche der Sozialversicherung zur Verfügung stehen"[105] Da verwundert nicht mehr, dass sich der Schwerpunkt der Indikation inzwischen deutlich von gynäkologischen Problemlagen auf das psychiatrische Gebiet verlagert hat.[106] Ein Blick über die nationalen Grenzen hinweg verdeutlicht außerdem, dass die mangelnde Trennschärfe der verwendeten Gefahrbegriffe ungeachtet ihrer scheinbaren Strenge („Gefahr einer *schwerwiegenden* Beeinträchtigung") jederzeit zur Expansion des praktischen Anwendungsfeldes genutzt werden kann.[107]

Eine weitere Ungereimtheit im Verhältnis zwischen indiziertem Schwangerschaftsabbruch und einem solchen allein

105) *Tröndle*/Fischer, Strafgesetzbuch und Nebengesetze, 49. Aufl. 1999, § 218a Rn 9d..

106) Vgl. *Fischer*, Strafgesetzbuch und Nebengesetze, 55. Aufl. 2008, § 218a Rn 20.

107) Zur Situation in den europäischen Nachbarstaaten eingehend *Duttge*, in: Wewetzer/Wernstedt (Hrsg.), Spätabbruch der Schwangerschaft, 2008, S. 86, 98 ff.

nach Durchlaufen des (angeblich „grundrechtsschützenden") Beratungsverfahrens liegt in dem Umstand begründet, dass mit Erweiterung der einst allein für medizinische Notlagen gedachten Indikation (unbedingte Erhaltung des Lebens der Mutter) auch für die Mehrzahl der von § 218a Abs. 2 StGB erfassten Konstellationen Aufklärungs- und Beratungsbedarf besteht. Ein solcher konnte nur so lange als entbehrlich angesehen werden, wie sich die „medizinische Indikation" ihrem Wortsinn entsprechend tatsächlich auf akute Gefährdungslagen medizinischer Art (z.B. bei schwerer Eklampsie) beschränkte und von einer Einwilligung in den Eingriff aufgrund der Dringlichkeit der „medizinischen Indikation" zur lebenserhaltenden Intervention im Interesse der „Patientin" meist ohne weiteres ausgegangen werden durfte. Der weit überwiegende Anteil der heute als „medizinisch indiziert" firmierenden Abbrüche resultiert jedoch aus embryopathischen Befunden und Prognosen infolge einer PND, und dies um so mehr, seit „die diagnostischen Möglichkeiten den Chancen einer Vorbeugung und Therapie davonlaufen", d.h. die Schere zwischen zunehmendem (vermeintlichen)[108] Wissen und fehlenden Therapieoptionen sich immer weiter öffnet. Mit Recht sieht deshalb der gemeinsame Regelungsvorschlag von Bundesärztekammer und Deutscher Gesellschaft für Gynäkologie und Geburtshilfe für diesen – über die rein medizinische Indikation hinauswei-

108) Ungeachtet der mit der Prognose nicht selten einhergehenden Unsicherheiten!

senden — Bereich des § 218a Abs. 2 StGB die Einführung einer obligatorischen Beratung vor, und zwar nach eigenem Selbstverständnis sogar „primär aus dem Grund des Lebensschutzes des Kindes“[109] aber auch aus der gesundheitlichen Perspektive der Schwangeren geht es darum, der betroffenen Frau nach embryopathischem Befund das medizinische Wissen hierüber und die möglichen Folgen der erwarteten Schädigung für das Kind zu vermitteln. Die sich damit zugleich verbindende Frage nach möglichen Hilfen zur Bewältigung dieser Situation in lebensbejahender Absicht durch die betroffene Frau und ihr soziales Umfeld verlangt nicht weniger auch nach einer psychosozialen Beratung, und zwar regelhaft und nicht nur in Sonderfällen. Schließlich handelt es sich insoweit meist um Konfliktlagen im Rahmen einer an sich erwünschten Schwanger- und Mutterschaft, so dass umso mehr alles getan werden muss, um „voreilige Entscheidungen und überstürztes Handeln zu vermeiden“.[110]

Die damit angestrebte Verbesserung des Schutzniveaus für Schwangere und Kind nach dem „Vorbild“ des § 218a Abs. 1 StGB (u.a. auch durch Übernahme der dreitägigen Bedenkzeit) und damit rechtliche Annäherung der beiden Vorschriften auf Tatbestandsseite wirft bei der im sachlichen Anwendungsfeld

109) vgl. http://www.bundesaerztekammer.de/downloads/Vorschlag_Schw_recht.pdf, S. 15 *Duttge*, in: Schumann (Fn 36), S. 125.

110) Antrag der FDP-Fraktion, BT-Drucks. 15/5034, S. 2.

der relevanten Konfliktlagen ohnehin bestehenden Überlappung allerdings die weitere Frage auf, wie sich dann die fundamentale Abweichung hinsichtlich der Befristung noch rechtfertigen lassen soll. Die Sorge vor einem bequemen „Überwechseln" in die Kategorie des Abs. 2 etwa bei versehentlicher Fristversäumnis unter Beibehaltung der Möglichkeit zum Abbruch ist eine keineswegs nur theoretisch denkbare Option, wie die Situation in manchem europäischen Nachbarland zeigt. Schon um das Unterlaufen rechtlicher Hürden zu verhindern, liegt eine Harmonisierung auch in dieser Hinsicht nahe, wobei die Trennlinie offensichtlich mitten durch den bisherigen Anwendungsbereich der „medizinischen Indikation" hindurch verläuft. Denn soweit es um eine existentielle, mithin das Leben der Mutter unmittelbar bedrohende Gefährdungslage geht und somit der Kernbereich des § 218a Abs. 2 StGB betroffen ist, wird man als ultima ratio eine gefahrabwehrende Intervention auch im Spätstadium der Schwangerschaft ohne weiteres akzeptieren müssen.[111] Soweit sich jedoch als gefahrbegründend nicht die Schwangerschaft als solche erweist, sondern das „Haben des Kindes" negative psychisch-soziale Auswirkungen nach sich zieht, so dass eine Gefahrenabwehr folgerichtig nur in der gezielten Tötung des Kindes liegen kann, wird dies jedenfalls in der deutschen Rechtstradition

111) Die Formulierung ist bewusst vorsichtig gewählt: Die Frage nach dem strafrechtsdogmatischen Begründungsansatz hierfür wirft erhebliche Schwierigkeiten auf.

grundsätzlich nur innerhalb einer eher knapp bemessenen Frist (12 Wochen) gebilligt. Diese Grenze müsste konsequenterweise auf die medizinische Indikation übertragen werden für sämtliche Fälle jenseits ihres Kernbereichs, was entsprechend der alten embryopathischen Indikation jedoch — der Amniozentese wegen — nur bei Ausweitung auf eine 22-Wochenfrist gebilligt würde. Da es letztlich stets die höchstpersönliche Opfergrenze der „Unzumutbarkeit" ist, die den Ausschlag über Fortsetzung oder Abbruch der Schwangerschaft gibt, nach Abs. 2 ebenso wie im Rahmen der „Konfliktberatung" nach Abs. 1, ließe sich die dort enthaltene 12-Wochenfrist — um dem Vorwurf der Willkürlichkeit zu entgehen — nicht mehr halten. Daraus ergäbe sich aber im Ganzen eine verdoppelte „Notlagenindikation", über deren Vorliegen die Schwangere nach Beratung und Bedenkzeit jeweils „selbstverantwortlich" befinden dürfte, mithin zwei nebeneinander bestehende normative Anknüpfungspunkte für eine nicht sanktionierte Abtreibung, von denen freilich — noch immer wertungswidersprüchlich —nur dem einen (Abs. 2) das Potential zukommt, das Unrecht einer Tötungstat wirklich zu beseitigen.

Mit anderen Worten: Es ist nicht leicht verständlich, warum der Gesetzgeber trotz Entscheidung für die „Beratungslösung" anstelle der früheren Notlagenindikation dennoch die Notwendigkeit zu einer Ausweitung auch der „medizinischen Indikation" gesehen hat[112] —es sei denn, es sollte auf diese Weise

---

112) Zu Recht ist darauf hingewiesen worden, dass sich das

sichergestellt werden, dass Schwangerschaftsabbrüche nach embryopathischem Befund ungeachtet der aus Art. 3 Abs. 3 S. 2 GG resultierenden verfassungsrechtlichen Zweifel gleichwohl (auch im streng juristischen Sinne) — und zwar bis zur 22. Woche p.c. —erlaubt bleiben. Aber auch auf dieser Grundlage tritt sogleich der nächste Widerspruch ins Blickfeld, der sich nicht ohne weiteres auflösen lässt: warum nämlich trotz Zuerkennung eines Tötungsrechts der Schwangeren und demzufolge einer rechtlich anerkannten (vertraglichen) Tötungspflicht des Arztes letzterer bei einem „Fehlschlag" — d.h. im Falle einer Lebendgeburt — ganz konträr hierzu nun grundsätzlich zu lebenserhaltenden Maßnahmen verpflichtet sein soll (sofern eine wenigstens im Mindestmaß realistische, nicht nur kurzzeitige Überlebensperspektive besteht)[113] — und damit zugleich zur Mitwirkung am Entstehen eines gegen ihn

---

Beratungsschutzkonzept schon seinem Grundgedanken nach nicht mit einer (auch) auf soziale Elemente abhebenden Indikation verträgt, siehe *Steiner*, KritV 1993, S. 139 ff.

113) Gemeinsame Empfehlung der *Deutschen Gesellschaft für Gynäkologie und Geburtshilfe*, der *Deutschen Gesellschaft für Kinderheilkunde und Jugendmedizin*, der *Deutschen Gesellschaft für Perinatale Medizin* und der *Gesellschaft für Neonatologie und Pädiatrische Intensivmedizin* (aktueller Stand: 12/2007); s. auch Ziff. II der Grundsätze der *Bundesärztekammer* zur ärztlichen Sterbebegleitung (2004): „Bei Neugeborenen mit schwersten Beeinträchtigungen durch Fehlbildungen oder Stoffwechselstörungen, bei denen keine Aussicht auf Heilung oder Besserung besteht, (…) Gleiches gilt für extrem unreife Kinder, deren unausweichliches Sterben abzusehen ist…".

gerichteten Unterhaltsanspruchs aufgrund vorangegangenen „Behandlungsfehlers“ in der Folge der sog. „Kind-als-Schaden“-Rspr. des Bundesgerichtshofs.[114] Es bleibt dabei: Auch auf der Ebene des einfachen Gesetzesrechts ist die Rechtslage heillos verworren und selbstwidersprüchlich.

III. Jüngste Änderungen des Schwangerschaftskonfliktgesetzes (SchKG)

Um wenigstens das als besonders anstößig empfundene Problem der sog. „Spätabbrüche“ etwas zu entschärfen, hat der Deutsche Bundestag nach kontroverser Debatte das Schwangerschaftskonfliktgesetzum mehrere Vorschriften ergänzt.[115] Die Mehrheit der Abgeordneten sprachen sich am 13. Mai 2009 für einen fraktionsübergreifenden Gesetzesentwurf aus, der eine Beratungspflicht für Ärzte, eine Bedenkzeit für die Schwangere auf drei Tage (zwischen Diagnose und Abtreibung) und eine Erweiterung des Informationsangebot der Bundeszentrale für gesundheitliche Aufklärung vorsah. Zudem sollen Verstöße gegen die Beratungspflicht oder Bedenkzeit mit einem Bußgeld von bis zu 5.000 € geahndet werden können. Abgelehnt wurde hingegen die ursprünglich ebenfalls vorgesehene gesonderte

---

114) Siehe bereits o. Fn 68.

115) Zu dieser Debatte *Hillenkamp*, in: Amelung-FS 2009, S. 425 f.; *Schreiber*, in: Kreuzer-FS 2009, S. 747 f.

statistische Erfassung embryopathisch motivierter Schwangerschaftsabbrüche. Diese nunmehr gesetzlich implementierten Neuerungen (vgl. §§ 1, 2a, 14 SchKG) sind nachdrücklich zu begrüßen, aber bei übergreifender Betrachtung der Problematik bei weitem nicht ausreichend.

Der deutsche Gesetzgeber hat zunächst eine Erweiterung des Informationsangebots der Bundeszentrale für gesundheitliche Aufklärung beschlossen. Dies kann nur als folgerichtig angesehen werden. Wer sich bisher über spezifische Fragen eines Schwangerschaftsabbruchs, über Methoden zu seiner Durchführung, über die damit verbundenen gesundheitlichen Risiken und evtl. psychischen Folgen oder über Alternativen wie etwa über die formellen und materiellen Voraussetzungen einer Adoption informieren wollte, war – von Angeboten privater Einrichtungen abgesehen –auf die Inanspruchnahme einer persönlichen Beratung i.S.d. § 3 i.V.m. § 2 Abs. 1, 2 Nr. 6, 7, 8 SchKG oder gar auf die Durchführung einer Schwangerschaftskonfliktberatung gem. §§ 218a Abs. 1, 219 StGB, § 5 Abs. 1, 2 Nr. 2, § 6 Abs. 3 Nr. 1, 2 SchKG nach bereits eingetretener Schwangerschaft verwiesen. Bezogen auf behinderte Menschen beschränkte sich das staatliche Angebot auf Informationen über bestehende (äußerliche) „Hilfsmöglichkeiten" (§ 2 Abs. 2 S. 1 Nr. 5 SchKG) und sparte die nicht weniger bedeutsame Frage nach der Werthaftigkeit eines Lebens mit geistiger oder körperlicher Behinderung bzw. mit einem solchermaßen beeinträchtigten Kind aus. Da der weitaus größte Anteil der Fälle einer sog. medizinisch-sozialen Indikation (§ 218a Abs. 2 StGB) nicht aus einer somatischen Leibes- oder gar Lebensgefährdung resultiert, sondern vielmehr die Erwartung einer besonderen psychisch-sozialen Belastung infolge des embryopathischen Befundes nach PND zum Gegenstand haben dürfte,[116)] drängt die staatliche Schutzpflicht für das ungeborene Leben und insbesondere für behindertes Leben gegen jedwede Form der Diskriminierung (Art. 3 Abs. 3 S. 2 GG)[117)] geradewegs dazu, die Aufklärung der interessierten Bevölkerung über das Leben von und mit behinderten Kindern nicht mehr privaten Einrichtungen zu überlassen, sondern als eigene (hoheitliche) Aufgabe zu begreifen. Da sich in § 1 des bisherigen SchKG der staatliche Auftrag zur allgemeinen gesundheitsbezogenen Aufklärung dem Grunde nach bereits bejaht findet, ist die nunmehrige Erweiterung vorbehaltlos zu befürworten.

Ähnlich liegt es für die ärztliche Beratungspflicht, weil die betroffenen Frauen schon seit längerem über mangelnde Informationen, fehlende Sensibilität ob ihres „Schockzustandes" und mitunter sogar über eine gewisse „Nötigung" der Ärzte zur Durchführung der Abtreibung klagen. Die jetzt vorgesehene Pflicht zur — medizinischen und psycho-sozialen — Beratung verbessert die Qualität der ärztlichen Behandlung und muss durch Schulungen und Weiterbildungsmaßnahmen der Ärzteschaft

---

116) Vgl. auch *Eser*, in: Schönke/Schröder, § 218a Rn 26 a.E.: „Auffangindikation für die bisher embryopathisch indizierten Fälle"; *Fischer*, § 218a Rn 20.

117) Siehe dazu *Starck*, in: v. Mangoldt/Klein/Starck, GG-Kommentar, Bd. 1, 5. Aufl. 2005, Art. 3 Rn 421.

abgesichert werden. Zur besseren Information der Frauen über den bestehenden Rechtsanspruch sollte stets weiterführendes Informationsmaterial mit Kontaktmöglichkeiten zur Verfügung gestellt werden. Soweit die psycho-soziale Beratung nicht (vollständig) durch den diagnostizierenden Arzt selbst durchgeführt werden kann, ist außerdem zu erwägen, diesen jenseits der bloßen Information über die mögliche Inanspruchnahme anderer Beratungsmöglichkeiten im Sinne einer „Lotsenfunktion" stärker für den tatsächlichen Zugang zu solchen in die Verantwortung zu nehmen.

Weiterhin ist auch die Einführung einer (dreitätigen) Bedenkzeit nur zu begrüßen; denn in der unerwarteten, erschreckenden Situation eines kindlichen Befundes nach PND bedarf es dringlich der „Entschleunigung", um die Chance zu einer reflektierten Entscheidung nicht zu vergeben.[118] Es wurden aber auch Stimmen laut, die sich gegen dieses Zeitfenster aussprachen, und zwar mit der Begründung, dass es einen negativen Einfluss auf die Beratung nehmen würde.[119] Diese Sorge ist allerdings unbegründet, denn die Beratung stellt eine wesentliche Unterstützung zur selbstbestimmten Entscheidung

---

118) Dazu mit empirischen Nachweisen eingehend *Woopen/Rummer*, MedR 2009, S. 130 ff.

119) Inzwischen beklagt die Praxis weiterhin, dass die Drei-Tages-Frist wegen organisatorischer Begrenzungen (kein Wochenenddienst) und wegen evtl. hinzukommender Feiertage rasch ein noch längeres Zuwarten erzwingen könne (was offenbar die Versuchung zu gesetzeswidrigem Handeln befördert).

der Schwangeren dar. Folglich ist davon auszugehen, dass die dreitägige Bedenkzeit gerade umgekehrt positive Auswirkungen auf die Qualität der Entscheidungsfindung haben wird. Mit Blick auf das Arzt-Patienten-Verhältnis ist das Angebot einer kompetenten Beratung im Übrigen essentiell. Bezogen auf die Sorge vor einer „Verletzung des Selbstbestimmungsrechts" muss betont werden, dass Sicherungsmaßnahmen zur Verhinderung voreiliger Handlungen der Rechtsordnung keineswegs fremd sind („Voreiligkeitsschutz" als Teil der rechtlichen „Freiheitsvorsorge") und häufig erst wahrhaft „selbstbestimmte" Entscheidungen ermöglichen.[120)]

Nachdruck gewinnt diese Neuerung dadurch, dass Verstöße gegen jene Beratungspflicht mit bis zu 5.000 € geahndet werden könnten. Die Kritik einzelner Vertreter der Ärzteschaft, dass dadurch die ärztliche Tätigkeit „kriminalisiert" würde, kann nicht überzeugen. Angesichts der auf dem Spiele stehenden höchstrangigen Rechtsgüter müssen Pflichtverletzungen unweigerlich Sanktionen nach sich ziehen, soll die verpflichtende Wirkung der Sicherungsmaßnahmenicht der Gefahr des faktischen Unterlaufens ausgesetzt werden. Das BVerfG hat es in anderem Kontext (anlässlich der bußgeldbewehrten Pflicht zum Tragen eines Schutzhelms im Straßenverkehr) sogar für verfassungsgemäß gehalten, aus Gründen des Lebens- und Gesundheitsschutzes den Freiheitsausübenden selbst in die rechtliche Pflicht zu

120) Vertiefend zu diesem Verständnis von „Selbstbestimmung" näher *Duttge*, in: Zeitschrift für Palliativmedizin 2006, S. 48 ff. [Heft 6].

nehmen: „Nach dem Grundgesetz muss der Einzelne sich diejenigen Schranken seiner Handlungsfreiheit gefallen lassen, die der Gesetzgeber zur Pflege und Förderung des sozialen Zusammenlebens in den Grenzen des (···) Zumutbaren zieht".[121] Umso mehr muss dies dann gelten, wenn Leben und Gesundheit *anderer* betroffen sind, zu deren Schutze der Verpflichtete kraft seiner rechtlichen und sozialen Stellung ohnehin verpflichtet ist.

Mehrheitlich abgelehnt wurde dagegen eine Pflicht zur genaueren Dokumentation und Weitergabe der Daten an die zuständige Behörde. Zur Begründung sind datenschutzrechtliche Erwägungen angeführt worden; diese dürften jedoch nur vorgeschoben gewesen sein, zumal die bisherige statistische Erhebung von vielen Seiten als unzulänglich kritisiert wird.[122] Schon der Vorschlag der Bundesärztekammer und der DGGG enthielt dementsprechend konkrete Empfehlungen für eine Erweiterung der Statistik. Im Vordergrund standen dabei die Erfassung des Fetozids sowie des Anteils an Schwangerschaftsabbrüchen nach embryopathischem Befund. Letzterem kann dabei nicht entgegengehalten werden, dass dies einer „verdeckten Einführung der embryopathischen Indikation" gleichkomme, da es allein um das Aufdecken der Ursachen für Schwangerschaftsabbrüche nach § 218a Abs. 2 StGB geht, die

121) BVerfGE 59, 275, 279.

122) So etwa auch die einhellige Auffassung aller Teilnehmer des 3. Göttinger Workshops zum Medizinrecht am 26.2.2008, Vorträge publiziert in: *Schumann* (Fn 36).

statistische Erfassung also dem dort umgrenzten Erlaubnisbereich lediglich nachfolgt. Die im ursprünglichen Gesetzentwurf (vgl. BT-Drs. 16/11106) enthaltenen Ergänzungen zu § 16 SchKG waren allesamt begrüßenswert und mit Blick auf das verfassungsrechtliche Gebot der verlässlichen Datenerhebung zwecks Beobachtung der gesellschaftlichen Entwicklung[123) geradezu unumgänglich. Die datenschutzrechtliche Bedenken schlagen nicht durch, weil zum einen der hohe Rang des in Frage stehenden Rechtsguts die erforderlichen Datenerhebungen, -speicherungen und (anonymisierten!) Datenweitergaben gerechtfertigt hätte und zum anderen die Eingriffstiefe bzgl. des „Rechts auf informationelle Selbstbestimmung" infolgedes Verbots der individualisierten Datenpreisgabe (vgl. § 16 Abs. 1 S. 2 SchKG-E) deutlich beschränkt geblieben wäre. Könnten hiergegen tatsächlich begründete verfassungsrechtliche Zweifel erhoben werden, so müssten solche auch gegen die in anderen Sachzusammenhängen erlaubten Register und Statistiken (z.B. Ausländerzentralregister, Bundeszentralregister, Krebsregister, Schuldnerverzeichnis) geltend gemacht werden, was jedoch nicht der Fall ist. Und dies zu Recht: Schließlich ist es nicht Sinn eines wohlverstandenen Datenschutzes, auf notwendige Informationen zu verzichten und die Augen vor dem tatsächlichen Geschehen zu verschließen.

---

123) Siehe BVerfGE 88, 203, 309 und bereits o. bei Fn 49.

Ⅳ. Wege zu einem widerspruchsfreien Recht

Diese Neuerungen haben ohne jeden Zweifel ihren guten Sinn, können aber nicht den fundamentalen Wertungswiderspruch des geltenden (Verfassungs-)Rechts und seine Folgewidersprüche beseitigen. Bei analytischer Betrachtung lassen sich prima vista drei mögliche Auswege aus dem Dilemma ausmachen: *Erstens* könnte auf den heuchlerisch wirkenden Schein einer „prinzipiell" lebensschutzfreundlichen Rechtsordnung einfach verzichtet und aus der faktischen Auslieferung des ungeborenen Lebens an die Belange der Schwangeren die naheliegende Konsequenz gezogen werden, dass dem Fötus dann bis zu einem noch zu bestimmenden Zeitpunkt eben keine Subjektqualität zukommt. Die Festlegung des Zeitpunktes, bis zu dem das ungeborene Leben infolgedessen von der Annahme durch die Mutter auf Gedeih und Verderb abhinge, wäre freilich ganz und gar willkürlich, weil weder die Embryonalentwicklung noch eine Anlehnung an andere Rechtsordnungen einen festen Anhaltspunkt für eine solche Zäsur liefern. Der Blick auf jene „Lösungen", die etwa die europäischen Nachbarn bei der Bewältigung des Schwangerschaftskonflikts gefunden haben, zeigt einen bunten Teppich höchst disparater, geradezu willkürlich erscheinender Festlegungen, aber kein einheitliches, miteinander harmonisches Sachkonzept.[124] Mitunter liegen

---

124) Dazu ausführlich *Duttge*, in: Wewetzer/Wernstedt (Hrsg.), Spätabbruch

zwischen strafwürdigem Unrecht und gesellschaftlich akzeptierter Handlungsfreiheit nur wenige Meter (so zur Befristung der embryopathischen Indikation im Verhältnis von Spanien und Portugal), ohne dass festgestellt werden könnte, welche Gesetzeslage nun „richtiger" wäre. Die einzige Gemeinsamkeit, die sich auch bei Betrachtung der Rechtsentwicklung in den letzten Jahrzehnten deutlich ausmachen lässt, ist eine zunehmende Kapitulation des Rechts vor der gesellschaftlichen Wirklichkeit: Allerorten ist schon seit längerem eine „Liberalisierung" zu Lasten des ungeborenen Lebens im Gange, und dort, wo die Rechtsordnungen (ausnahmsweise) nicht nachgeben, verschafft sich diese Haltung jenseits des nationalen Rechts Wirkung, sei es durch das Phänomen des sog. „Abtreibungstourismus" (wie z.B. in Irland oder Polen) oder durch das Tolerieren eigentlich manifester Rechtsbrüche (z.B. bei der Interpretation der medizinischen Indikation in Spanien oder zur embryopathischen Indikation in Großbritannien). Dass schließlich auch die Embryologie keine fundamentalen Zäsuren, sondern nur viele kleine und allesamt wichtige Entwicklungsschritte kennt, ist aus der Debatte um künstlich erzeugte Embryonen hinlänglich bekannt: Die zahlreichen Vorschläge nennen jenseits der Befruchtung insbesondere die Nidation, aber auch die Bildung der Primitivstreifen (Achsenbildung), die Organogenese (Bildung der Organe), Ausbildung des Gehirns oder erst die Geburt. Abgesehen davon, dass jede kurzschlüssige Folgerung aus

---

der Schwangerschaft, 2008, S. 86 ff.

diesen Naturtatsachen zur Begründung normativer Festlegungen als „naturalistischer Fehlschluss" zu beanstanden wäre, erscheint jede Zäsurbildung willkürlich.

Dies gilt auch für die im europäischen Vergleich häufiger anzutreffende und zuletzt ebenso in Deutschland zur Unterbindung von Spätabbrüchen vermehrt geforderte Grenzmarkierung unter Bezugnahme auf das Kriterium der extrauterinen Lebensfähigkeit (ca. 20.-24. Schwangerschaftswoche).[125) Ein solches Verständnis könnte zwar für sich in Anspruch nehmen, dass in solchem Falle bei normativer Betrachtung von einer *schicksalhaften* „Zweiheit in Einheit"[126) keine Rede mehr sein könne, mithin die Belange der Schwangeren sich auch auf andere Weise denn durch Tötung des Ungeborenen berücksichtigen ließen. Dem Vorzug mit Blick auf das Problem der Spätabbrüche ist aber eine Schattenseite immanent: Die Unterscheidung anhand der Lebensfähigkeit impliziert für die Phase vor Erreichen dieser Eigenschaft einen deutlich geringeren, im Verhältnis zu den Belangen der Schwangeren letztlich nicht mehr ins Gewicht fallenden Status des

125) *Bundesärztekammer*, Erklärung zum Schwangerschaftsabbruch nach Pränataldiagnostik, in: DÄBl. 95 (1998), A-3013, 3015; ähnlich *Eser/Koch*, Schwangerschaftsabbruch im internationalen Vergleich, Teil 1, 1988, S. 326; *Koch*, Stellungnahme zur Anhörung des Ausschusses für Familie, Senioren, Frauen und Jugend v. 16.2.2005, S. 12; siehe auch *Gropp*, GA 2000, S. 1, 13, wonach der lebensfähige Fötus einem geborenen Menschen i.S.d. §§ 211 ff. StGB gleichzustellen sei; siehe auch *ders.*, in: Schumann (Fn 36), S. 19 ff.

126) Siehe BVerfGE 88, 203, 252.

Ungeborenen. Wenn aber tatsächlich angenommen würde, bei noch bestehender unbedingter Abhängigkeit der ungeborenen Existenz von der Mutter sei eben aus diesem Grund das Lebensrecht des Fötus von signifikant geringerem Wert, so liegt darin letztlich wiederum ein naiver Biologismus (mit unkalkulierbaren Folgen für andere Lebensbereiche, etwa am Lebensende), der sich der fundamentalen Aufgabe verweigert, gerade jene zu schützen, die in besonderer Weise auf den Schutz der Rechtsordnung angewiesen sind. Die darin enthaltene Diskriminierung kann schlechterdings nicht geleugnet werden. Zudem lässt sich beim besten Willen nicht erklären, wie gerade das Erreichen eines bestimmten Entwicklungsstandes oder die Annahme durch die Mutter einen existentiellen Status begründen soll, der per definitionem der positiven Rechtsordnung und Rechtsgemeinschaft vorausliegt (vgl. Art. 1 Abs. 3 GG).[127)]

Damit ist im Grunde auch schon der *zweite* denkmögliche Ausweg verstellt, der den kategorischen Sprung von der „Sache" zur „Person" an irgendeinem beliebigen Punkt der Embryonalentwicklung vermeiden will und von vornherein nach einem dritten rechtsethischen Status für das ungeborene Leben Ausschau hält.[128)] Denn bei Aberkennung eines vollgültigen

---

127) Zur „Willkürlichkeitsfalle" der *Habermas*schen – „relationalen" bzw. „sozial-konstruktiven" – Konzeption (vgl. *ders.*, Die Zukunft der menschlichen Natur, 2001, S. 62 ff.) bereits *Duttge*, in: Schreiber/Lilie/Rosenau/Tadaki/Park (Hrsg.), Globalisierung der Biopolitik, des Biorechts und der Bioethik?, 2007, S. 39, 42 f.

128) Dieser Gedanke beherrschte zeitweise die Debatten anlässlich der 2.

Personenstatus am Anfang des Prozesses bleibt die Erklärungsbedürftigkeit der „Personwerdung" bestehen; dass der äußerlichen Sichtbarwerdung des Menschen mit der Geburt in der modernen, von Genetik, Pränataldiagnostik und Neurowissenschaften geprägten Zeit jede Überzeugungskraft abgeht, sollte sich eigentlich von selbst verstehen. Im Übrigen ist ganz und gar unklar, von welchem Gewicht und mit welchen Konsequenzen versehen ein solcher Rechtsstatus gleichsam „zwischen" Person und Sache sein könnte. Da es ein „kleines Lebensrecht" de facto nicht geben kann, sondern letztlich immer nur ein Lebendürfen oder Sterbenmüssen,[129)] ist absehbar, dass dieser Weg ungeachtet seiner ungelösten Begründungsschwierigkeiten am Ende doch zu einer weitreichenden Preisgabe des ungeborenen Lebens führen dürfte. Normtheoretisch vergleichbare Versuche in Richtung einer Höherbewertung von Tieren und Pflanzen kraft deren „Mitgeschöpflichkeit" (vgl. Art. 20a GG, § 90a BGB) lassen überdeutlich erkennen, dass im Konfliktfall mit gegenläufigen Belangen nicht die vermeintlich „höhere Schutzwürdigkeit" (gegenüber der reinen Objekthaftigkeit), sondern allein das Fehlen eines vollgültigen Existenzrechts den Ausschlag gibt.

Damit erweist sich die Suche nach einem „abwägenden" Kompromiss qua Relativierung des Lebensrechts von

---

Medizinrechtslehrer/Innen-Tagung im Mai 2010 zum Generalthema: „Lebensbeginn im Spiegel des Medizinrechts" (http://www.rwi.uzh.ch/lehreforschung/alphabetisch/tag/Veranstaltungen/medrecht.html).

129) Dazu bereits o. bei Fn 12.

ungeborenem Leben[130] als eine große Sackgasse. Vielmehr muss – *drittens* – schon denklogisch, aber vor allem auch mit Blick auf die Grundwertungen unserer Rechtsordnung von einem Subjektstatus bereits des frühen Embryos ausgegangen werden, so dass ein möglicher Dispens von der Pflicht zur Fortsetzung der Schwangerschaft nur aus besonderen, hieraus resultierenden Belastungen der betroffenen Frau begründet werden kann. Hierin liegt der richtige Gedanke des „Unzumutbarkeits"-Kriteriums, das allerdings einzig und allein die Situation der Schwangeren zum Gegenstand hat und gänzlich unabhängig vom Entwicklungsstadium des Ungeborenen ist. Deshalb sind die verschiedenen, auch im europäischen Ausland anzutreffenden Regelungen oder Regelungsvorschläge inkonsequent, wenn sie beide Ansätze miteinander vermischen: Soll bei tatsächlicher „Unzumutbarkeit" auf die unbedingte Erhaltung des ungeborenen Lebens ausnahmsweise verzichtet werden können, so müsste ein Fristerfordernis als sachfremde und damit illegitime Begrenzung verstanden werden. Dass die verschiedenen Regelungsmodelle gleichwohl mit „Fristenlösungen" (im engeren oder weiten Sinne, also sowohl in Kombination mit Indikationen als auch in Reinform), weist nur auf das allgemein bestehende Defizit hin, dass die Konkretisierung und Engführung solcher „Unzumutbarkeit" bisher nirgends gelungen

130) Zur Erinnerung: Diese Relativierung, wie sie der vorherrschende Zeitgeist predigt, ist rechtsethisch unverzichtbar, weil sonst im Rahmen einer „normalen" Abwägung dem Lebensrecht stets Vorrang gegenüber dem Selbstbestimmungsrecht der Schwangeren einzuräumen wäre.

ist. Der schon erwähnte gemeinsame Vorschlag der BÄK und der DGGG[131] sah etwa bei möglicher Lebensfähigkeit „des Kindes"(!) lediglich eine Verschärfung der gesetzlichen Anforderungen voraus: Es sei der Abbruch dann nur noch gerechtfertigt, „wenn nach ärztlicher Erkenntnis unter Berücksichtigung des Alters des ungeborenen Kindes und seiner extrauterinen Lebensfähigkeit eine Gefahr für das Leben oder eine unzumutbare Beeinträchtigung der körperlichen oder seelischen Gesundheit der Schwangeren besteht und die Gefahr auf andere für die Frau nicht zumutbare Weise nicht abgewendet werden kann" (§ 218a Abs. 2a StGB-E). Die Kritikwürdigkeit hieran liegt nach Vorstehendem auf der Hand: Denn wenn tatsächlich „eine Gefahr für das Leben der Schwangeren" besteht oder eine „unzumutbare Beeinträchtigung" existentieller Belange befürchtet werden muss, so ist dringlich Abhilfe geboten *ohne Rücksicht auf Alter und Entwicklungsstand des Ungeborenen*. Wie eine „Berücksichtigung des Alters des ungeborenen Kindes und seiner extrauterinen Lebensfähigkeit" hieran wie überhaupt am Bestehen von Lebensgefahr etwas ändern können sollte, bleibt unerfindlich.

Die entscheidende und dringlich klärungsbedürftige Frage ist also, welche Notlagen einen solchen Dispens von der an sich bestehenden rechtlichen Gebundenheit kraft „Unzumutbarkeit" zur Fortsetzung der Schwangerschaft überhaupt nur begründen

---

131) http://www.bundesaerztekammer.de/downloads/taetigkeit2006_14.pdf (S. 558 (578), Stand: 01.11.2010).

können. Die Schwierigkeit besteht ersichtlich darin, dass sich die Ausrichtung dieser Rechtsfigur auf die individuellen Verhältnisse bei der jeweils konkret betroffenen Schwangeren einer Generalisierung und „Objektivierung" tendenziell entzieht. Die Überantwortung dieser Frage zur „eigenverantwortlichen" Entscheidung an die Schwangere führt jedoch nachweislich zur Preisgabe jedweder Kontrolle und zur weitreichenden Schutzlosigkeit des ungeborenen Lebens. Da unsere Rechtsordnung aber auch an anderer Stelle, wenngleich in anderen Kontexten, ebenfalls auf die Kategorie der „(Un-)Zumutbarkeit" zurückgreift (vgl. im Bereich des Strafrechts insbesondere §§ 35 Abs. 1 S. 2, 142 Abs. 3, 323c StGB),[132] kann nicht behauptet werden, die mangelnde Objektivierbarkeit sei gleichsam vorgegeben und unausweichlich. Vielmehr bildet es eine erst in den Blick und in Angriff zu nehmende Aufgabe, den hochgradig unbestimmten Rechtsbegriff der „Unzumutbarkeit" in seinem Bedeutungsgehalt im hiesigen Sachzusammenhang aufzuklären. Dabei dürfte es eine noch gänzlich offene Frage sein, ob die Festschreibung von „Indikationen" in ihrer bisherigen Gestalt überhaupt eine

---

132) Innerhalb des Fahrlässigkeitsdelikts ist seit langem — seit der berühmten „Leinenfänger"-Entscheidung des Reichsgerichts (vgl. RGSt 30, 25 ff.; dazu auch *Achenbach*, Jura 1997, S. 631 ff.) die strafbarkeitsbegrenzende Figur einer „Unzumutbarkeit normgemäßen Verhaltens" anerkannt, vgl. statt vieler nur Münchener Kommentar zum StGB/*Duttge*, Bd. 1, 2003, § 15 Rn 203 f. — Zu den normativen Anknüpfungspunkten jenseits des Strafrechts siehe die in Vorbereitung befindliche Dissertation von *Bernau* (Fn *).

adäquate oder nicht eine zu starre und pauschalisierende Methode ist, die den Einzelfall nicht hinreichend erfassen kann und deshalb zwangsläufig Aufweichungstendenzen provoziert. Klar dürfte jedoch sein, dass eine akute Lebensgefahr wohl unbestreitbar (ausnahmsweise) stets als Anwendungsfall gelten wird und solches auch im Falle einer kriminologischen Indikation zumindest naheliegt.[133] Das eigentlich interessierende Problemfeld fängt aber erst jenseits dessen an, also dort, wo sich generelle Aussagen verbieten. Welche sonstige Bedrängnissituationen unter welchen Voraussetzungen und durch welches konkrete Verfahren ermittelt (z.B. Prüfung durch eine interdisziplinär besetzte Ethikkommission?; Verfahrensteilhabe des ungeborenen Lebens durch einen Verfahrenspfleger?; Verfahrensteilhabe des biologischen Vaters?)[134] ggf. Anerkennung finden können, bedarf einer sorgfältigen, sowohl rechtstatsächlichen wie rechtsnormativen Analyse, die in diesem Beitrag nicht mehr geleistet werden kann.[135]

Eines wird man aber im Sinne einer Leitmaxime ohne weiteres festhalten dürfen und müssen: Die heute vorherrschende Ichbezogenheit, Sucht nach kurzweiligen „Events“ und Verantwortungsscheu mit Blick auf dauerhafte Bindungen und

---

133) Die Begrenzung auf 12 Wochen dürfte aber eine willkürliche Begrenzung sein.

134) Die bisherige Praxis des unkontrollierten Wirkens von „staatlich genehmigten“ Beratungsstellen hat sich jedenfalls nicht bewährt.

135) Weiterführende Erkenntnisse verspricht die in Vorbereitung befindliche Dissertation von *Bernau*(Fn *).

Beziehungen wie auch mit Rücksicht auf das eigene Vorverhalten ist nichts, was eine wertefundierte Rechtsordnung tolerieren müsste. Nur eine sehr oberflächliche, allein auf die Interessen der Geborenen ausgerichtete, die nötige Solidarität zwischen den Menschen gänzlich ignorierende Gesellschaftsordnung käme auf den Gedanken, diejenigen, die noch keine „Interessen" haben bzw. diese noch nicht (oder nicht mehr) lautstark artikulieren können, einfach zu „übersehen". Und mit Blick auf „soziale Notlagen" allein aufgrund finanzieller Belastungen und/oder fehlender familiärer Unterstützung beim Austragen und bei der Versorgung des Kindes[136)] sollte eigentlich ganz selbstverständlich sein, dass dies zu umfänglichen Unterstützungsleistungen drängt; hierin einen legitimen Grund für die Tötung ungeborenen Lebens zu sehen, ist dagegen eines „sozialen Rechtsstaates" (Art. 20 Abs. 1, 28 Abs. 1 GG) unwürdig.

V. Ausblick

Menschliches Leben selbst hochrangigen „Interessen" nicht ohne Not zu opfern, war und ist jene geschichtliche Lehre, die mit dem Postulat der „unantastbaren Menschenwürde" zum

---

136) Siehe die Fallgruppen bei *Gropp*, GA 1994, S. 147, 163 Fn 107: „Partnerkonflikte, Lebensplanung, familiäre Situation, Wohn- und Arbeitsverhältnisse".

unauslöschlichen geistigen Fundament unserer Sozialordnung geworden ist. Dieses Wertefundament würde restlos zerstört, wenn sich einzelne oder Gruppen (wie heute Embryonen und Föten, früher waren es die Sklaven oder „Eingeborenen") gleichsam aus der Rechtsgemeinschaft „ausgestoßen" sehen müssten. Solches hätte unweigerlich zur Folge, dass der Lebensschutz als Kernelement einer jeden humanen Rechtsordnung auch an anderer Stelle untergraben und nachhaltig beschädigt würde; die vorhandenen (gravierenden) Defizite im Bereich des Abtreibungsrechts korrumpieren schon heute die Rechtsordnung auf unerträgliche Weise. Deshalb bedarf der unschätzbare Wert menschlichen Lebens, auch in seinen frühen Formen, der stetigen Vergegenwärtigung. Das bereits an anderer Stelle, im Zusammenhang insbesondere mit der verbrauchenden Embryonen- und Stammzellforschung begründete „Vorsichtsprinzip" lautet daher: „In dubio pro embryone!"[137)]

137) *Duttge*, Zeitschrift für Rechtsphilosophie (ZRhp) 2004, 67, 75.

독일에서 후기 낙태의 문제점

군나 두트게* / 신동일 역**

이 글의 II장과 III장에 소개된 독일 법의 상황은 본인의 조교로 오랫동안 수고해준 박사과정의 헤닝 버나우가 수고해 주었다.

I. 딜레마

태어나지 않은 태아의 생명권과 임부가 겪게 될 부담 내지 그녀의 인생계획 사이에 존재하는 갈등은 인류사 어떤 시기, 어느 장소를 막론하고 어려운 법적인 문제다. 이러한 문제는 인간의 (일반적으로는 문화사적인 측면에서와 특별한 경우로는 범죄사적인 측면에서)[1] "영원한 테마"다. 이에 대하여 법사학과 비교법적인 연구결과

* 독일 괴팅엔 대학교 교수, 법학박사, 형법 및 의료법연구소 소장.

** 한경대학교 교수, 법학박사.

1) R. Merkel, in: Roxin/Schroth(Hrsg.), *Handbuch des Medizinstrafrechts*, 4. Aufl., 2010, S.303.

는 －예를 들어 프라이부르크 소재 막스 플랑크 연구소의 전 소장인 Eser 교수의 연구[2)]는－ "원하지 않은 임신을 종료시키기 위한 수술이 이런저런 방법으로 이미 언제나 그리고 도처에서 일어나고 있었다"는 사실을 보여준다. 페리나콜로지나 네오나톨로지의 발달(산전진단술을 통한 방법을 통해)과 법문화적인 측면에서 집단에 의한 강제로부터 개별 주체의 권리를 보호한다는 인권 사상의 승리를 보장받은 현대사회는 플라톤[3)] 시대에 낙태를 합법화하는 일보다 훨씬 어렵다. 거기다가 모든 '계몽된' 사회는 －각각의 문화적 맥락에 따라 세부적인 면에서는 틀리겠지만－ 아마도 실용적인 관점에서 해결방법을 구하는 합의에 의한 해결방식(Kompromiβ)을 원할 것이다. 그러나 문제는 이러한 해결방식이 근본적으로 법원칙에서는 불가능하다는 사실이다.

독일에서는 이미 오랫동안 임신의 지속에 대한 "기대가능성이 없다"는 이유(독일 형법 제218조)로 출산 직전까지 낙태를 허용하는 후기 낙태가 '비윤리적'이라고 비판되었다. 임신갈등조절법(SchkG: 임신으로 인한 고통 방지 및 조력을 위한 법률, Gesetz zur Vermeidung und Bewältigung von Schwangerschaftskonflikten)을 위한 초기 개정안[4)]은 장차 태어나서 성장할 수 있는 아동에 대한 허용된 살해를 금지하지는 않았지만, 문제를 조금 줄여보려는 노력은 하고 있었다. 즉 태아의 질병을 이유로 낙태를 하는 경우 추가적인 확인절차를 규정하여, 이를 통해 이전의 결정을 번복할 수도 있게 했다. 물

2) Eser, in: Eser/Koch(Hrsg.), *Schwangerschaftsabbruch im internationalen Vergleich*, Teil 3, 1999. S.519.

3) Jerouschek, in: U. Gerhard(Hrsg.), *Frauen in der Geschichte des Rechts*, 1997, S.248 이하.

4) 2009년 8월 26일자 법률안(BGBl. I S.2990)

론 근본적인 딜레마와 법에 대한 모순성은 －일상생활과 비교하면－ 이런 노력을 통해서도 달라지지 않는다. 아예 법적인 모순을 해결할 수 있는 희망을 사라지게 만드는 일례도 있다. 얼마 전 한국의 유능한 동료 학자들이 이러한 모순을 법적으로 다룬다면 실제로 어떻게 전개되는지에 대한 매우 의미 있는 시도를 한 바 있었다.[5] 이는 아직 태어나지 않은 배아 생명을 위하여 이 책에서도 소개되듯이 한국의 동료 학자들이 주장한 논증들은 독일에서도 장차 중요할 수 있다.

비교해야 하는 양쪽의 법익의 가치가 모두 높은 경우 갈동상황에서 상호간의 이익을 교량하기 어렵기 때문에 결국 "비례성에 의한 결정"[6]이 어렵다. 왜냐하면 자신의 신체상태에 대한 자율적인 결정이 인간의 "최상의 요구"라고 여긴다면, 한 번 임신이 되면 출산까지 지속해야 하는 의무를 부여하는 것은 일신전속적인 자기결정권[7]의 상실로 볼 수도 있다.[8] 다른 측면에서 어떤 경우에나 착상(수정된 난자세포가 모체의 자궁에 접합되는 것)으로부터 인간의

5) 특히 시험관에서 생성된 배아의 생명권보호에 대한 헌법재판소 결정, 2005헌마346.

6) Hesse, *Grundzüge des Verfassungsrechts der Bundesrepublik Deutschland*, 20. Aufl., 1995, Rn 72: '실질적인 조화'; Stern, *Das Staatsrecht der Bundesrepublik Deutschland*, Bd. III/2, 1994, 835; "최적의 관계성," 이에 대한 자세한 설명은 Lerche, in: Stern-FS 1997, 197 이하.

7) 여성해방적인 관점에서 Janet Radcliffe Rischards, The Sceptical Feminist, 1982, 271 이하: "인간의 본질이 다른 어떤 것에 대해서 정당하고 우월적인 요구를 가진다고 한다면, 바로 자기 자신의 육체에 대해 정당하고 우월적인 요구를 가져야 할 것이다."

8) 많은 의료윤리학자들은 여성의 임신의무가 '강제'되어 있다는 말을 너무 자주 한다. 예를 들어 John Harris, *The Value of Life*, 1985(Der Wesen des Lebens, 1995), 227.

생명이 시작된다고 여기는 경우에 낙태를 허용하는 것은 살인권리[9]를 인정하는 문제가 될 수 있다. 이 관점은 실험관 속의 배아를 보호하는 문제[10]와는 별도로 전 유럽에 걸친 다수의 견해와 일치한다. 그럼에도 불구하고 이와 같이 수정된 배아를 보호하는 것이 "출생전의 생명의 단계적 보호"[11] 요구를 통해서 그 범위가 점차 축소된다는 것은 간과할 수 없다. (배아) 주체 지위를 근본적으로 승인하는 것과 비교해서 어쩔 수 없이 착상으로부터 배아의 지위를 등급화하여 인정하는 것은 모순이라는 점을 무시하고, 자유권적 기본권처럼 근본적인 생명보호를 등급화 내지 발전단계의 고려(Anwachsung)하여 다양한 개별특성을 고려하여 차별적으로 적용하는 것은 가능하다고 말한다. 그러나 생명보호의 경우는 단일한 "모두 아니면 전무의 이해"(Alles-oder-Nichts-Konstellation)[12]만이 문제되는 것이어서 '많음' 또는 '적음'은 문제될 수 없고 오히려 죽느냐 사느냐의 선택만이 문제된다. 왜냐하면 인간의 생명은 －이미 독일연방헌법재판소가 항공방위법에 관한 결정에서 주장하였

---

9) Siep, *Konkrete Ethik*, 2004, 335: "법공동체의 동등한 권리를 가진 동료를 죽이는 것".

10) 독일의 논쟁에 대해서는 Duttge, Zeitschrift für Rechtsphilosophie 2007, 76 이하; 다른 관점에서는 Bimbacher, *Bioethik zwischen Natur und Interesse*, 2006, 368 이하.

11) 특히 Dreier, Zeitschrift für Biopolitik 2002, 4.ff. und JZ 2007, 260ff.; 마찬가지로 *Enders*, Jura 2003, 666, 672f.; *Hilgendorf*, in: *Brohm-FS* 2002, 387; Hörnle, *ARSP* 2003, 318, 337: Schreiber, in: Bernsmann/Ulsenheimer(Hrsg.), *Bochumer Beiträge zu aktuellen Strafrechtsthemen* (Geilen-FS), 2003, 157, 164 이하; Wagner- Westerhausen, *Ethik in der Medizin* 2008, 6 이하.

12) 적절한 지적은 Rosenau, in: *Schreiber-FS* 2003, 761, 771.

듯이－ 인간의 존엄성 보호를 위해 보장되어야 하는 주체 결정[13]을 위한 '결정적인 토대'를 형성한다. 이러한 토대로부터 헌법 제2조 이후로 나오는 자유권과 평등권은 구체화될 수 있다. 생명이 없는 자는 구체적인 생명을 실현하는 출발점으로서의 자기 존재를 존중받을 수 있는 (그에게 그 존재를 이유로만 부여된) 권리를 박탈당한다.[14]

연방헌법재판소는 딜레마를 "한 개체의 이중지위"(Zweiheit in Einheit－쉬운 말로는 '한지붕 두 가족': 역자)라는 공식으로 해결하려고 하였다. 즉, 수정된 개체의 생명이익은 모와의 관계에서 그 효력범위가 정해진다는 것이다. 태어나지 않은 생명에 대한 보호는 "입법자가 낙태행위를 원칙적으로 금지하고 그녀(어머니)에게 출산의 의무를 법률로서 규정해야만 가능할 수 있다."[15] 임부의 권리도 법적으로 보호되고 있다고 간주해도 여전히 다음과 같은 의문이 남는다. 여기 관련된 부녀의 법적으로 보호된 이익이 우선적으로 존중되어서 그를 이유로 낙태가 (예외적으로) 허용될 수 있다고 우리 헌법의 어떤 해석으로 가능한가? 우리가 태아의 "생명권보다 더 우월한 도덕적인 근거"를 찾아내려는 것은 우리의 목적이 아니다.[16] 왜냐하면 유럽 전체의 법질서에서 파생된 가치관에 따라 인간의 생명권을 생각하면, 임부의 자기결정권 자체는 협소한,

---

13) BVerfG NJW 2006, 751, 757.

14) 이에 대한 반론은 Hoerster, in: F.A.Z. 2008년 2월 29일자 기고문, 35: 헌법적인 구속력을 일반 법률에서 다루고 있음; 태어나지도 않은 존재의 완전한 생명보호를 인정하려는 것임; 연방헌법재판소의 결정은 전반적으로: 기대되는 "배아보호의 자유화"를 위한 노력에 "찬물을 끼얹는 것".

15) BVerfGE 88, 203, 252.

16) John Harris, (주 8), 22 이하.

특히 보호받을 수 있는 육체와 관련된 차원에서 관계된 법익과 그녀에게 닥치는 위험의 정도를 평가하여 (본질적으로) '우월한 이익' (형법 제34조, 정당화적 긴급피난)으로 보기에는 불분명하기 때문이다. 그러한 이유로 연방헌법재판소는 "부녀의 기본권은 낙태금지에 대하여 우선될 수 없다." 그 이유는 "자녀 출산의 의무가 부녀의 기본권 때문에 보편적으로 ―어떤 특정한 시기 동안[17]― 중단되지 못하기 때문이다." "태아의 생명보호와 임부의 낙태권을 동시에 충족시킬 수 있는 방법은 없다. 왜냐하면 낙태는 언제나 태어나지 않은 생명의 살해이기 때문이다."[18]

동시에 연방헌법재판소는 낙태를 법적으로 문제삼지 않는 '예외상황'을 승인했다. 여기서 근본적으로 법익과 이익균형을 근거에서 봐도 임부의 입장이 우월할 수는 없으나, "기대가능성이 없다"는 입장을 근거로 하고 있다. "자신은 예견치 못한 자신의 고유한 삶의 가치를 희생하라고 요구하는 (중략) 지나친 부담"이라면, 임신을 지속시켜야 하는 법의무는 그러한 한도 내에서 예외를 인정할 수 있다. 여기서 인용되는 원칙은 "누구도 그의 능력 밖의 행위를 부담할 수 없다"(ultra posse nemo obligatur)이다. 이 원칙은 원래 '카르네아 호 사건'[19]과 같은 고전적인 긴급피난 상황을 설명하기 위하여 비롯된 것이거나 얼마 전 테러리스트들이 자살테러 공격을 위하여 납치한 여객기를 격추할 것인지의 논의, 그리고 소위 인질의 위치를 알아내기 위한 고문허용 등에 관한 논의[20]에서

17) 그럼에도 불구하고 태어나지 않은 생명의 생명권은 어머니가 일정한 임신 초기에 자신의 태아살해권을 이용하지 않아야 유지될 수 있기는 하다.

18) BVerfGE 88, 203, 254 이하.

19) 이에 대한 연구는 Küpper, 1999.

20) 이에 대해서는 유사하게 Engisch, "Der rechtsfreie Raum", in: Bockelmann/

나온 논증과 유사한 구조이다. 그러나 이러한 설명은 (예를 들어 형법 도그마틱적인 측면에서) 충분하지 않다. 형법 도그마틱적인 관점에서 보면 위와 같은 행위를 허용하는 것부터 면책적인 사유를 인정하는 것, 그리고 종국적으로는 형을 면제시키는 가능성까지 그 범위가 너무 넓기 때문에 결국 책임의 소재가 분명히 있음에도 불구하고 이에 대해 형벌을 전면적으로 배제하는 결론에 이르게 된다. 앞에서 언급한 관점처럼 연방헌법재판소는 자세한 설명을 위하여 "어머니와 자녀의 특수한 관계"와 그로 인해 특별한 행위의무와 배려의무, 새로운 시작을 위한 의무를 부담시켜서 기대불가능성의 한계를 위한 정당화 근거로 인정한다. 그러나 이와 같은 (임신의) 부담은 "정상적인 다른 임부들이 처하는 상황"과 비교해서 전혀 가혹하지 않다.[21] 물론 "예외 상황"은 "여성의 생명 또는 중대한 건강상의 침해 위험이 존재한다는 경우에 국한되지는 않을 것이다. 예외적인 상황은 오히려 "그 이상의 상황"[22]을 포함할 수 있다. "의학상의 적응사유"와 "범죄적 적응사유" 그리고 태아의 질병을 근거로 한 적응사유 이외에 –"그와 같은 충분한 한계를 전제해서"– 모두 헌법적인 근거를 가지고 있다. 그러므로 다른 긴급한 상황이란 "위의 적응사유들에서 전제하는 사회적 또는 심리적-개인적 갈등상황의 중대성을 감안하여야만 –기대불가능성의 관

Arth. Kaufmann/Klug(Hrsg.), *Beiträge zur Rechtstheorie*, 1984, 35; Koriath, in: *Jahrbuch für Recht und Ethik* Bd. 11(2003), 317, 333; 근본적인 회피가능성과 침해금지원칙에 대해서는 너무도 유명한 Kant, *Metaphysik der Sitten*, 1797, 법이론입문을 위한 부록 II에서: "긴급권의 올바른 의미는 긴급은 어떤 요구도 하지 않는다라는 원칙을 깨닫는 것이다. (중략) 그리고 동시에 불법을 정당화할 수 있는 긴급이라는 것은 있을 수도 없다."

21) BVerfGE 88, 203, 257.

22) BVerfGE 88, 203, 256.

점에서 – 기타 다른 상황의 적응사유를 설명할 수 있게 된다.”[23]

Ⅱ. 독일 법상황의 모순성

이러한 네 가지 이유의 적응사유(의학적 사유, 범죄학적 사유, 태아질병 사유, 그리고 사회적 사유)들을 독일은 1976년 제15차 형법개정법률에 포함시켰다. 그러나 법의 본질(진정한 허용?)은 입법자에게 모든 것을 허용하는(“처벌하지 않는 것”)이다. 그래서 이에 대한 논쟁이 강력하게 진행되었다. 구 형법 제218a조 제1항 제2호에 규정된 의학적인 적응사유[24]를 정당화사유로 인정할 것이냐의 명확한 타당성을 논의하는 와중에 동일한 방식으로 구형법 제218a조 제2항 제2호의 범죄학적 적응사유[25]에 대한 정당화사유까지 함께 논의되기에 이르렀고, 심지어 이를 넘어서 태아질병 사유로 인한 적응사유[26](구형법 제218a조 제2항 제1호)와 무엇보다도 긴급상황을 근거로 한 적응사유[27](구형법 제218a조 제2항 제3호)의 근거에 대해

---

23) BVerfGE 88, 203, 257.

24) 구형법 제218a조 제1항 제2호: “…의사의 판단에 따른 임부의 현재와 장래의 생명이익을 근거로 임신을 중단시키는 경우는 임부에게 생명에 대한 위험과 신체 또는 정신적인 심각한 침해의 위험을 피하기 위한 경우와 그녀에게 다른 기대가능성이 없다고 인정되는 경우”

25) 구형법 제218a조 제2항 제2호: “…의사의 판단으로 임부에게 형법 제176조 내지 제178조의 위법한 행위가 발생했으며 그와 같은 행위로 인하여 임신이 되었다고 믿을 근거가 있는 경우”

26) 구형법 제218a조 제2항 제1호: “…의사의 판단으로 아동이 유전적이거나 임신에 의한 원인에 의하여 스스로 건강상태가 치유될 수 없다고 생각되어 임부에게 임신의 지속을 요구하기 어렵다고 판단되는 경우”

서도 논의가 진행되었다. 특히 마지막 긴급상황을 근거로 한 적응사유에 대해서는 바이에른주 대법원에서 적절하게도 그 문제점을 제기했다. 즉, 독일연방공화국의 법질서에서는 "법익에 대한 준수를 기대할 수 없다는 이유 때문에 더 높은 헌법적인 가치를 지닌 타인의 법익을 부정하는 것을 정당화시키는 법률이나 판례에 의해 형성된 기준을 발견할 수 없는 것으로 보인다."라고 했다.[28] 이로부터 다음과 같은 결론에 이른다. 책임조각사유를 인정하려면 "사회보험법상의 지원조건으로 해결할 수 있는 방법" 또는 질병을 치료하기 위해 다른 금전적인 지원을 전혀 받을 수 없거나, 더 나아가서 민법 제134조(다른 법률에 의한 부정)에 의한 의료계약의 파기조건이 법률적으로 없는 경우, 그리고 마지막으로 태어나지 않은 인간의 생명권에 대한 조치가 예컨대 "민법 제1912조에 의한 자격있는 전문인의 도움을 받아" 긴급구조의 형태로 이행되는 때로 국한되어야 한다.[29]

연방헌법재판소는 그에 대하여 정당화사유로 인정할 수 있는 "일반적인 긴급상황을 근거로 하는 적응사유"[30]를 부정하면서도

---

27) 구형법 제218a조 제2항 제3호: "…의사의 판단으로 임부에게 임신의 지속을 요구하기 어렵고 타인에게도 이러한 임신지속을 요구하기 어렵다고 평가될 긴급한 위험상황이 존재하는 경우"

28) BayObLG NJW 1990, 2328, 2332. 이에 대한 판결의 평석은 Beckmann, *MedR* 1990, 301; Otto, *JR* 1990, 338 이하: 유사하게는 Roxin, in: *Oehler-FS* 1985, 181, 187: "변할 수 없이 지켜져야 하는 원칙은 무고하고 긴급상황의 야기에 고의가 없는 사람의 죽음을 방치해서는 안 된다는 것이다."

29) BayObLG 위의 판결.

30) BVerfGE 88, 203, 207 이하: "상담규정은 실제로 부녀가 상담의 개방성 때문에 현재 처해진 긴급한 상황에 대해 설명을 뜨고 스스로 해결책을 생각할 수 있도록 도와주는 것이다. 그러므로 결국 상담규정이 모든 긴급한 상

"낙태의 근본적인 금지 자체로부터 부담스럽게 발생할 상황"은 강제할 수 없는 것으로 보고 있으며 그 대신에 '허용조건'을 제공할 것을 요구하고 있다. 이 조건은 관련 여성이 갈등상황의 해결을 위하여 "책임감 있게 고려"하여 "불법을 저지르지 않게 하도록"하는 조건을 말한다. 정확하게 말하면 "형벌로 낙태행위를 해결하는 것이 아니라, 여성과 의사의 낙태행위에 대하여 제3자가 긴급한 구조를 할 수 있도록 한다. 이 구조에서 태아는 제외된다. 여성은 의사와 현실적으로 사적인 의료 계약을 체결할 수 있다. [그리고] 합법적인 낙태를 위하여 경제적으로 필요하다면 사회적 지원을 헌법적으로 보장하고 노동상의 불이익도 받지 않게 한다. [그래서 일반적으로 혼인의 보호처럼] 긴급하거나 지속적으로 낙태를 위하여 지원해주어야 하는 충분하고도 포괄적인 의무를 인정하고 있다."[31] 어떻게 금지되었든, 그러나 예외적으로 정당화되던 낙태에 대한 법적으로 '동일한 지위'[32]가 가능했을까? 즉, 그 금지에서는 태아의 고유한 생명권을 존중하다가 이후에는 더 나아가서 "낙태는 법질서에 의해서 종국적으로는 정상적인 것이 될 것"[33]이라는 인식으로 발전되었을까 하는 물음은 수수께끼[34]로 남아 있다. 그리고

황을 근거로 한 적응사유를 통한 낙태의 정당화 가능성을 약속해주지는 못한다."

31) BVerfGE 88, 203, 279, 312와 328.

32) BVerfGE 88, 203, 279: 특히 261에서는 "국가는 결국 태어나지 않은 생명의 법적인 보호요구를 보편적으로 실행될 수 있도록 해야 하는 의무를 가지고 있다. 그렇기 때문에 연방과 주정부는 생명의 보호를 위하여 노력해야만 한다."

33) BVerfGE 88, 203, 320.

34) R. Merkel은 "객관적으로 자기모순"이라고 표현한다. In: Roxin/Schroth (Hrsg.), *Handbuch des Medizinstrafrechts*, 4. Aufl., 2010, 355 이하; 또한

이러한 현상은 지난 10여년 간의 발전 방향에 명백히 반하는 것이다. 본 대학의 헌법학자인 힐그루버는 이러한 현실에 대하여 다음과 같이 언급한다: "상담은 도처에 설치된 상담시설에서 …(중략)… 형식적인 과정으로 변질될 것이며, 나중에는 낙태를 하려고 하는 여성들이 결과가 뻔히 예상되는 상담을 한 후 국가의 비용부담으로 아무 문제없이 의학적인 낙태시술을 받게 하는 결과를 초래할 것이다."[35] 뮌헨-그로스하던의 산부인과 병원장인 헤어만 헵은 명확하게 일반적인 법감정과 특히 의사[36]의 자기이해에 대한 긴박한 위험에 대해 언급하고 있다. －의료진의 '기본적인 임무'는 연방헌법재판소의 확신에 따라 "생명을 지켜야 하는 것"[37]이었다. 몇 년 전 칼스루에 지방법원은 이러한 법적인 구조 자체－낙태 금지와 배려/보장이 같이 존중되는 구조－는 다음과 같은 설명방식이라고 언급했다. "일반적으로 이해할 수 있는 것이 아니고, 단지 특별히 법전문가와 직접적으로 낙태상담 내지 낙태와 관련된 사람들만 겨우 이해할 수 있는 어떤 것이 되었다."[38]

Deutsch/Spickhoff, *Medizinrecht*, 6. Aufl., 2008, Rn 736: "법질서의 통일성 원칙에 대한 심각한 훼손"이라고 말한다.

35) Hillgruber, in: Büchner/Kaminski(Hrsg.), *Lebensschutz oder kollektiver Selbstbetrug?*, 2006, 12, 25 이하.

36) Hermann Hepp, in: Schumann(Hrsg.), *Verantwortungsbewusste Konfliktlösungen bei embryopathischem Befund*(Göttinger Schriften zum Medizinrecht, Bd. 4), 2008, 65 이하.

37) BVerfGE 88, 203, 292; 특히 292: "의사는 이미 직업윤리와 직업관으로 근본적으로는 인간과 태어나지 않은 생명을 유지시키고 개선시켜야 할 의무를 진다."

38) LG Karlsruhe, 2005년 11월 4일자 판결 - 4 O 208/05.

1. 연방헌법재판소 결정의 변화(BVerfGE 39,1에서 BVerfGE 88, 203)

그 변화는 이미 연방헌법재판소의 두 개의 판결을 서로 비교하면 쉽게 알아 챌 수 있다. 비록 최근 판결(1993)이 예전의 판결(1975)을 토대로 하고 있기는 하지만 그럼에도 불구하고 보편적인 가치근거를 존중하지 않는다는 점(a)과 근거설명(b)에서 좀 더 자세하며, 결론과 관련하여 상이한 내용이 발견된다(c). 그리고 특히 '기대불가능성'의 중심개념에 대한 변화된 이해가 포함된다는 것을 알 수 있다.

(a) 기본적으로 공통된 요소

1993년 연방헌법재판소 낙태에 대한 결정은 기본적인 틀에서 1975년의 결정을 기본적인 내용에서 다시 확인하고 있다. 국가의 보호의무는 기본권적인 보호주체성의 승인을 통해(인간의 존엄성과 생명권은 어느 경우나 잉태시부터)[39] 태아의 경우도 인정된다. 여기서 모든 낙태행위는 태어나지 않은 생명에 대한 살인으로 볼 수 있고,[40] 낙태는 법적으로 허용되지 않는다[41]는 사실이 제안된다. 오직 '기대가능성'[42] 원칙을 통해서 자기 자녀와 갈등이 발생하는 경우 임부의 법적인 의무가 제한될 수 있어서, 그 경우에만 국가의 법질서는 임신한 여성에게 태아의 생명권을 무조건 우선적으로 존중하라고 요구할 수 없는 것이다.[43]

---

39) 이에 대해서는 BVerfGE 39, 1, 41과 BVerfGE 88, 203, 251.

40) BVerfGE 39, 1, 43과 BVerfGE 88, 203, 255 이하 참조.

41) 여기에 대해서는 BVerfGE 39, 1, 53과 BVerfGE 88, 203, 226.

42) BVerfGE 39, 1, 50과 BVerfGE 88, 203, 257 이하.

(b) 1993년 연방헌법재판소 판결에 의해 더 설명된 점

최근 판결문을 자세히 보면, 작은 부분에서 이전 판결과 비교하여 조금 더 설명이 추가된 점을 발견할 수 있다. 1993년 판결은 특별히 태아의 기본권향유주체성에 대한 물음을 명확하게 만들고 있다. 여기서 "인간의 존엄성은 태어나지 아니 한 인간의 생명에게도 인정되는 것이지, 태어난 후나 그 후 인격이 형성되어야 생명권이 인정될 수 있는 것은 아니다. (중략) 이러한 생명권은 어머니의 입장에서 긍정해야 인정되는 것은 더욱 아니다. 오히려 태어나지 않은 생명은 그 존재 자체로 권리가 생긴다. 이것이 인간의 존엄성에서 나오는 기술되지 아니 한 권리이다.[44] 이러한 관련성 속에서 국가의 보호와 배려의무는 헌법 제6조 제1항 또는 제4항을 근거로 한다.[45] 더 나아가 1993년 판결은 12주 이내(형법 제218a조 제1항을 따라) 초기 낙태를 위한 상담제도를 확인시켰다. 반면에 1975년 판결은 포괄적인 제안으로 그치고 있었으며,[46] 일반적인 생명보호에 적합한 상담을 요구하고 있어서 현실적으로는 따르기 어려웠다.[47] 이러한 이유로 연방헌법재판소는 임신갈등을 극복하기 위한 상담의 내용으로 (1) 상담 내용, (2) 그의 절차에 따른 실행, 그리고, (3) 기본권 보호의무를 실행할 수 있는 인력을 선출할 수 있는 제도마련 조건을 강제하고 있다.[48] 특히 중요한 것은 실제 상황을 평가하기 위하여 국가에게 통계학적인 관찰과 기록을 요구하여

43) 앞의 주와 같음.

44) BVerfGE 88, 203, 251 이하.

45) BVerfGE 88, 203, 258 이하.

46) BVerfGE 39, 1, 61 이하.

47) Kriele, *Abtreibung vor dem Grundgesetz*, 1992, 66 이하.

48) BVerfGE 88, 203, 281 이하.

감독의무와 개선의무를 부여하는 점이다.[49]

(c) 1993년의 판결에서 달라진 점

분명히 1975년 판결과 비교하면 최근 판결에서는 달라진 면이 있다. 태아를 위하여는 이 변화가 유리한 것이 아니라서, 최근 판결의 입장에 대한 비판도 동시에 제기되었다.[50] 특히 첫번째 판결에서는 명백하게 제기된 공식인 생명권이 '최상의 가치'라는 것과 인간의 존엄성은 모든 기본권을 위한 기본전제[51]라는 것이 충분히 반복되지 않았다. 또한 헌법 제19조 제2문의 일정한 기본권 침해의 외적인 한계로서 본질적인 내용의 침해금지가 빠진 반면, 그 대신에 인간의 생명은 '절대적으로' 보호되지 아니 할 수 있다고 주장되었으며, 그로 인해 더 이상 다른 법익들에 비하여 항상 우선적인 것은 아니라고 하였다.[52] 이 관점에서 결국 가장 결정적이고 종국적인 차이점이 나온다. 숙고기간을 두어 갈등을 조정하라는 규정은 1975년 판결에서는 헌법에 위반된다고 설명되었으나, 법원은 이제 입법자들의 판단을 존중하여 견해를 변경하여 순수한 적응모델은 보호목적을 달성할 수 없다고 한다.[53] "입법자 자신들이 헌법적으로 요구되는 의무에 따라 태아 자체만 고려해서는 불가능하고 결과적으로 임신 초기에 태어나지 아니한 생명은 모성과

49) BVerfGE 88, 203, 309.

50) 무엇보다도 Beckmann, *Abtreibung in der Diskussion*, 102 이하; Belling, *MedR* 1995, 184 이하; Geiger, "Menetekel", *JVL* 10, 33 이하; Hofmann, in: *Sutor-FS*, (1965), 333 이하; Tröndle, *NJW* 1995, 3009, 3010.

51) BVerfGE 39, 1, 41.

52) BVerfGE 39, 1, 43.

53) BVerfGE 88, 203, 253 이하.

의 관계성에서만 실질적인 보호가 가능[54]한 것으로 보호개념을 변경한 것에 자체에 대해서 법원은 평가[55]할 수 없다"고 한다. 그러나 지금까지의 낙태수의 증가에 대한 통계를 살펴볼 때 새로운 '보호개념'이 얼마나 의심스러운 것인가를 알 수 있다.

(d) 기대불가능성기준 이해의 변화

새롭게 받아들인 법제도로 인하여 기대불가능성 기준에도 일정한 변화가 생겼다. 원래 그 기준은 형법을 수단으로 엄격한 생명보호가 보장될 수 있도록 하는 한계 기능을 가지고 있었다.[56] 여기에 소위 "규범합치적인 행위로의 기대불가능성"이라는 형법 도그마틱상의 기준이 두 개의 갈등을 겪고 있는 이해관계 상황을 비교교량할 수 있는 근거로 이용되고 있다. 중심 내용은 태아에 대한 위험이 높으면 높을수록 '행위자'에게 희생을 기대하고 있다는 것이다. 일정한 숙고기간을 두는 방향으로 보호개념을 변경하는 것으로 기대불가능성 기준은 더 이상 제재단계에서의 제한기준이 아니라 이를 넘어서 보편적인 행위의무를 제한하는 기준으로 변한다. 1993년 판결문의 제7문은 이제 다음과 같이 말한다: "일반적으

54) BVerfGE 88, 203, 265는 "헌법적으로 논의되지 못하는 것은 이러한 분석을 통해 입법자를 평가하는 것이다. 현행법에서 형사강제 조항을 두고 있는 것은 아이를 출산하는 것이 임부에게 부담스러운 것이어서 임신에 대한 갈등이 존재할 때는 문제가 된다. 왜냐하면 임부는 이 갈등이 개인에 국한된 것이고 자신의 판단과 결정에 반하여 제3자에 의해 강제될 수 있기 때문이다."(같은 언급은 221.)

55) BVerfGE 88, 203, 266.

56) BVerfGE 39, 1, 48: "기대가능성의 문제, 다른 말로는 국가가 이러한 경우에 형벌을 이용하여 임신을 지속시킬 수 있느냐의 문제가 있다." 다른 개념규정은 49 이하와 53, 64.

로 여성의 기본권은 자녀를 임신하는 법의무－일정한 기간 동안만이라도－까지 기대하기는 어려울 수 있다. 여성의 헌법상의 지위는 많은 경우에 그와 같은 법의무를 강요받지 않을 수 있는 가능성의 예외를 허용받아야 한다. 그러한 예외 요건을 개별적으로 기대불가능성의 기준에 따라 정하는 것은 입법자의 몫이다. 즉, 여성에게 더 이상 기대하기 힘든 생명가치의 희생의 기준을 마련해야 하는 것이 (입법자의) 의무여야 한다."[57] 이러한 판결근거는 다음과 같은 것에서 보충된다. "이 기준은 …(중략)… 다음과 같은 이유로 정당하다. 낙태의 금지는 어머니와 자녀의 공동의 관계에서 판단되어야 하는 측면이 존재한다. 여기서 어머니의 의무만을 강제하여 다른 일방(태아)의 법영역을 침해하지 말라고 하는 것으로 간단히 해결될 문제가 아니다. 여성은 실존적으로 자녀를 임신하여 출산시키고 출산 후에도 그에 적합하게 행위의무, 배려의무, 그리고 양육의무까지 오랜 기간 동안 스스로 부담하고 있다. 이런 일방의 복합적인 의무의 측면을 고려하여 지금까지의 우리 기준이 타당했는가를 판단해야 한다."[58]

기대불가능성이 적절한 수단의 선택을 위한 기준이라고 할 때 그 금지가 지나치는 경우에만 정당화 사유로 적용하는 것이 아니라, 직접 의무를 설정하는 구성요건 안에 포함된다. 이러한 변화는 법도그마틱과 법이론에서 보면 분명히 하나의 비범죄화 기준이 되어 버렸을 뿐 아니라, 이제 그를 넘어서 법의 일반적 통제기능을 후퇴시키는 제도로 기능하고 있다. 형법적인 강제를 통해 태어나지 아니 한 생명을 보호해야 함에도 불구하고, 이러한 현실적 필요

57) BVerfGE 88, 203, 204.

58) BVerfGE 88, 203, 256.

를 근거로 한 법적 강제영역의 제한은 기존의 법적인 의무를 지나치게 축소하는 결과도 될 수 있다.

2. 1993년 판결의 모순성

연방헌법재판소의 논증 변화는 근본적으로 모순이다. 왜냐하면 여전히 임신의 전체 기간 안에서는 낙태가 불법인 채로 남아 있고, 법률로 금지되기 때문이다.[59] 그러나 개별적인 경우에 법원이 발전시킨 절차법규를 보면, 낙태는 결국 허용되거나 어쩔 수 없이 그렇게 될 수밖에 없는 계획으로 간주하고 있다는 것을 알 수 있다.

(a) 임부의 "최종 결정"

특히 법적인 통제를 제한(유보)시킨 연방헌법재판소의 결정으로 임부는 태아에 대한 법으로부터 자유로운 살인을 최종적으로 결정(형법 제218a조 제1항의 상담조건을 통해)할 수 있게 되었다.[60] 그로 인해 개인이 그것도 직접 법적인 갈등에 관여되고 있는 사람이 삶과 죽음의 결정을 할 수 있게 된다. 법원은 임부를 "사실상 종국적으로 결정할 수 있는 자"[61]로 만들었고 다시 그로 인해 임부의 일신전속적인 양심에 따라 실제로 낙태행위에 '책임'을 묻기도 전에 결정되는 구조가 되었다.[62] 이런 방법으로 다양한 통제의 가능

59) BVerfGE 88, 203(주문 4문).

60) BVerfGE 88, 203, 268, 270, 297, 318. 이 결정의 비정상적인 표결과정에 대해서는 Mahrenholz, *Sommer*(339, 342 이하, 348), 그리고 Böckenförde (363).

61) BVerfGE 88, 203, 270.

성이나 정당화 상황에서 잘못 내려질 수 있는 양심의 결정을 수정할 수 있는 가능성도 함께 사라져버렸다.[63] 낙태가 근본적으로 위법한 행위라는(다시 말하면 살인이라는) 평가는 이러한 책임평가에 전혀 맞지 않게 되었다. 이 행위의 '위법성'이 법적으로 (강제제재)의 효과를 불러 올 수 없다면, 이런 행위를 위법하다고 부르는 것은 전혀 맞지 않는 것이며, 이제 그렇게 믿기도 어렵다.[64] 그나마 법적인 효과로 남아 있을 수 있는 것은 도덕적으로 적절하지 않거나 도덕적인 행위로의 요구 정도의 내용밖에는 없다. 왜냐하면 법적인 의미에서 수범자들이 더 이상 따르지 않는 금지란 무의미하기 때문이다.[65]

(b) 민법 제134조, 제138조 내지 형법 제32조의 적용가능성

포괄적인, 헌법에서 발견되는 '위법성이론'의 관점에서 보면 어떻게 임부와 의사 사이에 민법 제134조와 138조(다른 법률과 모순인 경우 적용을 배제하는 규정-역자)가 있음에도 불구하고 낙태계약을 맺는 것이 가능한지 의문이다.[66] 법질서 내에서 가치판단의 통일성이라는 측면에서 보면 당연히 지켜져야 하는 원리다. 비록 의사는 민법적으로는 낙태시술에 대해 의무를 지고 있다. 그러나 동시에 형법적인 측면에서는 '위법적'인 행위를 하고 있다. 상호모

---

62) Merkel, "Schwangerschaftsabbruch", in: Roxin/Schroth(주 1), 203.

63) 임신갈등조절법의 규정에 따르면 이는 적절하게 요구되기도 한다. 제5조 제2항, 제6조 제2항, 제7조 제3항, 제13조 제2항 등.

64) '사회적 비난'이 법사실 관점뿐 아니라 규범적(동일하게 취급되는!)으로도 사라지게 되었다는 점에 대해서는 Kühl, in: *Eser-FS* 2005, 149, 160.

65) 적절한 지적은 Merkel, "Schwangerschaftsabbruch", in: Roxin/Schroth(주 1), 207.

66) 이에 대해서는 BVerfGE 88, 203, 295.

순이 없어야 한다는 원리는 계약을 실행하는 대상이 "단지 임신을 종료시키는 것에 국한되는 것이 아니라, 아동의 살인 자체"[67]를 대상으로 하고 있다면 불가능한 것으로 봐야 한다. 그렇지 않다면 어떻게 연방헌법재판소[68]의 "산전진단상 정상이라고 했음에도 장애아를 출산한 경우"(Kind-als-Schaden)에 대한 판결이 타당하다고 할 수 있는지 모르겠다. 여기서 사실 우리는 다음과 질문을 던져야 한다. 도대체 어디서부터 이와 같은 "법적인 이해를 혼란스럽게 만드는"[69] 원인이 비롯되었는가?

'위법한' 행위의 경우에는 담당 의사에게뿐 아니라 모든 제3자에게 태어나지 아니 한 생명을 지키는 긴급구조의무(형법 제32조)를 부담시키는 것이 타당하다.[70] 연방헌법재판소는 이 경우 충분히 '위법성'이 있음에도 불구하고 타인에 의한 긴급구조를 허용하지 않았다.[71] 법률에 따른 '상담'이 실행되지 않을 수 있도록 만들었으며, 오히려 터무니없게도 생명을 살리기 위한 중단시도를 무력화시켰고 형법적으로 긴급구조를 하지 말 것을 '확정'[72]하기까

67) Papsthart, ZfL 2006, 123 이하; 또한 Duttge, in: Schumann(주 36), 95 이하.

68) 이에 대하여 비판적인 입장은 Schmidt-Recla, in: Schumann(주 36), 81 이하.

69) Büchner, *ZfL* 2008, 2, 3 - 법원의 입장은 LG Heilbronn, ZfL 2002, 20 이하.

70) 이와 같은 의미에서 Lesch, *Notwehrrecht und Beratungsschutz: Zur Zulässigkeit der Nothilfe gegen die nach § 218a Abs. 1 tatbestandslose Abtötung der Leibesfrucht,* 2000, 64 이하; 그럼에도 불구하고 다수견해는 예를 들어 Nomos Kommentar zum StGB/Herzog, § 32 Rn. 19; Satzger, *JuS* 1997, 800 이하; Mitsch, *JR* 2006, 450 이하.

71) 이에 대하여는 Dreier, *ZRP* 2002, 377, 380; 또한 그의 *JZ* 2007, 261, 267 이하.

지 한 것이다. 형법 제32조는 지금까지 긴급구조 권한을 제한한 경우가 없었다. 그러므로 여기서 또다시 '법질서의 통일성' 원칙이 훼손된 것이다.[73)]

(c) 국가의 안정화의무

이제 낙태행위는 불법적인 어두운 그늘 안에 있는 것이 아니고 '기대불가능성'의 경우 실제로 언제나 낙태시킬 수 있다. 그러므로 법공동체는 연방헌법재판소의 견해에 따라 "충분하고 광범위한 신청을 위하여 긴급 또는 지속적인 낙태행위를 위한 조치"를 마련해야만 한다.[74)] 이것은 비록 주정부가 직접 담당하기는 하지만[75)] '합법적'인 국가의 임무이다. '국가의 임무'가 광범위하고 포괄적인 형법적 불법을 가능케하고 실현하는 일이라는 것은 소위 법치국가의 의심스러운 유일한 새로운 형태일 것이다.

(d) 국가의 비용정산과 우선지급

게다가 낙태행위는 금전적인 도움이 있어야만 한다.[76)] 낙태를 위하여 고용주[77)]에게 해당 비용을 정산해달라고 요구하는 것은

---

72) BVerfGE 88, 203, 279.

73) 결정적으로는 Deutsch/Spickhoff, *Medizinrecht*, Rn 736; Schönke/Schröder-Eser, *StGB-Kommentar*, 27. Aufl., 2006, § 218a Rn 38; 이에 반하여 다수견해는 긴급구조의 '요구성'을 부정한다.

74) BVerfGE 88, 203, 328.

75) BVerfGE 88, 203, 328.

76) 임신갈등조절법 제5조 제2항, 제6조 제2항, 제7조 제3항, 제13조 제2항 참조.

77) 질병시 의료비 지급에 관한 법(Lohnfortzahlungsgesetz) 제1조 제2항 또는 BAG NJW 1989, 2347; LAG Hamm NJW 1987, 2326 이하; Dreier, ZRP

모순이다. 그러나 연방헌법재판소는 비용정산의 요구는 태어나지 아니 한 생명의 보호를 위한 것이 아니라, 상담을 현실화하기 위하여 요구되기 때문에 괜찮다는 입장이다.[78] 마찬가지로 '위법적' 행위[79]에 대해 재정지원을 하는 사회복지기금도 마찬가지 결과다.[80] 법원은 이를 제한하기 위하여 오직 법률적인 의료기관에서 지급될 것을 요구했고 사회복지기금은 오직 다른 경제적인 가능성이 없는 경우에만 지급되도록 하고 있다.[81] "다른 경제적 지원이 없음"의 기준은 무엇보다도 수입관계(오직 여성)를 감안하여 결정된다. 그 한계는 사회적 지원이 필요한 정도보다 높을 수는 없다.[82] 그에 따라서 1996년부터 의료비는 모든 낙태의 대략 90%까지 주정부에서 부담하고 있다. 다른 말로 하자면 현실적으로 새로운 '보호개념'이 정상적인 것으로 인정된 후로부터 이전에는 부담하지 않아도 되었던 갈등상황 해결을 위하기 위하여 무려 4천 2백만 유로를 추가로 지불하였다는 것이다. 연방보건복지부의 "건강개혁: 모두를 위한 건강한 결정"이라는 자료에 의하면, '낙태'라는 항목에서 다음과 같은 문언을 볼 수 있다. "보험가입자들을 위하여

2002, 377, 380; Stein/Frank, *Staatsrecht,* 20. Aufl., 2007, §33 II(276); Stürner, *JZ* 1990, 709 이하; 비판적인 견해는 Tröndle, *NJW* 1989, 2990 이하.

78) BVerfGE 88, 203, 324 이하.

79) BVerfGE 88, 203, 317, 320 이하; Dreier, *ZRP* 2002, 377, 380.

80) BVerfGE 88, 203, 315 이하, 321; Vultejus, *Abbruch der Schwangerschaft, in: Im Namen des Volkes,* Humanistische Union 1993, 5(19).

81) 후버트 휩페(Hubert Hüppe)의 연방의회에서의 답변 내용은 BT-Drucks 15/1556 v.19.09.2003; Büchner, *ZfL* 2004, 48, 51 이하; R. Merkel, "Schawangerschaftsabbruch", in: Roxin/Schroth(주 1), 207.

82) Büchner, *ZfL* 2004, 48, 52.

변화되는 것은 없습니다. 그 이유는 낙태비용 지급은 지속적으로 의료비 항목에서는 제외될 것이기 때문입니다. 사회 전체의 이익을 위하여 비용지급이 요구되는 경우는 세금 이외의 수단으로 지원될 것입니다."[83] 뷔히너는 이에 대하여 다음과 같이 적절히 언급한 바 있다. "연방 보건복지부 장관은 태어나지 않은 생명에 대한 살인자에게 돈을 주지 않을 것을 약속했다. 태아의 보호가 아마도 본인(국가)의 의무라서 그런 것 같다. 하지만 그 비용을 전체 사회의 이익이라고 하여 세금지원을 받게 하였다－참 어이없는 제도라고 할 수밖에 없다.[84] 여기서 낙태를 하는 것이 회피될 수 있었던 '불법'이었다는 사실이 사실은 단지 '말뿐인 것'이었다는 사실이 자연스럽게 입증되었다."[85]

(e) 헌법 제12조의 직업선택의 자유권

이러한 상황이 모순이라는 사실은 연방헌법재판소가 바이에른주의 임부보조금지급법률에 따라 낙태를 시행한 의사들 사건에서 직업자유의 권리를 보호하는 헌법규정을 적용하여 판결하면서 더욱 확연하게 드러났다.[86] '그 자체'로 형법적인 문제인(형법 제218조) '위법적인' 살인을 헌법으로 보호하고 보호받아야 하는 행위라고 결정하는 것이 어떻게 가능한가?(더욱이 헌법 제12조의 행위자

83) http://www.abakus24.de/versicherungen/downloads/dokumente/ aktuell/die_gesundheitsreform_eine_gesunde_entscheidung_fuer_alle_0401.pdf, 23.

84) Büchner, ZfL 2004, 48, 52.

85) 이에 대해서는 Sachs, *JuS* 1999, 908 이하.

86) BVerfGE 98, 265 이하; 그 거부는 Büchner, NJW 1999, 833 이하; 그의 *JVL* 17 (2000), 9, 10; 그에 일치된 견해로는 Suerbaum, *DVBL* 1999, 1690 이하, 같은 저자의 *NJW*, 2000, 849 이하.

유권은 '타인의 권리'를 존중하는 경우에 인정되고 있다) 사기범, 절도범, 또는 살인자에게 헌법 제12조의 직업선택의 자유권을 보장하지는 않는다. 그러므로 이와 같은 이유로 낙태가 실제로 더 이상 금지되지 않는다고 평가를 내려야 했던 것으로 생각된다.[87)]

그러면 의사가 이미 법적으로 낙태에 대한 결정을 자세히 알고 있는 경우 그에게 '위법적인 낙태' 자체에 대해 어떤 방법으로 비난할 수 있는가를 생각해보자.[88)] 이러한 이유로 인하여 연방헌법재판소 제1위원회는 그동안 순수한 '포괄적인 불법'[89)]이라는 표현을 사용했으며 이로 인해 헌법재판관 내부의 이견 대립을 가지고 있었다. 유사한 사건에 대한 결정의 근거에서 다음과 같이 말한다: "낙태행위는 …(중략)… 그 전제 조건이 상세하게 정해져 있고 그 절차가 국가와 교회의 조력으로 이루어지는 경우 보편적인 대중의 견해와 다소 차이가 나더라도 합법적인 것으로 본다."[90)] 같은 방식으로 한쪽에서는 위법적인 행위라고 하면서도 다른 한편으로는 그 실행을 한 의사에 대해 낙태행위로 인한 비난을 하지 않는 모순을 안고 있다.[91)] 연방헌법재판소는 낙태행위에 대한 의료현실을 개선하기 위하여 시위를 하면서 환자에게 필요한 '수술적 조치'를 거부하여 법정에 선 사건에 대한 판단에서 이전 심급인 민사법원이 해당 사안을 의사들의 양심의 자유 원리(헌법 제5조 제1항 1

---

87) Suerbaum, *NJW* 2000, 849, 850.

88) Schönke/Schröder-Eser, § 218a Rn 14 이하.

89) 연방헌법재판소 1999년 9월 6일자 판결.

90) LG Heilbronn 2001년 12월 18일 판결 - 3 O 2388/01, *ZfL* 2002, 20, 21.

91) OLG Karlsruhe *NJW* 2003, 2029 이하; OLG Stuttgart *ZfL* 2002, 54 이하; 이에 대한 평석은 Zimmermann, LG Heilbronn *ZfL* 2002, 20 이하; Dreier, *ZRP* 2002, 377, 380; R. Merkel, in: Roxin/Schroth(주 1), 207.

문)에 따른 정당한 부작위행위였다고 내린 결정을 그대로 받아들였다.[92] 하급심 법원은 낙태거부 시위에 참여한 의사들이 독일 낙태법은 "도덕적인 가치에 매여" 있다는 주장을 그대로 받아들인 것이다. 전반적으로 낙태에 대한 헌법재판소의 가치평가는 불분명하고 이해할 수 없는 오해의 결과이다. 그 결론과 그 결정에 따른 개념들은 완전히 다른 것처럼 보인다. 연방헌법재판소는 도저히 성공할 수 없는 해결방법(die Quadratur des Kreises)을 원하고 있는 것 같다. 어떤 측면에서 이상적인 법치국가의 깃발을 높이 올리고 다른 측면에서는 실용적인 방법으로 낙태를 희망하는 여성들을 위하여 무언가를 함으로써 여성주의자들을 싫어하는 보수주의자들의 비난을 교묘히 피하려는 것이다. 그러나 이러한 시도도 결국 법적인 모순을 피할 수 없다. 이 결과 시민들의 법에 대한 신뢰를 훼손시키고 고유한 법질서와 효력을 무기력하게 만들어 버릴 것이다.

3. 법률적인 규정의 모순성

이제는 법의 통일성 관점에 근본적인 불일치가 존재한다는 사실은 놀라운 것도 아니다. 태아의 완전한 생명권 (형식적) 승인은

---

92) 연방헌법재판소 2010년 6월 8일자 판결－1 BvR 1745/06. 이에 대한 2010년 6월 29일 언론보도자료 Nr.43/2010. http://www.bundesverfassungsgericht.de/pressmitteilungen/bvg10-043.html; 일반 언론자료는 2010년 11월 1일자 http://www.tagesschau.de/inland/bundesverfassungsgericht150.html; 2010년 6월 29일 Focus Online http://www.focus.de/panaroma/vermischtes/urteil-abtreibungsgegner-duerfen-vor-arztpraxen-demonstrien_aid_524806.html; 같은 날 Ärzte Zeitung http://www.aerztezeitung.de/politik_gesellschaft/ article/609476/abtreibungsgegner-darf-praxis-protestieren.html.

국가의 법체계 내의 규범구조에서 가장 높은 지위를 차지한다.[93] 이 원칙은 상담의무를 부여하는 직접적인 원인이며, 그 내용을 구성하면서도 중요한 근거다. 임신갈등조정법 제5조 제3문에 의하면 상담을 실시할 때 태아에 대하여 취하는 모든 조치는 우선적으로 "여성이 임신을 지속할 수 있는 노력을 해야 하고," 그리고 "모든 임신 단계에서의 태어나지 않은 생명이 당연히 고유한 생명권을 가지고 있음"(형법 제219조 제1항 제1 내지 3문)[94]을 강조해야 한다. 그 취지를 따르면 상담은 원래 임부가 이미 "결론을 내놓고"(낙태를 위한) 은밀한 노력을 하려는 것을 회피하기 위하여 제안된 것이다. 그리고 상담을 통해 결국 낙태의 원인에 대한 증명자료 제출을 실정법으로 강제하기 위한 것이었다(형법 제219조 제2항 제2문과 「인공임신중절을 위한 상담절차에 관한 법률」 제7조).[95] 그러나 결국－무엇보다도 익명으로 남기를 원하는 (인공임신중절을 위한 상담절차에 관한 법률 제6조 제2항)－임부는 자신의 낙태동기를 제시하지 않아도 되었다(인공임신중절을 위한 상담절차에 관한 법률 개정안 제5조 제2항 제1호).[96] 그리고 모든 상담내용은 공란으로 남겨둘 수

---

93) 보수적인, 그리고 가치관련적인 입장을 따른 법원칙에 대한 설명에 관하여는 Duttge, Fortschritt im Recht, in: Schweighofer/Liebwald/Augeneder/Menzel(Hrsg.), *Effizienz von e-Lösungen in Staat und Gesellschaft. Aktuelle Fragen der Rechtsinformatik*, 2005, 546 이하.

94) 연방헌법재판소의 판결(BVerfGE 88, 203, 252)을 기억해보면: "생명은 … 인간으로 발전되는 것이 아니라 인간*으로서* 발전한다."

95) 임신갈등조절법 제7조 제3항에 따르면 형법 제218a조 제1항에 규정된 숙려기간을 지키지 않은 경우 상담이 불가능하도록 규정하고 있다. 그러므로 일정한 증빙서류를 통해 상담의 필요성을 미리 입증할 수 있는 방법은 있다!

96) '허용불가능성'에 대한 사항은 이미 연방헌법재판소의 결정에서 제시되었

있다. 이런 경우는 법에 규정된 임부의 "책임감 있고 양심적인" 판단에 의해 －잠재적인 희생범위를 지나치게 초과하는 －'갈등상황' 내지 '위급상황'이 존재했는지에 대한 여부를 심사할 수 없게 되어 버린다(형법 제219조 제1항 2문 내지 4문).

상담제도는 임신 기간 내의 갈등상황을 해결하면서 태어나지 않은 생명을 보호하는 것이 아니라, 오직 임부의 희망에 따라 처리되는 경우가 많았다는 것이 공공연한 비밀이다.[97] 무엇보다도 「인공임신중절을 위한 상담절차에 관한 법률」 제10조 제3항에 따른 상담을 담당하는 주정부의 공무원들이 원래 규정이 요구하는 의무를 충분히 다하지 않았다면,[98] '생명보호'의 취지를 무의미하게 만들었을 뿐 아니라, 임부의 개인적인 판단에 따라 "자신만의 적응사유"[99]를 우회적으로 허용함으로써 아예 법으로 태어나지 않은 생명의 희생을 정당화시킨 것으로 봐야한다. 법정책적으로 화려한

다(BVerfGE 88, 203, 284 이하, 307).

97) 임신 갈등 조절을 위해 선별된 상담원들의 낙태에 대한 인식을 잘 보여주는 연구로는 Büchner, in: ZfL 2005, 70 이하; Ellwanger, ZfL 2005, 76: "임신갈등조정법 제10조에 따르면 그 상담시행의 기록과 보고, 자료의 상담소 보관, 피상담자에 대한 질문의 상담소간의 정보교환에 대한 사회학적인 연구를 통하여 많은 수의 상담소들은 여성의 자기결정권을 태아 생명권을 희생시키는 근거로 판단하여 상담을 시행하고 있었으며 상담과정에서 여성들에게 언제나 본인 자신의 권리를 지키기 위한 결정이 최우선적이라는 점을 강조하여 대부분의 피상담자에게 의견개진 하였다는 것이 확인되었다."

98) 자신의 상담경험을 스스로 비판하면서 밝힌 Ellwanger, *ZfL* 2005, 76, 77: "상담소들은 상담을 담당하는 직원들에게 보통은 상담기록을 본인이 알아서 대충(보통은 3년간 시행한 상담 중 10% 이내로) 적어내도록 권고하고 있다. 그래서 상담원들은 상담소에 있는 상담일지를 단순히 추상적이고 애매하게…."

99) Tröndle, in: *Otto-FS* 2007, 821, 827.

미사여구('인공임신중절', '인구조절')를 동원하여 교묘한 방식을 통해 정당화시킨 것이다. 이렇게 전체 법질서를 감안할 때 말도 안 되는 결과는 특히 의사들의 자기이해를 위해서는(제12조 제1항 내지 제2항)[100] 이미 충분히 규정되어 있다. 그렇다면 어떻게 한편으로 그동안 임신기간 동안에 별문제 없이 시행하던 산전진단술을 이용하여 가능한 낙태의 근거를 발견하는 경우 바로 낙태행위로 이어지는 경우와 다른 한편으로는 그동안은 배아보호법의 해석으로 불가능한 것으로 금지되었던[101] 착상전 배아의 '유전자검사' 진단을 모순적으로 허용하는 결과가 되는 이 기이한 법현상을 방지할 수 있을 것인가?

우리는 실정법에 모순이 존재한다는 것을 믿지 않는다. "상담을 통한 낙태"(형법 제218a조 제1항)뿐 아니라, 형법 제218a조 제2항의 "사회-의학적 적응사유"도 역시 임부에게 무제한의 살인면허를 부여하고 있다는 점을 자각하지 못하고 있다. 왜냐하면 법은 (법도그마틱적 측면에서)[102] 허용을 할 때, '기대불가능성'을 임부의 주관적인 상황인식에 대한 핵심근거로 하여 임신의 지속가능성을 따져보아야 하고, 그러한 ("만일 … 그 위험성이 다른 사람에게도 정상적인 의무를 준수하기 어렵다는 판단을 할 수 있을 때") 결정이 불명확한 법개념을 초과하여 대상화되지 않는 범위에서 허용을 결정해야 한

100) 자세히는 Büchner, *ZfL* 2008, 2 이하, 10: "의사 입장을 위한 기대감"; Hepp, *Der Gynäkologie* 1996, 407 이하.

101) 이에 대해 초창기 판결인 BGH NJW 2010, 2672 이하; 상세히는 Duttge, *GA* 2002, 251 이하; 또한 v. Renesse, ZfL 2001, 10, 12: Schreiber, *Deutsches Ärzteblatt* 97(2000), A-1135; Schroth, *JZ* 2002, 170 이하; 당시 가장 적극적인 법정책에 대한 설명은 Duttge, in: *Legal Tribune Online* 2010년 10월 27일자.

102) 형법 제218a조 제2항은 결국 "…위법하지 않은…"으로 되었다.

다. 특히 1992년까지 긴급상황 적응사유(구형법 제218a조 제2항 제3a호)[103]로 있던 범위에서 의학적으로 엄격한 개념을 이끌어내는 것은 '의학적인 인식'에 맞추긴 했지만, 여전히 특별한 대상자에게 적용하기란 불가능해 보였던 "현재와 미래의 생명에 관한 관계성"을 감안하는 방식은 기대불가능성 기준을 아예 애매한 것으로 몰고 가 버렸다. 그에 따라 －입법자의 의지에 맞추어[104]－ 산전진단술에 따라 의학적으로 태아에게 질병이 존재하는 경우도 기대불가능성을 바로 인정할 수 있는 계기를 마련했다. 그에 반해 특히 "정신병적인 원인"을 근거로 하던 위험한 기준들을 법률을 통해 걸러내려던 기능은 오히려 상당히 축소되었다. 트뢴들레는 이에 대해 "남용에로의 초대"라는 적절한 단어를 통해 다음과 같이 비판했다: "사회적 관점이란 3개월간의 숙고만 거치면" "의학적-심리학적 적응사유를 새롭게 만들 수 있고," 아예 나중에는 숙려기간 없이도 충분히 사회보장 등의 구실로 낙태를 정당화할 수 있게 만들어 버린다.[105] 왜냐하면 그 동안 낙태를 위한 적응사유는 산부인과학적인 문제에서 심리학적인 문제영역으로 넘어가 버렸기 때문이다.[106] 또한 해외 원정낙태와 같은 문제를 감안해보면 분명해지는 것이 위험개념의 부적절하고 애매한 구분 때문에 그 효과 역시 언

103) 우리는 실정법을 해석하면서 이 사유를 "사회-의학적 적응사유"와 비교하는 것으로 보인다. 그런데 이 "사회-의학적 적응사유란 …임부에게 임신의 지속을 요구하기 어렵고 임부에게 다른 행위를 기대하기 어려운 긴급한 상황을 회피하기 위한 기준을 말하는 것이다."

104) BT-Drucks, 13/1850, 51.

105) Tröndle/Fischer, *Strafgesetzbuch und Nebengesetze*, 49. Aufl., 1999, § 218a Rn 9d.

106) Fischer, *Strafgesetzbuch und Nebengesetze*, 55. Aufl., 2008, § 218a Rn 20.

제나 불확정적이어서("심대한 침해가 발생할 위험") 언제나 현실적인 적용범위의 확장으로 기여될 수 있다.[107)]

더욱이 고유의 적응사유에 따른 낙태와 상담절차를 단순히 거치기만 한 낙태 사이에 존재하는 불합치는 (임부의 생명을 지키기 위해) 의학적인 긴급상황을 위해 적용했던 사유들이 확장되어 형법 제218a조 제2항에서 규정하는 위험고지 필요성과 상담필요성을 위한 기준으로 바뀌는 상황까지 만들고 있다. 결국 이러한 상황은 나중에는 "의학적인 적응사유"라는 말의 의미에 따라 사실상 의학적인 긴박한 위험상황(예를 들면 eclampsia-일종의 임신중독증으로 기절과 오한 등을 수반함, '자간증'으로 번역: 역자)과 같은 경우로만 줄어들게 되고 "의학적인 적응사유"는 승낙에 의한 긴급수술 같이 '환자'의 생명을 구하기 위하여 당연히 제공되어야 하는 수단처럼 보게 된다. 오늘날 "의학적 적응"을 근거로 하는 낙태의 대부분의 경우는 그럼에도 불구하고 산전진단을 통해 태아에게 확률적인 장애의 위험성이 발견되는 경우와 더 나아가서는 진단상 이후의 수술이나 치료가 필요한 경우까지 확대되었다. 그래서 점차 인정되는 (포괄적인)[108)] 인식과 잘못된 치료선택 사이에서 발생될 잘못된 선택의 가능성을 활짝 열어놓고 있다. 분명히 연방의료위원회와 독일 산부인과학/조산 협회의 기본적인 제안은 －순수한 의학적인 적응사유를 넘어서－ 형법 제218a조 제2항에 의무적인 상담을 포함시켜 "아동의 생명보호를 우선적으로 고려할 수 있는"[109)] 결정

---

107) 유럽 주변국가들의 사정에 대하여는 Duttge, in: Wewetzer/Wernstedt (Hrsg.), *Spätabbruch der Schwangerschaft,* 2008, 86, 98 이하.

108) 진단에서 빈번히 발생하는 불명확성은 여기서 논하지도 않겠다!

109) http://www.bundesaerztekammer.de/downloads/Vorschlag_Schw_recht.pdf, 15; Duttge, in: Schumann(주 36), 125.

기준으로 만드는 것이었다. 그러나 태아가 가진 질병을 임부에게도 고지하여 곧바로 임부가 임신 중 그리고 태아가 출산하여 겪을 질병가능성은 임부 자신의 의학적 사유로 변하여 이제 임부 자신의 문제가 되어 버렸다. 여기서 원래는 생명을 지키기 위하여 고안된 보조금 지원도 임부와 그녀의 사회적 사정에 따라 변질되었으며, 해당 상황에 대한 심리적 상담을 요구하는 지원으로 변질된다. 그리고는 결국 이런 경우들이 더 합법적이고 일상화된 사례가 된다. 결국 항상 임신과 모성 자체 영역의 갈등상황만 문제된다. 그래서 "성급한 결정과 미숙한 행위를 피할 수 있는"110) 노력은 더욱 필요해진다.

이를 위해서 형법 제218a조 제1항의 "원래 의미"로부터 임부와 아동에 대한 보호수준을 더 높이기 위해 노력했다고 한다(주로 3일간의 숙려기간을 요구한 것). 그러면서 구성요건상으로는 양 규정이 법적으로 유사하다. 그 적용범위를 상상해보면, 이를 관련된 갈등상황에 이 규정을 그대로 적용하면 곧바로 중복적인 영역이 발견된다. 그렇다면 다음과 같은 궁금증이 생길 수밖에 없다: 근본적으로 (3일간의) 숙려기간 안에 어떤 근본적인 차이점(Abweichung)이 (낙태) 정당화의 핵심내용인가. 제2항의 내용으로 '변환'되기 위한 세심한 노력은 낙태의 가능성을 유지한 채 의무화한 숙려기간을 무시해버린다면 결국 이론적으로나 가능한 (보호)규정이 되고 만다. 이러한 사정은 많은 주변 유럽 국가들도 우리와 마찬가지다. 법적인 보호책을 무기력하게 만드는 것을 회피하려면 어떤 조화로운 대책이 마련되어야 한다. 이를 위해서 '의학적인 적응사유'의 적용범위를 통해 보다 명확한 구분기준이 제시되어야 한다. 왜냐하

110) 민주연합당(FDP) 연정의 입법제안, BT-Drucks, 15/5034, 2.

면 하나의 실존적인, 이를 통해 어머니의 삶이 위태로운 수 있는 위험한 상황이 문제되는 한에서 그리고 형법 제218a조 제2항의 핵심범위에 해당되는 경우에만 우리는 최후의 선택으로 후기 임신 단계에서 위험을 예방할 수 있는 개입을 인정할 수 있다.[111] 그럼에도 불구하고 만일 임신 자체에서 위험의 근거를 찾아내려고 하지 않고, "아이를 가졌다"는 사실을 부정적인 심리적-사회적 의미로 파악하여 위험 방위를 하기 위해 아동의 살해를 목적으로 한다면, 이것은 독일법의 전통에서는 기왕에 정한 낙태 허용 기간(12주) 내에서만 간신히 그 기준을 충족시킬 수 있을 것이다. 결과적으로 그 기준은 의학적 적응사유 이외의 기준을 더 필요로 할 것이다. 과거 태아 질병을 근거로 한 적응사유－양수검사의 결과로 인한－에 일치하더라도 22주의 기간을 넘으면 법으로 금지했던 것에서 벗어나 전체 사례에 적용될 수 있는 새로운 기준이 제시되어야 한다. 왜냐하면 임신의 지속이냐 아니면 낙태냐를 결정하게 될 '기대불가능성'의 일신전속적인 희생영역은 제2항에 따라 그리고 제1항에 따라서도 '갈등상담'을 받은 경우 12주 안으로 －자의적인 판단이라는 비난을 없애기 위하여－ 반드시 국한되어야 하는 것은 아니다. 이로부터 이중의 "긴급상황을 근거로 하는 적응사유"가 나올 수 있다. 이를 통해 임부는 어떤 경우도 "자기가 책임을 지고" 상담을 받아서 숙고기간을 가질 수 있다. 그러므로 －여전히 가치와 모순되긴 하지만－ 살인행위의 불법을 실제로 없애는 오직 하나의 (제2항) 낙태행위 정당화를 위한 규범적인 관련점이 발견될 수 있다.

---

111) 이 설명은 신중하게 해보기는 하지만, 형법 도그마틱적인 설명을 위하여는 아직 어려운 점이 있다.

다른 말로 하면 왜 입법자가 '상담해결방식'을 위한 결정을 했음에도 불구하고 이전의 긴급상황을 근거로 한 적응사유 대신 "의학적인 적응사유"의 의미를 확대했느냐는 쉽게 이해되지 않는다.[112] 혹시 태아의 질병을 이유로 한 낙태 근거가 헌법 제3조 제2항에 따라 헌법에 위반되는 것으로 의심받을 것을(아주 엄격하게 법해석 한다면) 걱정한 나머지 －게다가 22주까지 허용을 얻기 위해 － 확실한 낙태허용을 위해 그런 것은 아닐까 싶다. 그러나 이러한 근거에서는 동시에 다음과 같이 해결되지 않는 또 다른 모순에 봉착하게 된다. 왜 임부의 살인권과 거기다 더하여서 의사에게 (계약에 의한) 살인 의무를 승인해주었음에도 불구하고 그게 '실패'하는 경우 －즉 아이가 태어난 경우－ 완전히 다른 국면이 개시되어 (적어도 최소한 아주 짧은 시기라도 생존을 위해)[113] 생명을 유지시켜야 하는 조치를 부담해야 하는지 모르겠다. 그리고 연방헌법재판소의 소위 "산전진단을 거쳤음에도 불구하고 장애를 가지고 출산한 경우"(Kind-als-Schaden) 판결에서 볼 수 있듯이 이전의 '잘못된 처리' 때문에 낙태시도와 상반된 생명유지를 위한 노력을 해야 하는 경우가 나올 수 있다.[114] 이제 이런 말도 안 되는 시도들은 그만

112) 상담보호 개념이란 이미 그 근본적인 발상부터 사회적인 요청과 단절된 적응사유라는 설명은 Steiner, *KritV* 1993, 139 이하.

113) 이와 같은 법률안에 대한 추천은 "독일 산부인과학 및 산후조리협회, 독일 소아과학회, 독일 산전의학회, 조산치료 및 소아집중치료 학회 등에서 이루어졌다. 특이한 것은 연방의사협회의 인식이다. 2004년 의학적인 존엄사 지원을 위한 제안에서 협회는 "질병이나 약물로 인하여 도저히 치료가능성이 없는 심각한 장애 또는 손상을 입고 태어난 신생아는 … 얼마 안 가서 사망을 예견할 수 있는 극단적으로 짧은 생명을 가진 것으로 다루어야 할 것이다…"라고 한 바 있다.

114) 주 68 참조.

했으면 한다. 법상황은 더 이상 치유될 수 없게 혼란스러워지고 자기모순에 빠져 버렸다.

Ⅲ. 임신갈등조절법의 초기 변화

적어도 소위 후기 낙태와 같이 특히 어려운 문제를 최소한으로 완화시키기 위하여 연방의회는 수차례의 토론을 통하여 10여 조항에 달하는 임신갈등법률을 제정하였다.[115] 의원들의 대다수는 2009년 5월 13일 각 계파들 간의 합의를 통해 법률안을 발표했다. 법률안은 상담 의무는 의사들에게 주고, 3일간의 숙고기간(진단과 낙태 사이)을 임부에게 부담시키는 한편 연방에서 건강과 관련된 정보공시와 수집을 하도록 하고 있다. 게다가 상담의무와 숙고기간 준수 의무를 지키지 않은 경우는 5천 유로의 벌금을 물게 했다. 그에 반하여 처음에 태아 질병을 근거로 한 적응사유에 의한 낙태를 특별히 통계로 기록하자는 규정은 포기되었다. 일부 개선을 목적으로 제안된 새로운 규정들(임신갈등조절법 제1조, 제2a조, 제14조)은 부분적인 환영을 받았고, 그 동안의 문제를 해결하기 위해서는 여전히 불충분하다는 평가를 받았다.

독일 입법자는 우선 건강 상담을 위하여 연방정부가 정보를 제공해주는 기회를 확대하였다. 이러한 기회는 체계적으로 보일 수는 있다. 이로 인하여 이후로 낙태에 대해서 궁금한 사람, 즉 그 시술방법이나 그와 관련된 건강상의 위험성 내지 심리적 영향력

115) 이러한 문제에 대해서는 Hillenkamp, in: *Amelung-FS* 2009, 425 이하; Schreiber, in: *Kreuzer-FS* 2009, 747 이하.

또는 낙태와 대체할 수 있는 방법이나 입양의 형식이나 실질적인 사례에 대해 알고자 하는 사람들은 −개별적인 조치를 제외하고는− 임신갈등조정법 제3조의 의미 내지 제1조, 제2조 제6호 내지 8호의 개인적인 상담 조항과 관련하여, 형법 제218a조 제1항, 형법 제219조, 임신갈등조절법 제5조 제1항 내지 제2항 제2호, 동법 제6조 제3항 제1호 내지 제2호에 의한 낙태에서 발생하는 갈등을 상담을 받으면서 위의 내용을 고지받을 수 있게 되었다. 장애인과 관련하여서는 국가의 "특별 보조와 지원 내용"(임신갈등조절법 제2조 제2항 제1문 제5호)에 대한 정보에 국한되고 정신적 내지 육체적인 장애를 가진 삶 내지 그와 같은 문제점을 가진 자녀를 둘 경우 어떤 상황이 예견될 것인지 등의 중요한 상담 내용들은 제외되어 있다. 소위 의학적-사회적 적응사유(형법 제218a조 제2항)의 많은 사례들은 육체적이고 생명이 위험한 경우에 국한되지 않고, 오히려 특히 산전진단술을 거쳐서 태아의 질병상태를 인지한 임부의 심리적이고 사회적인 부담에 관한 내용이 되는 경우가 많으므로,[116] 국가는 태어나지 않은 태아의 생명과 장애인이 어떤 형식으로든지 차별받지 않게 보호(헌법 제3조 제3항 제2문)[117]할 의무를 직접 부담해야 한다. 국가는 장애아를 키우는 시민들에게 관련된 문제에 대해 조력을 해주어야 한다. 이러한 문제들은 시민 개인의 노력으로 해결되어야 하는 것이 아니라, 국가가 그의 고유한 의무로서 당연히 제공해야 한다. 그렇기 때문에 임신갈등조절법 제1조에서는 국

---

116) Eser, in: Schönke/Schröder, § 218a Rn 26 a. E..: "지금까지 태아의 병리적인 근거로 한 적응사례들을 위한 구조 적응 사유."; Fischer, § 218a Rn 20.

117) Starck, in: Mangoldt/Klein/Starck, GG-Komentar, Bd. I. 5. Aufl., 2005, Art. 3. Rn 421.

가의 보편적인 건강과 관련된 설명의무에 대해 근거를 마련하고 있으며 수 차례에 걸쳐서 그 범위를 확대하고 있는 것이다.

의사의 상담의무도 마찬가지로 볼 수 있다. 왜냐하면 당사자인 여성은 이미 잘못된 정보와 자신의 '흥분 상태'로 인해 정상적인 판단력이 약화되고 그로 인해 의사에게 '절박한 상태'에서 낙태를 부탁하고 있을 것이기 때문이다. 이제 예상되는 －의학적이고 심리-사회적인－ 상담의 의무는 의료적인 치료의 질을 개선시키고 의료체계의 개선과 개선을 통하여 보호되어야만 한다. 여성에 대한 현재 처해진 법적인 처지 개선을 위해서는 지속적인 상담으로 본인에게 맞는 이해가능한 정보를 제공받아야 한다. 심리-사회적 상담이 진료를 담당한 의사 자신이 직접 수행하도록 하면 특히 단순히 가능한 이후의 조치에 대해 보조적인 정보를 전달하는 것을 넘어서서 또 다른 '의외의 부수효과'(Lotsenfunktion)를 기대할 수 있어서 상담의 가능성을 훨씬 넓게 열어줄 수 있다. 그로 인해 의사에게도 일종의 책임감을 느끼게 해주는 효과도 기대할 수 있다.

더 나아가서 (3일간의) 숙려기간은 환영할 만하다. 왜냐하면 산전진단술에 의해 태아의 질병여부를 알고 기대하지 못한 상황에 놀라고 난 후 다시 한 번 생각을 바꿀 수 있는 기회를 위한 강제적인 '결정지연'도 필요하기 때문이다.[118] 이러한 기간적용을 반대하고 이 기간이 상담을 통해 부정적인 생각을 할 수 있는 기회를 제공할 수 있다는 주장도 있다.[119] 이러한 우려는 사실 기우에 불과하다. 왜냐하면 상담은 임부의 자기결정에 의한 판단을 근본적으

118) 경험적인 분석은 Woopen/Rummer, *MedR* 2009, 130 이하.

119) 그 동안 현실은 인력의 부족(주말엔 상담인력이 없음)으로 그리고 연휴 등의 사유 때문에 너무 오랫동안 상담을 기다려야하는 등의 문제점이 제기되기도 했다(그로 인해 위법적인 행위양상들이 발생되기도 함).

로 지원하는 것이기 때문이다. 그러므로 3일간의 숙려기간은 곧바로 결정 자체의 내용에 적극적인 효과를 방해하는 것은 아니라고 보아야 한다. 의사와 환자의 관계를 고려할 때 권한 있는 의사의 상담은 특별히 결정적이다. '자기결정권을 상실'할 수도 있다는 우려와 관련해서는 성급한 행위를 자제시키는 것은 법을 통해 일종의 안전장치를 두는 것이며,(법적으로 '자유의 배려'의 일부분으로 '신속한 처리를 방해하는 것') 실제로는 이런 경우에서만 '자기결정적인' 판단이 가능했다는 사실을 강조할 수 있다.[120]

새로운 규정에는 상담규정을 위반하는 경우 5천 유로의 벌금을 부과할 수 있게 되었다. 의료계의 일부 비판은 이러한 강제를 통해 의료진의 행위를 '범죄화'할 수 있다는 점이다. 가장 높은 등급의 법익이라는 것을 감안하면 그 의무침해의 경우 형벌을 통해 당연히 강제할 수 있다. 상담을 가능케 하는 조치들은 실제로 그 요구되는 상담을 하지 않을 것만을 대비하는 것은 아니다. 연방헌법재판소는 다른 맥락에서 (도로교통에서 헬멧을 착용해야 하는 의무를 설명하면서) 생명보호와 건강보호를 위한 이유로는 일부 자유 제한을 허용할 수 있다고 한다. "기본법에 따라 입법자가 사회적 관계성을 감안하여 기대할 수 있는 정도의 의무나 배려를 정한 경우"[121] 개인은 자신의 자유를 제한받을 수 있다. 이는 법과 사회적으로 생명보호의 의무를 진 사람이 타인의 생명과 건강에 대한 보호를 할 때는 더욱 강하게 요구될 수 있다.

다만 관계 공무원들의 그 상담내용에 대한 자세하고 광범위한 자료 기록의무는 거부되고 있다. 그 이유는 개인정보보호이다. 이

120) '자기결정권'에 대한 더 깊은 이해는 Duttge, in: *Zeitschrift für Palliativmedizin* 2006, 48 이하.

121) BVerfGE 59, 275, 279.

는 반드시 비판받아야 한다. 게다가 지금까지의 통계발표는 여러 가지 측면에서 문제가 많다.[122] 연방의사협회와 독일 산부인과학과 산후조리협회(DGGG)의 제안은 그에 대한 분명하고 포괄적인 통계를 제안하고 있다. 여기서는 낙태율과 태아의 질병을 근거로 한 낙태수가 포함되어야 함을 주장한다. 후자의 경우 특히 집계되지 않고 있어서 "태아의 질병을 근거로 은폐된 정보"로 간주되기도 한다. 왜냐하면 형법 제218a조 제2항에 따른 낙태 근거만이 문제되기 때문에 국가의 통계는 포괄적인 허용범위만 기록하고 있을 뿐이다. 처음 제안된 법률안(BT-Drs. 16/11106)은 임신갈등조절법 제16조를 보완하여 사회발전을 위하여 관찰해야 하는 자료[123]로 취급하여 그 정보를 수집・공개할 것을 담고 있었다. 개인정보보호의 관점은 여기서 받아들여서는 안 된다. 그 이유는 첫째 문제가 되는 최상위 법익에 대한 정보가 수집, 저장, 그리고 (익명으로!) 정보화되는 것은 타당할 뿐 아니라, 두번째로 "정보의 자기결정권"의 심각한 침해는 이미 개인의 정보매매(임신갈등조절법 제16조 제1항 제2문)는 금지되어 있기 때문에 더 이상 문제될 여지가 없기 때문이다. 사실 이에 대해 헌법적으로 의심스러운 것은 다른 사안과 관련되어 허용되는 등록과 통계들(예를 들어 외국인등록, 연방통계, 암환자등록, 범죄자 등록 등)인 것이다. 결국 이런 통계를 위해 정보를 공개하는 것은 타당하다. 필요한 정보를 포기시키고 사실관계를 은폐하려는 정보보호란 의미 없다.

---

122) 그래서 2008년 2월 26일 제3차 괴팅엔 의료법 워크숍의 모든 참가자들은 단일한 견해를 제시한 바 있다. in: Schumann(주 36).

123) BVerfGE 88, 203, 309 그리고 위의 주 49.

Ⅳ. 모순 없는 법을 위한 방법

이 새로운 법률은 문제도 존재하지만 좋은 면도 있다. 그래도 현행 (헌)법률과 그 모순적인 효과의 근본적인 가치모순 현상은 해결하지 못했다. 이를 분석해 보면 그 딜레마에서 해결할 수 있는 방법은 대체로 다음의 세 가지이다. 첫째 '원칙적으로' 생명을 경시하는 법질서의 가식적인 형상을 포기하고 태어나지 않은 생명의 실질적인 지위를 인정하여 임부가 마치 태아가 일정한 시기까지는 주체적인 지위를 갖지 않은 존재처럼 여기는 것에서 벗어나는 것이다. 태어나지 않은 생명이 어머니에 의해 충분히 독립되는 그 시기를 정하는 문제는 사실 충분히 가능하다. 왜냐하면 배아의 성장이나 그 의존은 다른 법질서에도 분명한 기준이 존재하는 게 아니기 때문이다. 유럽 주변 국가들의 낙태의 문제를 조정하기 위한 모든 '해결'을 보면 매우 다양하여서 사실은 자의적인 것으로 보이는 입장이지만, 솔직히는 통일되고 서로 조화를 할 수 있는 사태인식을 가지고 있지는 못하다는 것을 알 수 있다.[124] 어떤 법률상황이 '올바른' 것이냐를 판단하지 않고 보면, 빈번히 형법적인 불법과 사회적으로 인정되는 행위자유 사이에는 아주 근소한 차이만 존재하는 경우도 있다(태아의 병리적인 이유로 인정되는 적응사유가 스페인과 포루투갈에서 각각 달리 규정되는 것을 생각해보면 더욱 그렇다). 지난 세기에 법학의 발전에서 형성한 보편적 가치들은 점차 사회적인 현실에 밀려 후퇴되고 있다는 것을 알 수 있다. 어디서나 '자유화'는 태어나지 않은 생명을 희생시켜 얻고 있으며, 법질서(예외적으

---

124) 이에 대해서는 Duttge, in: Wewetzer/Wernstedt(Hrsg.), *Spätabbruch der Schwangerschaft*, 2008, 86 이하.

로)가 후퇴하지 않은 곳은 국가법의 효력 범위를 넘어서 탈법이 이루어지는 일이 반복되고 있다. 예를 들면 소위 '해외원정낙태'(아일랜드와 폴란드처럼)와 같은 현상이나 명백한 법위반을 방관하여(예를 들면 스페인은 의학적인 적응사유의 해석을 통해 그리고 영국은 태아의 질병사유를 과다하게 적용함으로써) 이런 일은 가능해진다. 마지막으로는 배아는 연속적으로 성장하는 존재지만, 아주 작고 중요한 성장단계로 구분될 수 있다는 생각은 인공적으로 생성한 배아를 둘러싼 논쟁에서 많이 알려져 있다. 수많은 제안들은 수정을 지나서 특히 착상을 언급하며, 일부에서는 원시선의 등장, 조직세포 출현, 뇌의 발생, 또는 출생을 그 기준으로 삼아야 한다고 말한다. 이러한 자연사실로부터 일정한 세부적 구분점을 선정하고 이를 규범적인 기준으로 만드는 것은 자의적인 것이다. 그리고 이러한 시도는 이미 오래전부터 '자연주의적 오류'라고 말하고 있다는 점은 반복하지 않겠다.

유럽국가들의 기준을 비교하여 빈번히 제안되는, 결국 독일에서도 후기 낙태 방지를 위하여 강하게 요구되는 생명 침해 허용 기준(임신주기 20-24주)은 체외수정으로 생성된 생명의 발전단계를 기준으로 제안된 것들이다.[125] 이러한 제안을 하는 사람들은 책임감을 가져야 한다. 태아가 임부에게 의존하는 "한 개체 내의 이중

---

125) Bundesäztekammer, "Erklärung zum Schwangerschaftsabbruch nach Pränataldiagnostik," in: *DÄBl.* 95(1988), A-3013, 3015, 유사하게 Eser/Koch, Schwangerschaftsabbruch im internationalen Vergleich, Teil 1, 1988, 326; Koch, "Stellungnahme zur Anhörung des Ausschusses für Familie, Senioren, Frauen, und Jugend v. 16.2.2005," 12; Gropp, *GA* 2000, 1, 13에서 살아있는 태아는 형법 제211조의 의미에서 인간과 동등한 지위를 가진다는 주장을 했다; 또한 그의 글, in: Schumann(주 36), 19 이하.

성"[126]이라는 운명적인 상황에 대해서 규범적으로는 어떤 평가도 할 수 없다고 하면서도, 동시에 동일한 경우에 임부가 태어나지 않은 생명을 죽일 수 있다는 규범적 평가를 내릴 수 있는 근거가 무엇인지 모르겠다. 후기 낙태의 문제는 은밀한 요소들이 포함되어 있다. 생명능력을 수단으로 한 구분은 이러한 능력이 없는 단계에 대해서는 분명히 너무 소극적이다. 그리하여 이를 임부의 능력과 비교해서 그에 비해 동등한 가치를 지닌 태아 생명에 대한 열등한 지위를 부여한다. 사실 현재의 태어나지 않은 존재가 모체에 종속되어 있기 때문에 태아의 생명권은 소홀하게 취급될 수 있다고 가정한다면, 이는 또 다시 어리석은 (다른 생명의 범위, 예를 들어 존엄사에서도 같은 기준을 가진) 생물학주의에 빠져 있는 것이다. 이러한 잘못된 생각은 법질서가 보호해야 마땅한 모든 생명을 위한 기본적 보호 임무를 포기하게 만든다. 여기 차별적인 사상이 포함된다는 것을 분명하다. 어떻게 실정법과 법공동체의 생명보호가 특정한 성장단계에 도달하는 순간 개시되고, 그게 아니면 어머니가 인정하는 경우만 보호가 개시되는지 아무리 생각해봐도 좋은 답변은 나오지 못한다(헌법 제1조 제3항).[127]

그러므로 이제 이미 두 번째의 가능한 방법은 조금 드러났다. 배아의 성장단계를 세분화하여 '물건'에서 '사람'으로 갑자기 변환

---

126) BVerfGE 88, 203, 252.

127) '자의적인 기준'에 대해서는 하버마스식의 '관계적' 내지 '사회-구성적' 개념(그의 *'인간 본성의 미래' Die Zukunft der menschlichen Natur*, 2001, 62 이하; 국내 번역은 *'인간이라는 자연의 미래'*라고 되어 있음 오역으로 보임-역자); 이미 Duttge, in: Schreiber/Lilie/Rosenau/Tadaki/Park(Hrsg.), *Globalisierung der Biopolitik, des Biorechts und der Bioethik?*, 2007, 39, 42 이하.

시키는 기준으로 삼는 것은 그만두어야 한다. 그리고 태어나지 않은 생명의 가치는 제3자에게도 동등하게 적용할 수 있는 법윤리적인 관점으로 판단해야 할 것이다.[128] 왜냐하면 성장단계를 구분하여 어느 시점까지는 완전한 인간으로 인정할 수 없다고 한다면 "언제 인간이 되는지"에 대한 설명이 필요하다. 현대의, 주로 유전학에 의한 발달된, 산전진단술과 신경과학이 이처럼 발전된 시대에 살면서 출생만이 인간으로 확실히 인정받는 시점이라고 생각하는 것 자체를 이해 못하는 것은 아니다. 그런데 이해를 못하겠는 것은 어떤 근거로 그리고 어떤 결론에 의해 사람과 물건 '사이'의 경계를 만들 수 있느냐이다. 왜냐하면 "초기 단계의 생명권"은 사실상 없는 것이고, 단지 생명을 유지할 것이냐 아니면 살해해야[129] 하느냐만 남겨져 있다면 결국은 태어나기 전의 생명은 포괄적으로 희생될 수밖에 없다. 그 이유와 근거를 어떻게 설명할 것인가? 규범이론적으로 비교해볼 만한 시도는 희귀 동·식물에 관한 법률이다. 이 법률들은 모두 "함께 공존하기"를 근거로 하여 희귀 동·식물들을 보호하는 원리다(헌법 제20조, 민법 제90a조). 이를 토대로 생각하면 의심스러운 경우 규범원칙은 포괄적으로 "보다 높은 보호성"을 기준으로 하는 것이 아니다. 오히려 오직 존재하는 그대로의 상태를 훼손시키지 말 것을 요구하는 것이다.

그러므로 태어나지 않은 생명의 생명권의 상대화를 통하여 '이익균형'을 통한 협상[130]을 시도하는 것은 부당하다. 오히려 – 제

---

128) 이러한 사상은 2010년 5월 제2차 법의료학자들의 회의에서 얻어진 결론이다. 기본적인 테마는 "의료법적인 관점에서 생명출발의 반영"(http// www.rwi.uzh.ch/lehreforschung/alphabetisch/tag/Veranstaltungen/med - recht.html).

129) 이에 대해서는 주 12.

3자적인 관점에서－논리적으로는 우리 법질서가 가지고 있는 법주체에 대한 근본적인 가치존중의 관점을 초기 배아에 대해서도 적용해 보기로 하자. 그러면 임신 지속의 의무로부터 관련된 여성들이 막중한 부담으로부터 벗어날 수 있는 가능한 구분점이 만들어진다. 이로부터 '기대불가능성' 기준의 올바른 관점도 나온다. 즉, 올바른 '기대불가능성' 기준은 임부가 처한 상황 자체만을 대상으로 하여 판단되어야 한다. 그리고 마찬가지로 태어나지 않은 생명에 대한 판단기준도 그의 성장단계와 관계없이 평가되어야 한다. 그렇기 때문에 다양한, 유럽국가들이 현재의 규정들 또는 법개정안들에서 의견일치가 이루어지지 않는 이유는 다음과 같은 두 가지 요소가 서로 뒤섞여 있기 때문인 것 같다. 먼저 실제로 '기대불가능성'이 있는 경우, 태어나지 않은 생명을 보호할 필요성은 예외적으로 부정된다. 그러면 기간을 두어 이를 해결하는 방식은 무의미해지고 부당한 제한으로 보이게 된다. 유럽의 다양한 법모델들이 같은 시기에 '기간 해결방식'(좁은 의미 또는 넓은 의미에서 적응사유들을 조합하거나 순수한 형식으로)을 채택하고 있다는 사실은 보편적으로 다음과 같은 동일한 결함을 가지고 있다는 것과 같다. 즉, '기대불가능성'을 구체화하고 세밀하게 만드는 것은 지금껏 어떤 경우에도 성공한 적이 없다. 이미 설명한 연방의사협회와 독일산부인과학과 산후조리협회[131]의 제안은 '아동의' 가능한 생존능

130) 기억해야 할 사항은 지금까지 지배적인 시대정신이 되어 버린 이러한 관계는 법윤리적으로 포기할 수 없다는 사실이다. 왜냐하면 그렇지 않다면 생명권은 임부의 자기결정권에 비하여 언제나 '규범적'으로 상위의 이익이라는 사실이 망각될 수도 있기 때문이다.

131) http://www.bundesaerztekammer.de/downloads/taetigkeit2006_14.pdf [558(578)].

력이 있는 경우 법적인 보호를 보다 충실히 해줄 것을 제안하고 있다. 이는 낙태가 순수하게 "의학적인 관점에서 태아의 성장단계와 그를 자궁 밖으로 유출했을 경우 생존가능성을 판단해본다면 생명의 위험 또는 임부의 예상할 수 없는 신체나 정신적인 훼손이 존재하고, 부녀에게 기대할 수 없는 방식으로 다가올 위험을 방지할 수 없는 경우"(형법 개정안 제218a조 제2a항)에만 정당화될 수 있다는 의미이다. 여기서 가능한 비판은 이미 명백하다. 그러면 사실상 "임부의 생명에 대한 위험"이 존재하거나 실제 이익에 대한 "기대하지 못한 침해"가 있는 경우에는 반드시 태아의 성장단계와 연령을 감안하지 않고도 항상 긴급한 구조(낙태)를 할 수 있는가이다. 어떻게 태어나지 않은 아동의 연령과 그의 자궁 외부 유출 후의 생존가능성을 감안하여 생명의 위험성을 최소화할 수 있는 방법을 찾을 수 있는지는 아직 분명치 않다.

결정적이고 시급하게 설명되어야 하는 문제는 어떤 긴급상황이 임신 지속을 '기대불가능하다'는 이유로 그 동안 인정되던 법적인 맥락을 탈락시키는가 하는 점이다. 그 어려움은 바로 개인적인 관계에서 나타나는 구체적 임신의 상황을 일반적이고 '객관'적인 법제도로 몰고 간다는 데 있다. 이런 문제를 임부에게 "스스로 책임을 지는" 결정으로 몰아가서 모든 외부적 통제가능성을 탈락시키고, 결국 임부 스스로 태어나지 않은 생명의 보호를 포기하는 것으로 대체하는 것이다. 그러나 우리의 법은 이와는 다른 입장이기 때문에 비록 다른 맥락에서 '기대(불)가능성'의 기준(형법 제35조 제1항, 제2문, 142조 제3항, 제323c조의 범위에서)[132]이 충족되었다고 해

132) 과실범의 영역에서 오랫동안–그 유명한 제국법원의 '라이넨펭거' 사건(RGSt 30, 25 이하; Achenbach, Jura 1997, 631 이하.) 이후로 –"규범 합치적 행위의 기대불가능성"이라는 형벌제한적 기준이 인정되었다. 이에 대해

도, 흠결된 객관적 조건이 전제되어 피할 수 없었다고 주장할 수는 없다. 오히려 여전히 이를 설명하려면 '기대불가능성'이라는 불명확한 법개념을 관련된 사물관계성에 따라 실제 내용을 설명해주어야 하는 과제를 가지고 있다고 보아야 한다. 그러므로 지금까지의 '적응사유'들의 실제 내용이 무엇이냐 또는 이를 확정적인 것으로 볼 수 있느냐 아니면 단지 포괄적인 기준으로 보아야 하느냐의 해석은 각자의 해석에 따라 내려져야 하는 것으로 볼 수 있다. 특히 이러한 기준이 개별적인 경우에도 충분히 적용가능하고 그에 따라 그 기준을 통해 올바른 판단을 내릴 수 있느냐는 아직 분명치 않다. 그러므로 긴급한 생명의 위험성이 예외를 인정할 수 없을 정도로 존재하는 경우에는 이 적응사유를 인정할 수 있으며, 범죄학적인 적응사유의 경우도 적어도 적용할 수 있다는 것은 분명하다.[133] 흥미로운 문제영역은 항상 일반적으로 이를 허용할 수 없는 한계를 뛰어넘는 곳에서 비롯된다. 어떤 절박한 상황이 그리고 어떤 구체적인 절차가 (예를 들어 윤리위원회의 심사를 거치거나, 태아가 그 결정에 스스로 참여하거나, 생물학적인 부가 절차에 참여했는지?)[134] 그러한 경우들에 존재했었는지는 신중하게 그리고 법치국가적이고 법규범적인 분석이 필요한 것이다. 물론 아마도 이러한 분석을 한다면 지금까지의 관행은 더 이상 불가능해질 것이지만.[135]

서는 Duttge, *Münchener Kommentar zum SrGB*/Duttge, Bd. 1, 2003, § 15 Rn 203 이하. 규범적인 관련점에 대해서는 현재 준비 중인 Henning Bernau의 박사학위 논문에 자세히 소개되어 있다.

133) 12주라는 기간도 자의적인 결정이다.

134) 지금까지 "국가가 위임한 상담시설"이 제대로 관리되지 못했다는 현실은 언제나 언급되지 않았다.

135) 더 자세한 설명은 H. Bernau의 박사학위 논문.

문제를 해결하기 위한 노력의 일환으로 즉시 한 가지 내용을 확인해야 할 것이다. 오늘날 지배적인 이기심, 그리고 일시적인 '임시방편'의 추구경향, 자기 행위에 대해서 이후의 결과에 대해 지속적이고 꾸준한 책임을 느끼는 것을 방기해버리는 경향 등은 가치를 존중하는 지금까지의 법질서에서는 버려야 할 악습이다. 출생의 이익을 단지 표면적인 이익으로만 바라보고 정작 필요한 인간 사이의 연대성을 무시하는 사회적 질서를 이에 대하여 전혀 '관심'이 없거나 이를 진지하게 고려하지 않은 채 단순히 '간과'해보려고 하는 사람들의 견해에 따라 구성하려는 것은 정말 잘못된 것이다. '사회적인 긴급상황'이란 관점에서는 오직 아동을 출산하여 돌보는 데 있어서[136] 가족의 지원이 있고/또는 없는 이유와 재정적인 능력을 가지고 있느냐에 국한된다. 이러한 경우는 포괄적으로 합법적인 방법으로 태어나지 않은 사람을 죽임으로써 해결될 것이 아니라 그 반대로 "사회적 법치국가원리"에 따라 일정한 재정적 지원을 받는 방법으로 해결되어야 한다(헌법 제20조 제1항, 제28조 제1항).

V. 결 론

인간의 생명은 가장 높은 등급의 '이익'이며 이는 결코 포기되어서는 안 된다는 사실은 과거에 국한된 원칙이 아니다. 현재도 우리 사회질서는 "인간의 존엄성은 훼손될 수 없다"는 원칙을 절대

---

136) 이에 대해서는 Gropp, GA 1994, 147, 163 주 107: "파트너간의 불화, 인생계획, 가정형편, 주택 내지 직장 관계."

양보할 수 없으며 이를 기본적 가치로 삼는 것은 역사적인 이론들의 합의 결과다. 이러한 근본가치는 개인 또는 집단(오늘날 배아와 태아, 그 이전엔 노예와 인디안과 같은 원주민)을 동시에 법공동체에서 '몰아내려고' 하는 순간 여지없이 무너져 버린다. 이와 같은 경우는 모든 인간적인 법질서의 핵심요소인 생명보호를 폐기해 버리는 결과를 가져올 수 있다. 그리고 낙태관련 법률에서 현존하는 (심각한) 결함은 오늘날 이미 도저히 받아들일 수 없는 방식으로 법질서를 훼손시키고 있다. 그렇기 때문에 인간의 생명의 비교할 수 없는 가치는 이전의 방식으로, 즉 일관된 이해에서 유지되어야만 한다. 특히 남용된 배아연구와 줄기세포 연구를 통해 형성된 '주의원칙'은 여기서도 반복될 필요가 있다. "의심스러운 경우 배아의 이익을 위하여!"(in dubio pro embrzone!)[137)]

137) Duttge, Zeitschrift für Rechtsphilosophie(ZRhp) 2004, 67, 75.

2부_ 현실

인간배아의 생명권

— 헌법재판소 2005헌마346 결정에 대한 평석 —

이영애*

2010.5.27. 헌법재판소는 2005헌마346호로서 인간배아의 도덕적, 법적 지위에 관하여 중요한 결정을 하였다. 인간배아가 과연 인간인가에 관하여 세계 최초로 법률적 판단을 한 것이다. 그런데 이 사건의 중요성과 심리에 소요된 5년의 시간에 비추어 결론은 기대에 미치지 못하였다. 인간 배아는 인간이 아니므로 기본권 주체성이 없고 연구나 실험의 재료로 사용할 수 있으며 법에서 정한 보관기일이 지나면 폐기하여도 좋다고 판시한 것이다. 인간배아가 인간인가에 관하여는 세계 여러 나라에서 오랜 세월에 걸쳐서 과학적·윤리적 논쟁이 계속되어 왔고 각각의 주장을 뒷받침하는 논리의 구성과 증명방법도 다양하다. 그런데 헌법재판소는 위 결정의 결론에 이르는 논리의 구성이 너무나 간단하고 그 근거의 제시도 충분하지 않아서 납득하기 어렵다.

* 변호사, 제18대 국회의원.

Ⅰ. 사건의 개요

이 사건 청구인 1, 2는 2004.12.9. 임신 목적으로 OOO의료재단 부산분원 내에서 청구인 3의 정자와 청구인 4의 난자의 체외수정으로 생성된 배아로서 체내에 이식되지 않고 위 의료재단에 보존되어 있는 배아들이다. 청구인 3, 4는 정자, 난자를 제공한 배아 생성자이고 청구인 5내지 13은 의사, 교수, 대학생, 철학자, 임상병리학자 등이다.

이 사건의 핵심은 배아의 생명권이므로 이 문제와 관련된 청구인 1, 2와 청구인 3, 4의 주장과 이 주장에 대한 헌법재판소의 판단의 검토에 초점을 맞추기로 한다.

Ⅱ. 배아의 이용과 폐기에 관한 청구인 1, 2의 주장과 판단

1. 청구인 1, 2의 주장

청구인 1, 2는 「생명윤리 및 안전에 관한 법률」[1](2004. 1. 29. 법률 제7150호로 제정된 것, 이하 '생명윤리법'이라고 줄여 부른다) 제16조 제1항, 제2항이 체외수정으로 생성된 인간배아의 폐기를 허용하고 같은 법 제17조는 인간배아를 연구목적으로 이용하는 것을 허용하고 있어서 청구인 1, 2의 인간으로서의 존엄과 가치, 생명

---

1) 「생명윤리 및 안전에 관한 법률」은 2012년 2월 1일 법률 제11250호로 전부 개정되어 2013년 2월 2일부터 시행될 예정으로 있다. 이 판례 평석에는 2012년 개정된 내용과 관련하여서는 논의하지 않기로 한다.

권, 신체의 자유, 평등권을 침해하고 있다고 주장하였다.

2. 헌법재판소의 판단

위 주장에 대하여 헌법재판소는 청구인 1, 2의 헌법상 기본권 주체성을 인정할 수 없으므로 청구인 적격이 없어 각하한다고 판시하였다. 배아의 폐기와 이용이 인간의 존엄과 가치, 생명권을 침해하는가에 대한 판단에 들어가기 전에 기본권 주체성이 없다는 이유로 청구를 각하한 것이다.

기본권 주체성을 인정할 수 없다는 근거로서 들고 있는 이유는 (가) 청구인 1, 2가 형성 중인 생명의 첫 걸음을 떼었다고 볼 여지가 있기는 하나 아직 모체에 착상되거나 원시선이 나타나지 않은 이상 현재의 자연과학적 인식 수준에서 독립된 인간과 배아간의 개체적 연속성을 확정하기 어렵다는 점, (나) 배아의 경우 현재의 과학기술 수준에서 모태 속에서 수용될 때 비로소 독립적인 인간으로의 성장가능성을 기대할 수 있다는 점, (다) 수정 후 착상전의 배아가 인간으로 인식된다거나 그와 같이 취급하여야 할 필요성이 있다는 사회적 승인이 존재한다고 보기 어려운 점을 들고 있다.

3. 헌법재판소의 판시에 관한 검토

(1) 개체적 연속성

인간생명은 수정시에 시작되고 그 이후는 수정란에 내재된 발달 프로그램에 따라 독자적인 발달과정을 거쳐 배아, 태아, 신생아, 어린이, 성인으로 되어 간다는 것은 대다수의 생물학자의 과학적 견해이다.[2)]

정자와 난자가 수정되는 순간 정자, 난자와는 다른 고유한 유전정보를 가진 새로운 세포인 배아가 생기고 그 배아는 독자적인 발달과정을 거쳐 수정 이후 출생까지 중단 없이 성장하는 것이며 이 과정에 새로운 요소가 추가될 여지가 없고 연속되는 발달과정에서 그 존재의 본질에 변화가 없다.[3] 배아의 성장단계에 선을 그어 어느 시점까지는 인간생명이 아니고 어느 시점부터는 인간생명이라고 구분할 수 있는 의미 있는 질적 변화과정은 없다. 그러므로 배아와 그 이후의 인간존재는 개체적 연속성이 있다.[4]

헌법재판소는 위 결정에서 모체에 착상되거나 원시선이 나타나지 않은 이상 현재의 자연과학적 인식 수준에서 독립된 인간과 배아간의 개체적 연속성을 확정하기 어렵다고 하였다. 그러나 모체에 착상이 되는 시점이나 원시선이 나타나는 시점이 어떻게 그 이전의 생명과 그 이후의 생명의 인격 여부를 가르는 선이 되는지 설명하고 있지 않다.

최근의 발생학 연구 결과에 의하면 수정란은 수정순간부터 신체발생에 대한 계획을 시작한다고 한다. 어디에서 머리가 나오고 어디에서 다리가 나오는지, 어느 쪽이 등이고 어느 쪽이 배인지 정

---

2) Maureen L. Codic, *When Does Human life Begin? A Scientific Perspective,* Westchester Institute for Ethics & the Human Person, New York, 2008 참조

3) A Report of The President's Council on Bioethics, (2004) "Recent Development in the Ethical and Policy Debates," *MONITORING STEM CELL RESEARCH*, p.79.

4) Callahan, S., "Zygotes and Blastocysts: Human enough to protect," *Commonweal*, June 14, 2002 참조; the position articulated by several Members of The President's Council July 2002 report, *Human Cloning and Human Dignity: An Ethical Inquiry*, Chapter 6 참조.

자와 난자가 결합한 지 수 분이나 수 시간 내에 결정된다는 것이다.[5] 이 연구결과를 참작하면 원시선이 나타나는 시점이라는 것은 배아의 인격 여부를 가르는 데 아무 의미가 없다. 수정 이후의 인간생명은 동일성을 유지하면서 계속 발달하여 출생하고 성인이 되는 것이고 이러한 발달과정을 보면 배아와 그 배아가 성장하여 출생한 인간과는 연속성이 있다는 것이 논리적, 과학적 결론이라 할 것이다.

헌법재판소는 연속성을 부정하면서 그와 같은 결론에 이르게 된 논리적, 과학적 근거를 제시하지 않고 막연히 현재의 자연과학적 인식 수준에서 연속성을 인정할 수 없다고 하였는데 현재의 자연과학적 인식수준이란 어떤 과학자들을 기준으로 한 인식수준인지 알 수 없어서 그 결론이 설득력을 잃고 있다.

(2) 성장가능성

헌법재판소는 배아의 경우 현재의 과학기술 수준에서 모태 속에서 수용될 때 비로소 독립적인 인간으로서의 성장가능성을 기대할 수 있다고 판시하였다.

배아가 모태 속에서 수용될 때 비로소 독립적인 성장가능성을 기대할 수 있다는 것이 무슨 의미인지 결정문의 내용만으로는 잘 알 수 없으나 아마도 청구인 1, 2가 잔여배아로서 냉동된 상태에 있기 때문에 청구인 3, 4의 임신목적으로 이용되어 착상될지 여부가 불분명하므로 태아가 되어 출생한다는 보장이 없다는 의미인 것으로 보인다. 그러나 착상이 되느냐 아니냐 하는 문제가 인간배

---

5) Helen Pearson, "Developmental biology: Your destiny, from day one," *Nature*, Vol. 418, 2002. 7. 4, 14~15.

아의 본질을 변화시키는 것은 아니다. 착상은 배아가 성장하는 하나의 환경조성에 지나지 않는다. 이 사건에서와 같이 체외수정된 인간 배아는 배아 자신이 아닌 다른 사람들에 의하여 착상여부가 결정되는데 인위적으로 착상의 기회를 박탈한 다음 그것을 이유로 배아의 인격을 거부한다는 것은 정당성이 없다.

인간배아가 인간이 아니라면 착상하였다 하여 그 때부터 인간이 된다는 것은 어떤 이유에서인가. 착상의 기회가 없을 수 있다든가 착상실패율이 높다는 것이 인간배아의 인격 여부를 판단하는 기준이 된다는 것은 어떤 근거에 기한 것인지 알 수 없다. 과거에 영아 사망률이 높았을 때 영아가 반드시 성장하여 성인이 된다는 보장이 없다는 이유로 인간임을 부정할 수 있겠는가. 낙태로 사라지는 태아의 숫자가 출생하는 영아의 숫자보다 많기 때문에 어머니가 그 아이를 낙태하지 않고 출산한다는 보증이 없다는 이유로 태아가 인간이 아니라고 할 수 있겠는가.

착상가능성 여부에 따라 인간배아가 인간생명인지를 결정한다는 것은 논리적, 과학적, 규범적 근거가 없다.

헌법재판소는 위 결정에서 현재의 과학기술 수준에서라는 전제를 내세웠는데 과학기술 수준과 인간배아의 본질이 어떻게 관계가 되는지 설명하고 있지 않다. 과학기술이 발달하여 배아가 모태속에 착상하지 않더라도 성장하고 출생할 수 있다면(예를 들어 인공자궁이 개발된다면) 그 때는 인간배아를 인간이라고 인정한다는 것인지 의문이다. 과학기술의 발전에 따라 인간배아가 인간이기도 하고 아니기도 한다는 것을 어떻게 설명할 수 있겠는가.

(3) 사회적 승인

헌법재판소는 수정 후 착상전의 배아가 인간으로 인식된다거나 그와 같이 취급하여야 할 필요성이 있다는 사회적 승인이 존재한다고 보기 어려운 점을 기본권 주체성을 거부하는 이유의 하나로 들고 있다.

여기서 사회적 승인이란 무엇을 말하는 것이며 사회란 어느 범위의 사람들을 지칭하는 것인지, 어떻게 승인의 존재여부를 확인하였는지 전혀 설명이 되어 있지 않다. 일정한 범위의 사회에서 대다수의 구성원들이 인간배아를 인간이라고 하고 인간으로 취급하여야 한다고 하면 인간배아는 인간이 되고 그렇지 않으면 인간이 되지 못한다는 의미인가. 인간이냐 아니냐를 다수결에 의하여 결정하자는 것처럼 들려 당혹스럽다. 과거에 나치가 살 가치가 있는 인간과 가치가 없는 인간을 자의적으로 나누어 학살하였을 때, 그 논의에 참가한 사람들이 이에 동의하였다면 이 행위는 정당화되는 것인지 묻고 싶다.

생명권은 인간의 존엄성에 기초한 기본권 중의 기본권이고 다른 기본권들은 생명권을 기초로 하여서만 존재할 수 있다. 생명을 유지하느냐 박탈하느냐는 전부 또는 무(all or nothing)의 결정이며 양적으로 분할할 수도 없는 결정이다. 생명권을 박탈하려면 생명권과 생명권의 충돌(예를 들면 어머니의 생명을 구하기 위하여 태아를 낙태하는 경우)과 같은 비중이 있는 타당한 이유가 있어야 할 것이다.

헌법재판소의 논리는 명백한 사유 없이도 그저 사회구성원의 합의가 있다는 이유로 생명권의 박탈 여부를 결정할 수 있다는 뉘앙스를 주고 있다. 그러나 생명권은 합의에 의하여 타협할 수 있는 대상은 아니다.

Ⅲ. 배아의 이용과 폐기에 관한 청구인 3, 4의 주장과 판단

1. 청구인 3, 4의 주장

생명윤리법 제17조 제1호, 제2호, 제20조 제4항 및 부칙 제2항, 2008년 2월 29일 법률 제8852호로 개정되기 전의 생명윤리법(이하 '구 생명윤리법'이라고 줄여 부른다) 제17조 제3호, 제20조 제1항 내지 제3항의 규정은 인공수정으로 생성된 배아 중에 임신의 목적으로 이용하고 남은 배아를 가리키는 잔여배아(생명윤리법 제2조 제3호 참조)를 연구목적으로 이용할 수 있도록 허용하고 그에 필요한 절차를 규율하고 있다.

생명윤리법 제16조 제1항, 제2항은 생성된 배아의 보존기간을 최장 5년으로 정하고 보존기간이 지난 후 연구목적에 이용되지 않는 배아는 폐기하도록 정하고 있다.

청구인 3, 4는 위 조항들로 인하여 인간배아가 임신 외의 다른 수단으로 이용되거나 파괴되어서는 아니 된다는 자신들의 가치관에 혼란을 초래하고 건전한 인격 형성을 저해하며 자신들의 사적인 정보가 공개되고, 자신들에 의해 생성된 배아의 생명 유지에 대한 불안감이 야기됨으로써 청구인 3, 4의 인간의 존엄과 가치, 양심의 자유, 사생활의 비밀과 자유, 신체의 자유, 평등권이 침해된다고 주장하였다.

2. 헌법재판소의 판단: 직접 인용

(1) 연구목적 이용에 관한 부분

잔여배아를 연구목적으로 이용할 수 있도록 한 위 조항들이 직접적으로 청구인 3, 4의 양심이나 인격의 형성·유지를 방해하고 그들에게 정자·난자의 제공을 강요하거나 유전자 정보 등 자신들의 사적 정보를 공개하게 하는 바는 없다. 또한 배아를 연구목적으로 이용하려면 배아생성자가 동의하여야 하고 배아생성자는 연구시작 전 그 동의를 언제든지 철회할 수 있다고 할 것이므로 이 조항들로 인해 청구인 3, 4의 의사에 반하여 배아가 연구목적에 이용될 수 있는 것도 아니다. 그 밖에 본질적으로 동일한 집단임에도 청구인 3, 4와 차별 취급되고 있다고 할 만큼 의미 있는 비교집단이 존재하지도 아니한다. 따라서 이 조항들이 청구인 3, 4의 기본권을 침해할 가능성이나 청구인 3, 4와의 자기관련성이 인정되지 아니하여 청구를 각하한다.

(2) 배아의 보존기간 및 폐기에 관한 부분

배아생성자는 배아에 대해 자신의 유전자정보가 담긴 신체의 일부를 제공하고, 또 배아가 모체에 성공적으로 착상하여 인간으로 출생할 경우 생물학적 부모로서의 지위를 갖게 되므로 관리 또는 처분에 대한 결정권을 가진다.

생명윤리법 제16조 제1항, 제2항은 배아가 생성된 후 수정되지 아니하고 5년이 지난 후에는 배아를 연구목적으로 이용하지 않는 한 폐기하도록 규정하고 있다. 이는 배아생성자의 자발적 의사와 무관하게 입법으로 배아의 보존기간을 설정한 것이므로, 배아생성자의 배아에 대한 결정권을 직접 제한한다. 그러나 체외수정

기법은 한 번에 다수의 체외수정배아를 생성하는 방식으로 시도되는 것이 일반적이어서 잔여배아가 다수 생성되는 것은 불가피하다. 이러한 현실하에서 냉동된 잔여배아 수의 증가로 인한 사회적 비용을 절감하고 의료기관의 관리 소홀로 배아가 부적절한 연구목적으로 부당하게 사용되는 것을 방지해야 할 필요성이 크다.

만일 보존기간 제한을 두지 않는다면 의료기관이 지나치게 많은 잔여배아를 관리하면서 인적, 물적 비용이 증가하고 그 관리에 많은 부담이 생겨 자칫하면 관리의 소홀로 이어질 수 있다. 또한 배아를 장기간 냉동 보관할 경우에는 이를 해동하더라도 임신목적에 적합하게 사용하기도 쉽지 않다. 그리고 보존기간을 두더라도 기간경과 후 폐기를 당사자의 자율에 맡길 경우 배아생성자가 잔여배아에 대한 결정권을 행사하지 않거나 할 수 없는 상황에서는 배아의 관리가 역시 부실하게 되어 그 부적절한 이용가능성 또한 높아지게 된다. 따라서 이 사건 심판대상 조항이 배아에 대한 보존기간 및 폐기의무를 규정한 것은 그 입법목적의 정당성과 방법의 적절성이 인정된다.

또한 이 조항이 피해의 최소성에 반하거나 법익의 균형성을 잃었다고 보기도 어렵다.

따라서 이 부분에 대한 청구부분은 기각한다.

3. 헌법재판소의 판단에 대한 검토

헌법재판소는 잔여배아의 연구목적 이용이 배아의 생명권을 침해하는지에 관하여 직접 판단하지는 않았으나 잔여배아의 이용이 허용된다는 전제 아래 배아생성자에게 연구목적 이용에 대한 동의권이 있음을 이유로 하여 청구인 3, 4의 기본권이 침해되지 않는다고 판단하였다.

배아의 보존기간을 5년으로 정하고 보존기간이 경과한 배아는 폐기하도록 한 조항은 배아생성자의 자기결정권을 침해하는 조항이지만, 자기결정권도 일반적인 기본권 제한의 경우와 마찬가지로 국가안전보장, 질서유지 또는 공공복리를 위하여 필요한 경우에는 법률로써 제한이 가능하다. 그런데 보존기간과 폐기의무를 규정한 위 조항은 입법목적의 정당성과 방법의 적절성이 인정되고 피해의 최소성에 반하거나 법익의 균형성을 잃었다고 볼 수 없어 위헌이 아니라고 판단하였다.

헌법재판소의 판단은 결국 잔여배아의 보존기간을 정하고 보존기간이 경과하면 연구목적으로 이용할 수 있으며 그와 같이 이용되지 않는 배아는 폐기하는 것이 헌법에 합치한다는 것이다. 달리 말하면 배아의 생명권을 부인한 것이다. 그러나 인간배아가 인간인 이상 합당한 이유가 없는 한 생명권을 부인할 수는 없다. 헌법재판소가 설시한 잔여배아의 관리의 어려움 등은 생명권을 박탈할 만한 사유가 되지 않는다.

Ⅳ. 결 론

인간배아는 수정된 순간부터 인간생명이고 인간으로서의 존엄과 가치를 갖는다. 생명권은 우리 헌법에서 보장하고 있는 기본권 중의 기본권으로서 질병치료나 연구를 위하여 희생될 수는 없는 권리이다.

배아의 보존기간을 한정하고 그 기간이 경과하면 연구 목적으로 이용할 수 있고 이용하지 않는 배아는 폐기하도록 규정한 생명윤리법의 각 조항은 정당한 사유 없이 인간의 생명권을 침해하는 조항으로서 헌법에 위배된다. 그럼에도 불구하고 헌법재판소는 인간배아의 인격을 부인하고 인간배아를 물건으로 취급하여 이용할 수 있다고 세계 최초로 헌법적 결정을 한 것이다.

낙태에 관한 미국 판례법 경향*

박수헌**

Ⅰ. 머리말

낙태의 역사는 고대로부터 시작되었다. 고대 페르시아 왕국에서 낙태는 중범죄지만, 그리스와 로마법 및 종교는 자유로운 낙태를 허용했다. 다만, 피타고라스 학파의 경우 배아는 수정시부터 인간이므로 낙태는 살아 있는 존재의 파괴를 의미한다고 주장하였다. 보통법 시대에는 임신 16주부터 18주 사이의 태동(quickening)을 낙태의 중요한 기준으로 삼아 태동 이전의 낙태는 범죄가 아니라고 생각했다. 이후 영국에서 1803년부터 태동 이후의 낙태는 사형죄로, 태동 이전의 낙태는 이보다 훨씬 경한 범죄로 처벌하는 Lord Ellenborough's Act를 제정했다. 보통법과 영국의 '태동 기준'은 미국에 수용된 보통법에 계수되었고, 낙태입법을 최초로 제정

* 청파법학 vol. 5 (2011.9.30)에 게재된 이 글은 숙명여자대학교 법학연구소의 승인을 얻어 여기에 게재함.

** 숙명여대 교수, 법학박사.

한 코네티컷주에서 영국의 Lord Ellenborough's Act를 채택하였다(다만, 사형죄의 적용은 배제한다). 남북전쟁 이후 의회 입법(=제정법)이 보통법을 대체하기 시작하였고, 1950년대 말경 대다수 주들은 모체의 생명을 구하거나 보존하기 위한 낙태 이외의 낙태를 금지하였다.[1]

그러던 중 1973년 연방 대법원은 로 대 웨이드 사건(Roe v. Wade)과 도 대 볼턴 사건(Doe v. Bolton)에서 이전과는 달리 낙태를 전면적으로 허용하는 결정을 내렸다. 로 대 웨이드 사건에서, 연방 대법원은 낙태입법의 합헌성을 심사하는 연방 법원에게 지침을 마련해 주기 위해 가장 엄격한 심사기준을 적용한다.[2] 연방 대법원은 로 대 웨이드 사건과 도 대 볼턴 사건을 결정한 1973년 이후 적어도 29건의 낙태 사건에 대한 결정을 내렸다.[3] 이로 인해,

---

1) 낙태의 역사에 관한 자세한 내용은, Roe v. Wade, 410 U.S. 113, 129-147 (1973) 참조.

2) 법률의 합헌성 여부를 판단하는 심사기준은 엄격심사(strict review), 중간심사(intermediate review), 약한 심사(deferential review)로 나누어진다. 엄격심사는 정부의 행위가 강력한 목적(compelling objective)을 가지고 그 목적 달성을 위해 선택한 수단이 필요한(necessary) 것이어야만 정부의 행위가 헌법에 합치한다는 사법심사의 기준으로 가장 충족시키기 힘든 기준이다. 그 입증책임은 정부에게 있다. 결혼, 출산, 양육, 피임기구의 사용과 같은 프라이버시권, 인종 및 국적에 있어서 평등권, 투표권, 이동의 자유, 표현의 자유, 종교의 자유 등 기본권이 엄격심사의 대상이 된다. 중간심사는 정부의 행위가 i) 중요한 정부의 목적을 추구하고, ii) 정부의 수단과 목적이 실체적으로 관련되어야 이 정부의 행위가 합헌적인 것으로 된다. 엄격심사와 약한 심사 간의 중간에 해당한다. 약한 심사는 정부의 행위가 i) 적법한 정부의 목적을 추구하고(건강, 안전 또는 복지와 관련될 경우 대개 충족됨), ii) 정부의 수단과 목적이 최소한 합리적 관련성을 가질 경우 이 정부의 행위는 합헌적인 것으로 된다. 단순한 합리성 기준(mere rationality standard)이라고도 한다.

연방 대법원은 지난 36년간 50개 주 모두에 대해 자신의 결정과 연방하급법원들의 결정을 통하여 낙태정책을 지시하는 동시에, 낙태를 통제하는 국가위원회(national abortion control board) 역할을 하게 되었다.[4] 모든 낙태입법의 내용과 한계에 대한 감시를 통하여 현재까지도 이러한 역할을 계속하고 있다. 로 대 웨이드 사건을 시작으로 하여, 연방 대법원은 지난 36년간 모든 주 낙태법과 연방낙태법으로 하여금 예외와 한계를 포함하도록 요구하고 있다.[5] 따라서, 연방 의회와 주 의회가 낙태 입법을 합헌으로 결정받고 집행되기를 원한다면, 연방 의회와 주 의회 모두는 연방 대법원에 의해 제정된 가이드라인과 경계선을 준수하여야 한다.

이 글에서는 낙태를 금지하거나(prohibiting) 규제하는(regulating) 입법의 합헌성 여부에 대한 연방 대법원의 결정을 시대별로 나누어 고찰하고 각 사건의 의의 및 영향을 분석하고자 한다.

---

3) U.S. Supreme Court Decisions on Abortion 1971-2008 참조.

4) Clarke D. Forsythe, *Who Will Fix the Supreme Court's Mess? A history of United States Supreme Court abortion decisions and how they have shaped abortion law*, Defending Life 2009, 47.

5) 예컨대, 스텐버그 대 카하트 사건[Stenberg v. Carhart, 530 U.S. 914, 921 (2000)]에서 연방 대법원은 플랜드 패어런트후드 대 캐이시 사건[Planned Parenthood v. Casey, 505 U.S. 833, 879 (1992)]을 인용하면서, "생존가능성 이후에는, 인간생명의 잠재성을 가지는 이익을 촉진시키는 데 있어서 주(states)는 적절한 의학적 판단으로 모체의 생명 또는 건강을 보존하기 위해 낙태가 필요한 경우를 제외하고는, "낙태를 금지할 수 있다"고 결정하였다. 그러나 곤잘레스 대 카하트 사건[550 U.S. 124 (2007)]에서 주(states)는 상식적인 낙태 규제에서 건강상 예외를 광범위하게 규정하지 말 것을 요구할 수 있다고 결정하였다.

Ⅱ. 1970년대 판례법

1. 미합중국 대 비치 사건[United States v. Vuitch, 402 U.S. 62 (1971)]

(1) 사실관계

콜롬비아 특별구에서 낙태를 시술하는 밀란 비치(Milan Vuitch)는 정부가 법률에 따라 여성의 생명 또는 건강을 위해 필요하지 않다고 간주한 낙태서비스를 제공하였다고 하여 몇 차례 소송의 대상이 되었다. 비치는 동법상 "건강(health)"이라는 용어가 너무 모호하여 위헌이라고 주장했다. 연방지방법원 게하드 게셀(Gerhard A. Gessell) 판사는 형사상 문제에 있어서 적법절차에 의해 요구된 충분한 특정성을 동법은 제공하지 못하였다고 판시하여 비치의 손을 들어 주었다. 이 사건은 낙태법이 위헌이라고 선언한 최초의 연방법원 결정이다.

(2) 판시사항

5명의 대법관은 콜롬비아 특별구의 낙태법이 합헌이라고 판시하였다. 동법상 "건강(health)"은 그것이 정신뿐만 아니라 육체적 건강을 의미하는 것으로 모호하지 않다고 판시하였다. 동법은 모체(mother)의 생명 또는 건강의 보존을 위해 필요한 경우가 아니라면 낙태를 금지하였다.

(3) 사건의 영향

이 사건은 로 대 웨이드 사건 이전에 낙태를 다룬 최초의 사건이며 낙태를 금지하는 법률을 합헌이라고 판시한 마지막 사건이기도 하다. 이 사건에서 더글러스(Douglas) 대법관만이 반대의견에서 넓은 프라이버시권의 일부로 일반적 낙태권의 존재를 제시하였다. 이 견해는 2년 뒤 로 대 웨이드 사건에서 7명의 대법관들에 의해 채택되었다. 그리고 이 사건의 결정은 낙태를 금지하는 법률이 대법원에서 계속 합헌으로 지지받기에는 그 논거가 약했고, 2년 뒤 도 대 볼턴 사건에서 "건강(health)"에 관한 넓은 개념 정의를 위한 토대를 제공하였다.

2. 로 대 웨이드 사건[Roe v. Wade, 410 U.S. 113 (1973)]

(1) 사실관계

1969년 가을 노마 맥코비(Norma L. McCorvey)는 텍사스주의 댈러스에서 합법적인 낙태를 하려면 강간당했다고 주장하라는 잘못된 조언을 친구로부터 들었다. 왜냐하면, 그 당시 텍사스주 낙태법은 강간과 근친상간에 의한 임신인 경우에만 합법적으로 낙태를 허용하였기 때문이다. 그러나, 경찰 보고에 강간당했다는 신고가 접수된 사실이 없었기 때문에 강간을 당했다고 주장하여 낙태하려는 이 계획은 수포로 돌아갔다. 이에 멕코비는 불법적인 낙태를 하려고 시도하였지만, 찾아간 무허가 시술소는 경찰에 의해 이미 폐쇄된 상태였다.

결국 맥코비는 린다 커피(Linda Coffee)와 사라 웨딩턴(Sarah Weddington) 변호사를 찾아간다. 1970년 이들 변호사는 제인 로(Jane Roe)라는 가명을 사용하여 미연방 텍사스주 지방법원에 소송을 제기하였다. 이때 맥코비는 자신의 임신이 더 이상 강간에 의한 것이라고 주장하지는 않았고, 그것이 거짓말이었다고 인정하였다.

이 사건의 피고인은 텍사스주를 대리하는 댈러스 검찰총장인 헨리 웨이드(Henry Wade)였다. 강간이란 용어는 법원 문서 어디에서도 발견되지 않았고 이 사건에서 고려되지도 않았다.

지방법원은 맥코비의 손을 들어 주었지만, 낙태를 금지하고 있는 법의 집행을 중단하라고 명령하지는 않았다. 지방법원의 결정은 연방헌법수정 제9조에 근거를 두었고, 피임기구의 사용권에 관한 1965년 그리즈월드 대 코네티컷(Griswold v. Connecticut, 381 US 479) 사건의 아더 골드버그(Arthur Goldberg) 대법관의 동조의견을 따랐다.[6] 그리즈월드 사건이 결정된 1965년 당시에는 거의 모든 주법이 피임기구의 사용을 금지하지 않았지만, 낙태는 1970년대 초에 거의 모든 주법에 의해 널리 금지된 상태였다.

로 대 웨이드 사건은 미연방 대법원에 상고되었다. 해리 블랙먼(Harry Blackmun) 대법관은 텍사스주법의 모호함(vagueness)을 발견하였다고 강조한 잠정적 의견서를 1차 의견논의(first round of arguments)에서 작성하였다. 윌리엄 렌퀴스트(William Rehnquist)와 루이스 포웰(Lewis F. Powell, Jr.) 대법관은 1차 의견논의에 참석하지 않았다. 그래서, 연방대법원장 워렌 버거(Warren Burger)는 이 사건이 다시 논의되어야 한다고 제안하였다. 재논의는 1972년 10월 11일 개최되었다. 웨딩턴 변호사가 계속해서 로를 변호하였고, 텍사스주 법무장관보인 로버트 플라워즈(Robert C. Flowers)가 웨이드를 대신하였다. 윌리엄 다글라스(William Douglas) 대법관은 재논의에서 반대의견서를 작성하겠다고 위협하였지만, 동료 대법관들의 권고를 받아들여 반대는 재논의에서만 언급되었고 의견서

6) 그리즈월드 사건은 피임기구의 사용을 금지하는 코네티컷주법은 결혼생활의 프라이버시권을 침해하여 위헌이라고 판시하였고, 미국 헌법에서 처음으로 '프라이버시권'이란 개념을 연방 대법원에서 인정한 판례이다.

로는 제시되지 않았다.

(2) 판시사항

연방 대법원은 1973년 1월 22일 7 대 2의 결정으로 맥코비의 손을 들어 주었다. 연방 대법원은 낙태를 헌법상 기본권으로 간주하였고 이를 제한하려고 하는 모든 법률은 엄격심사기준(standard of strict scrutiny)의 대상이 된다고 하였다. 동 법원은 헌법수정 제9조를 따른 지방법원의 논지를 배척하고, 헌법수정 제14조의 적법절차조항에 있는 "프라이버시권"(right of privacy)은 여성이 임신을 중단할지 여부를 결정할 권리를 가진다고 최초로 선언하였다. 따라서, 동 법원의 다수는 헌법상 적법절차조항에서 결정의 논거를 찾게 되었다. 이에 따라, 모체(mother)의 생명을 보존하기 위해 필요한 경우를 제외하고는 낙태를 금지하고 있는 텍사스주의 낙태법을 위헌이라고 판시하였다.

동 법원은 헌법수정 제14조에 있는 "인(person)"이란 용어는 태어나지 않은 것(unborn)을 포함하지 않는다고 또한 판시하였다. 다만, 대법원은 프라이버시에 관한 헌법상 권리는 여성의 낙태 결정권에까지 확장된다고 인정하였지만, 이 권리는 낙태규제에 따른 주의 적법한 이익(태아의 생명보호와 모체의 건강)과 비교 형량되어야 한다고 판시하였다. 임신기간이 길어질수록 주의 이러한 이익이 점점 더 강해진다는 것을 지적하면서, 대법원은 임신을 3기로 구분하여 주의 낙태규제이익과의 이익형량 문제를 해결하였다.

임신 1기에는 낙태를 규제하는 주의 이익은 가장 약하다. 그래서 임신부의 낙태를 주 법은 어떠한 이유로도 제한할 수 없게 된다. 임신 2기에는 낙태로 인해 모체의 건강에 미칠 위험이 증가하게 된다. 그래서 주는 모체의 건강과 합리적으로 관련된 방법으로

만 낙태절차를 규제할 수 있게 된다. 임신 3기는 태아의 생존가능성의 증가와 이에 따라 태아의 생명을 보호할 주의 이익이 비례하여 커지게 된다. 그래서 주는 적합하다고 생각하는 것(모체의 생명 또는 건강을 보존하기 위해 적절한 의학적 판단에 따라 필요한 경우를 제외하고)에 따라 낙태를 제한하거나 금지할 것을 선택할 수 있게 된다.

(3) 사건의 영향

동 사건은 태아의 생존가능성(viability)의 시기 이전에는 어떠한 낙태도 주(states)로 하여금 금지하지 못하도록 함으로써 미국에서 낙태를 허용하게 한 최초의 미연방 대법원 결정으로 이후 낙태사건에 있어서 합법적 낙태의 판단기준이 된 임신 3분기 기준(임신 시작부터 12주까지, 12주부터 24주까지, 24주 이후)을 정립하였다. 이 결정은 1992년 캐이시 사건에서 다시 한 번 명확하게 재확인되고, 태아의 생존가능성 시기 이전에는 어떤 이유로든 낙태를 적법하게 할 수 있게 되었다. 더 나아가, 동 사건은 동반 사건인 도 대 볼턴 사건과 함께 임신 9개월 동안 어떠한 이유로든 합법적 낙태를 허용하는 결과를 초래한다.

즉, 낙태에 관한 주와 연방의 제한을 허용하지 않음으로써, 동 사건은 i) 낙태가 적법하게 허용되는지 여부 또는 허용된다면 어느 범위까지인지, ii) 누가 낙태의 적법성을 결정할 것인지, iii) 헌법상 결정에서 미연방 대법원이 어떤 수단을 사용해야 하는지, iv) 종교와 도덕적 견해는 정치영역에서 어떤 역할을 해야 하는지 등 오늘날까지 계속되는 전국적 논쟁을 촉발하였다. 또한 동 사건은 미국민을 낙태찬성(pro-choice)과 낙태반대(pro-life)라는 입장으로 양분시켰다.

3. 도 대 볼턴 사건[Doe v. Bolton, 410 U.S. 179 (1973)]

(1) 사실관계

조지아주 법률은 강간, 심각한 태아 기형, 또는 모체에 대한 심각하거나 치명적 손상의 가능성이 있는 경우에만 낙태를 허용한다. 그 밖에 동법은 낙태절차는 낙태 시행 병원의 3명의 의사들과 특별위원회의 서면 동의를 받도록 요구한다. 이에 더하여, 조지아주민이 아닌 사람들은 어떠한 경우에도 낙태를 받을 수 없고, 조지아주민만이 이 법에 따라 낙태를 받을 수 있었다. 가명으로 메리 도(Mary Doe)라고 한 임신부가 동법의 집행에 책임있는 조지아주 법무장관인 볼턴(Bolton)을 상대로 소송을 제기하였다.

메리 도는 소송제기 당시 임신 9주였던 3명의 자녀의 어머니로 22세인 샌드라 카노(Sandra Cano)로 확인되었다. 연방지방법원은 낙태 절차에 제한을 가하는 동법의 일부를 위헌이라고 선언하였지만, 의학적 승인과 거주 요건을 합헌이라고 하여 동법의 집행을 정지해 달라는 요청을 거절하였다. 이에 샌드라 카노는 연방 대법원에 상소하였다.

(2) 판시사항

로 대 웨이드 사건과 마찬가지인 7 대 2의 결정으로 대법원은 의학적 승인과 거주 요건을 포함하여 조지아주 낙태법을 무효화했다. 즉, 임신의 지속이 태아가 심각한 결함을 가지고 태어날 개연성이 있는 경우 또는 임신이 강간으로 인한 경우의 정신건강을 포함하여 여성의 생명 또는 건강을 위태롭게 하는 경우에만 낙태를 허용한 조지아주의 낙태법을 무효화시킨다. 낙태가 공인된 병원에서 행해져야 하고 2명의 의사가 낙태 필요성에 관한 의사의 판단을 수행하는 것을 확정해야 하는 요건을 또한 없앴다.

이 사건은 모체의 "건강"에 관한 개념 정의(=의학적 판단은 환자의 복지와 관련한 모든 요소들－신체, 감정, 심리, 가족, 그리고 여성의 나이－을 고려하여 행사되어야 한다. 이 모든 요소들은 건강과 관련될 수 있다)를 매우 광범위하게 허용함으로써 요구에 의한 낙태(abortion-on-demand)를 임신 기간 9개월 내내 가능하게 만들었다. 이 사건과 로 대 웨이드 사건은 낙태를 헌법상 권리로 선언하였고, 낙태를 반대하는 다른 주들의 모든 법률들을 묵시적으로 정지시켰다.

(3) 사건의 영향

이 사건은 모체의 건강에 관한 개념 정의를 매우 광범위하게 확장함으로써 모체의 건강상 이유로 임신 기간 언제든지 낙태를 합법적으로 할 수 있도록 허용하였다. 이에 따라 로 대 웨이드 사건에서 인정되었던 임신 3분기 기준에 따른 태아의 생존가능성 이후의 낙태 제한 가능성마저 무너뜨리게 되어 낙태의 전면적 허용을 촉진시킨다. 그 결과, 50개 주 모든 입법으로 하여금 위의 건강상 이유를 들어 태아의 생존가능성 이후에도 합법적으로 낙태를 허용하게 되었다.

4. 플랜드 패어런트후드 대 댄포스 사건[Planned Parenthood of Central Missouri v. Danforth, 428 U.S. 52 (1976)]

(1) 사실관계

미주리주 면허를 가진 2명의 의사가 미주리주 낙태법의 위헌성 여부를 다투는 소송을 연방지방법원에 제기하였다. 소송의 대상이 된 동법상 조항은 i) 태어나지 않은 아기의 생명이 모체의 자궁 밖에서 자연적으로 또는 인공적 생명유지장치에 의해 무한정 계속할 수 있을 때의 태아의 발달 단계를 생존가능성으로 정의하고 있는 제2조 제2항, ii) 임신 첫 12주 동안 낙태를 하기 전에 임신부가 서면으로 그 절차에 대해 동의를 하여야 하고 그 동의는 충분한 설명에 의한 것이고 강요에 의한 것이 아니라는 것을 요구하는 제3조 제2항, iii) 임신 첫 12주 동안 모체를 보존하기 위해 낙태가 필요하다고 면허를 가진 의사가 증명하지 않는 한, 낙태를 구하는 임신부의 배우자의 서면동의를 요구하는 제3조 제3항, iv) 임신 첫 12주 동안 18세 이하의 결혼하지 않은 미성년자의 낙태에 대해 한쪽 부모 또는 후견인의 서면동의를 요구하는 제3조 제4항, v) 태아의 생명과 건강을 보존하기 위해 전문적 돌봄(professional care)을 하도록 의사에게 요구하고, 그렇지 않을 경우 살인죄 및 손해배상책임을 지게 될 것이라는 제6조 제1항, vi) 임신 12주 이후 식염수양수천자(saline amniocentesis)라는 낙태절차를 모체의 건강에 위험하다고 해서 금지하는 제9조 등이다.

지방법원은 위 다른 요건들은 모두 합헌이라고 하였지만, 위 v)는 생존가능성 이전의 임신 단계를 배제하는 데 실패하였기 때문에 너무 광범위하여 위헌이라고 판시하였다. 이에 원고는 합헌성 결정을 받은 조항들에 대해, 피고는 위헌성 결정을 받은 조항에 대해 각각 연방대법원에 상소하게 된다.

(2) 판시사항

연방대법원은 주법상 "생존가능성(viability)"의 개념정의,[7] 여

7) 태아의 생명이 자궁 밖에서 자연적 또는 인공적 생명유지장치에 의해 무한

성이 낙태를 하기 전에 동의서에 서명하여야 하는 요건, 그리고 병원이 의료기록을 보관하도록 하는 조항을 합헌이라고 판시하였다. 그러나, 대법원은 i) 낙태를 하기 위해서는 배우자의 동의(spousal consent)를 요구하는 조항, ii) 결혼하지 않은 미성년자의 낙태를 위해서는 부모의 동의를 요구하는 조항, iii) 식염수 양수천자(saline amniocentesis)라는 낙태를 모체의 건강에 해로운 것이기 때문에 임신 12주 이후에는 금지하는 조항, 그리고 iv) 만일 그렇지 않을 경우 살인죄로 기소될 것이라고 위협하면서, 의사로 하여금 태아의 생명과 건강을 보존하기 위해 전문가적 돌봄을 행사하도록 요구하는 조항을 위헌으로 판시하였다.

(3) 사건의 영향

이 사건에서 가장 중요한 것은 동의(consent)와 관련한 결정이다. 연방 대법원의 부모 동의에 관한 입장은 나중에 다소 바뀌었다. 벨로티 대 베어드[Bellotti v. Baird(1979)] 사건에서 연방 대법원은 양쪽 부모 또는 법원의 동의를 요구하는 주법을 위헌이라 판시하였다. 왜냐하면 그것은 그녀의 최상의 이익과는 상관없이 선택할 수 있는 또는 충분한 설명에 의한 결정을 내릴 수 있는 미성년자의 능력을 빼앗기 때문이다. 그러나 에이취엘 대 마테손[H.L. v. Matheson (1981)] 사건과 호지손 대 미네소타[Hodgson v. Minnesota (1990)] 사건에서, 연방 대법원은 의사로 하여금 낙태를 하기 전에 미성년자의 부모에게 고지할 것을 요구하는 법률을 합헌으로 지지했다. 그 이유는 이 법률은 동의가 아니라 단지 고지(notification)만을 요구할 뿐이기 때문에, 그리고 미성년자의 최상의 이익에 해당

정으로 지속될 수 있는 태아의 발달 단계를 생존가능성이라 한다.

하기 때문이다. 그 후 캐이시 사건에서, 연방 대법원은 낙태를 받기 전에 적어도 한쪽 부모 또는 법원으로부터 충분한 설명에 의한 동의(informed consent)를 받을 것을 요구함으로써 낙태를 하려는 미성년자에게 엄격한 제한을 부과하였다.

5. 마워 대 로 사건[Maher v. Roe, 432 U.S. 464 (1977)]

(1) 사실관계

코네티컷주 복지부장관은 "의학적으로 필요한" 사람들에게만 임신 제1기 낙태를 위한 주의 의료보호 혜택을 제공하는 법규명령(regulation)을 제정하였다. 이 법규명령은 출산비용에 대해서는 주는 차별없이 의료보호 혜택을 제공하도록 규정하고 있었지만, 의학적 필요성에 관한 의사의 증명서 발급에 대한 의료보호 혜택에 대해서는 아무런 언급이 없었다. 의학적 필요성에 관한 의사의 증명서를 획득할 수 없었던 가난한 2명의 여성은 이 법규명령의 위헌성을 다투었고, 사회보장청장인 마워(Maher)를 상대로 헌법수정 제14조상 평등조항을 위반하였다고 소를 제기하였다.

이에 연방지방법원은 연방 헌법수정 제14조의 평등조항은 임신과 출산(childbirth)에 대한 의료비용을 일반적으로 보조해 주는 주의 복지 프로그램으로부터 비치료적 낙태를 배제하지 못하도록 금지하고 있다고 판시하였다. 동 법원은 낙태와 출산은 임신을 다루기 위한 두 가지 대안적인 의료 방법일 뿐이라는 생각을 로 대 웨이드 사건과 도 대 볼턴 사건에서 묵시적으로 인정하였다고 하여, 로의 손을 들어 주었다. 이에 마워는 대법원에 상소하였다.

(2) 판시사항

의료보호 자금을 출산을 위해 지급하는 주는 낙태에도 차별없이 자금을 지급하여야 한다는 주장에 기초하여 헌법상 적법절차와 평등조항 위반을 이유로 소송이 제기되었는바, 6대 3의 결정으로 연방 대법원은 이 법규명령이 여성이 낙태를 하는 데 아무런 장애도 제공하지 않는다고 판시하였다. 즉, 헌법수정 제14조상 평등보호조항과 관련하여, 금전상 필요만으로는 평등조항에 따라 엄격한 사법심사 기준을 요구하는 "의심집단"(suspect classification)[8]으로 인정되지 않는다고 판시하면서, 연방 대법원은 이 법규명령은 잠재적 생명을 보호하는 데 있어서의 주의 이익에 "합리적으로 관련되고(rationally related)" 헌법수정 제14조에 따른 심사를 통과하였다고 인정하였다. 따라서 의학적으로 필요한 경우를 제외하고, 공적 자금을 낙태를 위해 사용하는 것을 금지하는 위 코네티컷주법은 합헌이라고 판시하였다. 그리고 로 대 웨이드 사건에서 인정된 기본권(=프라이버시권)을 위 법규명령이 침해하지도 않는다고 판시하였다.

(3) 사건의 영향

모든 여성은 낙태를 하거나 출산을 하거나 선택하는 데 있어

---

8) 미연방 헌법수정 제14조상의 평등보호조항과 관련하여 나이, 재산정도, 정신질환, 성적 취향 등에 따라 일정 집단은 비의심 집단(non-suspect classification) 내지는 비기본권 집단(non-fundamental rights classification)이라 하여 사법심사를 할 경우 단순한 합리성(mere rationality) 기준을 사용하고, 인종 및 국적 등에 따른 차별의 경우에는 이를 의심집단(suspect classification)이라 하여 사법심사를 할 경우 엄격심사(strict scrutiny) 기준을 사용한다.

서 평등권을 가진다는 점과 주는 낙태보다는 출산을 장려하기 위해 주 및 연방의 자금을 사용하는 데 좀 더 많은 자유를 가진다는 점을 연방 대법원이 이 사건에서 인정한다. 이 사건은 이후 의학적 필요에 의해 낙태(=치료적 낙태)를 한 경우에만 연방의 자금지원이 가능하다고 한 해리스 사건[Harris v. McRae, 448 U.S. 297 (1980)]에 영향을 미쳤다.

6. 벨로티 대 베어드 사건[Bellotti v. Baird, 443 U.S. 622 (1979)]

(1) 사실관계

1974년 8월 2일 주지사의 거부권 행사에도 불구하고, 메사추세츠주 의회는 성숙하든 그렇지 않든 모든 미성년자로 하여금 낙태를 하기 전에 부모 동의를 얻도록 요구하는 낙태법을 제정하였다. 그러나 만약 한쪽 부모나 양쪽 부모가 거절한다면 정당한 이유를 제시한 미성년자로 하여금 부모에게 알린 후 지방법원 판사가 낙태절차를 허용할 수 있도록 규정한다. 낙태 시술 의사, 부모와 함께 살고 있지만 부모에게 낙태 사실을 알리지 않고 낙태를 원하는 미성년자 미혼모인 익명의 메리 모(Mary Moe) 등은 동법이 낙태를 할 수 있는 미성년자의 권리를 제한하여 위헌이라고 소송을 제기하였다.

(2) 판시사항

미성년자의 낙태에 대해 부모의 동의를 요구하는 주는 i) 미성년자가 자신의 낙태 결정을 할 정도로 성숙하고 충분히 정보를 제공받은 경우, 또는 ii) 성숙하지 않다면, 그럼에도 불구하고 낙태가 그녀의 최상의 이익이 될 것이라는 것을 미성년자 스스로 증명할 경우에는, 미성년자에게 낙태허용을 위한 대안적 기회(=법원의 승인, judicial bypass)를 제공하여야 한다고 연방 대법원은 판시했다. 이에 따라, 연방 대법원은 다음과 같은 두 가지 이유로 동법을 위헌이라고 한다: 첫째, 동법은 낙태를 위해 사법적 권한으로 하여금 독립적으로 결정을 할 만큼 충분히 성숙하고 능력 있는 미성년자로부터 낙태권리를 박탈한다. 둘째, 낙태를 결정하기 위한 미성년자 능력심사를 미성년자를 대상으로 하는 것이 아니라 모든 경우 부모에게 고지하여 확인토록 하는 사법적 평가를 제도화했다.

(3) 사건의 영향

이 사건은 미성년자의 낙태에 관한 부모의 동의에 기준을 정하였다는 점에서 그 의의를 찾을 수 있다. 즉, 낙태를 구하는 미성년자의 성숙도와 최상의 이익(best interest)을 부모의 동의가 필요한지 여부를 판정하는 기준으로 삼았다. 스스로 낙태 결정을 할 정도로 성숙한 미성년자인 경우에는 법원의 승인을 받아, 그렇지 않은 미성년자라 하더라도 낙태가 그녀의 최상의 이익이 될 것이라는 것을 스스로 입증할 경우에는 법원의 승인을 받아 부모에게 알리지 않고서 낙태를 할 수 있도록 허용한 것이다. 이 경우, 법원의 승인은 미성년자에게 부모 동의없이 낙태결정을 하기에 충분히 성숙하다는 것을 보여줄 기회를 제공하여야 하거나, 그녀가 성숙성을 증명할 수 없는 경우에는 낙태가 그녀의 최상의 이익이라는 것을 보여줄 기회를 제공해야 한다. 그리고, 법원의 승인은 미성년자의 프라이버시를 보호하여야 한다.

Ⅲ. 1980년대 판례법

1. 해리스 대 맥래 사건[Harris v. McRae, 448 U.S. 297 (1980)]

(1) 사실관계

1965년 연방 의회는 사회보장법 Title XIX를 통하여 빈곤층에 대해 치료비를 보전해 주는 주들(states)에게 연방의 보조금을 지원하는 의료보호 프로그램을 만든다. 그런데 1976년 9월 연방 의회는 의료보호 프로그램하에서 낙태 비용을 보전하는 데 연방자금의 이용을 극도로 제한한 다양한 버전의 "Hyde Amendment"를 통과시켰다. 다만, 출산 때까지 임신을 지속할 경우 모체의 생명이 위태롭게 되는 경우에만 행해진 낙태(=의학적으로 필요한 낙태)에 대해서는 예외적으로 연방자금을 지원하였다.

처음 Hyde Amendment가 연방 의회를 통과한 후 1976년에 이의 효력을 정지해 달라고 낙태를 원하는 임신 제1기에 있는 의료보호 수혜자인 코라 맥래(Cora McRae)가 연방지방법원에 보건복지부장관 패트리샤 해리스(Patricia R. Harris)를 상대로 소송을 제기하였다. 지방법원은 1980년 1월 15일 헌법수정 제5조의 적법절차조항과 헌법수정 제1조의 종교의 자유, 종교설립조항을 위반하였다고 하면서 Hyde Amendment의 효력정지를 허용하였다.

(2) 판시사항

5 대 4의 결정으로 연방 대법원은 Hyde Amendment를 지지하였다. 의료보호 프로그램에 참여하는 주들은 Title XIX에 근거하여 의학적으로 필요한 낙태에 비용을 지불할 의무는 없다고 연방

대법원은 결정한다. 즉, 여성의 선택의 자유는 "완전한 범위의 보호받는 선택을 이용하기 위한 재정지원을 받을 헌법상 자격"을 받을 자유에 반하지 않는다고 제시했다. 그리고, 평등조항은 실질적 권리의 원천이 아니며, 가난은 "의심집단"으로 볼 수 없기 때문에, Hyde Amendment는 헌법수정 제5조를 위반하지 않았다고 판시하였다. 또한 문제되는 행동에 대한 자금지원 제한법률과 로마 가톨릭 교회의 교리 간 우연한 일치가 있다고 해도 이는 새로운 종교의 설립(establishment of religion)으로 볼 수 없다고 대법원은 판시하였다.

(3) 사건의 영향

이 사건의 결정은 의학적으로 필요한 낙태에 대한 연방의 자금지원은 가능하지만, 그 밖의 경우의 낙태는 연방이 자금지원을 할 수 없다는 것을 의미한다. 즉, 연방 정부가 나서서 모든 낙태에 대해 자금 지원을 하여 낙태를 조장할 의도는 없다는 것이다. 연방대법원은 낙태와 '그 밖의 의료절차'를 구분하도록 정부에게 요구하였다. 어떠한 '그밖의 의료절차'도 잠재적 생명을 의도적으로 제거하는 것을 포함하지는 않기 때문에 모든 낙태에 대해 연방의 자금지원은 허용할 수 없다는 것이다.

2. 아크론시 대 아크론 재생산 건강센터 사건[City of Akron v. Akron Center for Reproductive Health, 462 U.S. 416 (1983)]

(1) 사실관계

1978년 오하이오주 아크론시 의회는 낙태시행을 규제하는 17개 조항으로 된 조례를 제정한다. 무엇보다도, 이 조례는 i) 임신 제1기 이후에 실행되는 모든 낙태는 응급시설을 갖춘 종합병원에서 시행되어야 하고, ii) 결혼하지 않은 미성년자에 대한 낙태 시술을 하기 전에는 부모의 동의가 있어야 하고[법원의 승인(judicial bypass)[9]은 허용되지 않음], iii) 의사들은 부모들과 상담을 한 후 24시간 대기 기간을 제공해야 하고, iv) 의사들은 부모에게 낙태의 의학적 위험성, 태아의 발달 정도, 낙태 이외의 대안에 대해 정보를 제공해야 하고, v) 태아의 잔존물은 인간적이고 위생적 방법으로 처리되어야 한다고 규정한다. 이 조항들은 연방지방법원에 의해 무효화되었다.

(2) 판시사항

연방 대법원은 아크론시 조례 조항들을 무효화시킴으로써 여성의 재생산권(reproductive rights)을 보호하려는 입장을 확인했다. 포웰 대법관은 이 조례의 특정 조항들이 여성으로 하여금 낙태라는 옵션을 선택하지 못하게 유도하도록 명백히 의도되었기 때문에 연방 헌법을 위반하였다고 논거를 제시하고 특히 연방 대법원은 "임신 순간부터 태아는 생명을 가진 인간이다"는 내용을 포함하는 상담 후 24시간 대기기간 제공 조항과 그 용어가 너무 모호해서 형사상 기소대상 행동을 결정할 수 없다는 이유로 태아의 잔존물을 처리해야 한다는 조항을 폐기했다.

(3) 사건의 영향

이 사건은 플랜드 패어런트후드 대 애쉬크로포트[Planned

9) 부모가 동의를 거절하는 경우 부모 동의를 면제해 달라고 판사에게 요청하는 것.

Parenthood Association of Kansas City, Mo. v. Ashcroft, 462 U.S. 476 (1983)] 사건에 영향을 미친다. 연방 대법원은 모든 임신 제2기 낙태는 응급시설을 갖춘 종합병원에서 시행되어야 한다는 미주리주 법률을 위헌으로 판결했다.

3. 웹스터 대 재생산 건강서비스 사건[Webster v. Reproductive Health Services, 492 U.S. 490 (1989)]

(1) 사실관계

1986년 미주리주는 낙태에 관한 많은 제한을 규정한 법률을 제정하였다. 즉, 서문에서 인간의 생명은 임신으로부터 시작하고 태어나지 않은 아기는 생명, 건강, 복지에서 보호받을 만한 이익을 가진다고 서술한 법률을 제정한다. 또한, 동법률은 i) 모든 미주리주 법은, 연방헌법과 연방법원의 결정에 의해 부과된 제한에 따르면서, 태어나지 않은 아기에게 다른 사람들이 향유하는 것과 똑같은 권리를 제공하도록 해석되어야 한다, ii) 정부에 고용된 의사들로 하여금 생존할 수 있다고 믿은 태아를 낙태하지 못하도록, iii) 모체의 생명이 위태로운 경우를 제외하고는 주 공무원 또는 시설로 하여금 낙태를 실행하거나 돕지 못하도록, iv) 모체의 생명이 위태로운 경우를 제외하고는 공적 자금, 공무원, 또는 시설로 하여금 여성이 낙태를 하도록 권고하거나 조언을 할 수 없도록 요구하였다.

주에 고용된 의료전문가들과 낙태 서비스를 제공하는 민간 비영리 단체들은 미주리주 연방지방법원에 낙태실행을 규제하는 동법의 위헌성을 다투면서 선언적·금지적 구제를 구하는 소송을 제기하였다. 지방법원은 위 조항들을 파기하고 집행을 금지시켰다. 위 조항들은 로 대 웨이드 사건과 그 이후의 연방 대법원 선례에 위반된다고 하면서 제8 순회항소법원은 위 지방법원의 결정을 확정한다. 이에 미주리주 법무장관인 윌리엄 웹스터(William L. Webster)는 이 결정에 대해 연방 대법원에 상소한다. 이 상소는 1989년 4월 26일 연방 대법원에서 논의되었다.

(2) 판시사항

연방 대법원은 많은 논의를 거쳐 5 대 4의 결정으로 하급법원의 결정을 다음과 같은 이유로 번복했다. 즉, 미주리주법의 어떠한 조항들도 위헌이 아니라고 판시하였다. 첫째, 법률의 서문은 낙태를 제한하기 위한 목적을 위해 어떠한 구체적 방법으로 적용되지 않았기 때문에 헌법상 문제를 야기하지 않았다는 판결을 한다.

둘째, 적법절차조항은 주들로 하여금 낙태사업을 하도록 요구하지 않았고, 헌법상 권리를 추구하는 데 있어서 정부의 원조를 위한 적극적 권리도 창설하지 않았다고 판시하였다. 즉, 어떠한 적극적 권리도 비치료적인 낙태를 위한 주의 원조를 이용하는 데 존재하지 않기 때문에 공무원, 시설, 자금의 사용을 금지하는 것은 대법원의 낙태 허용 결정에 위반되지 않는다. 주는 낙태가 아니라 출산에 자원을 할당할 수 있는 것이다.

셋째, 잠재적 생명을 보호하는 데 존재하는 주의 이익은 생존가능성 시점 이전에 존재하여야 한다고 주장하면서 생존가능성 검사요건 조항을 합헌이라고 해석했다. 즉, 임신 20주 이후 생존가능성을 위한 검사를 요구하는 조항은 합헌인 것이다. 다만, 임신 제2기에서 낙태를 하지 못하도록 제한하는 조항은 위헌이라고 판시하였다.

태아의 생존가능성 조항을 논의함에 있어서, 낙태권은 연방 헌법수정 제14조의 적법절차조항에 의해 보호된 자유권이므로 태아의 생명과 같은 합리적인 주의 이익을 증진하는 어떠한 법에 의해서도 제한되는 것이라고 다수의 대법관들은 주장했다. 이것은 법원으로 하여금 로 대 웨이드 사건과 선례들을 변경하여 낙태의 허용성을 좁게 해석하도록 요구하는 것이다.

(3) 사건의 영향

웹스터 사건은 1989년 7월 3일 결정된 연방 대법원 사건이다. 이 사건은 주의 자금, 시설과 공무원을 낙태를 실행하고, 돕고, 조언하는 데 사용하지 못하도록 제한을 둔 미주리주법을 합헌이라고 판시한 것이다. 연방 대법원은 이 사건에서 로 대 웨이드 결정에 따라 금지된 것으로 이전에는 생각되었던 영역에서 각 주들이 낙태를 금지하는 입법을 할 수 있도록 허용한다. 즉, 이 사건은 로 대 웨이드 사건의 결정의 영향력을 좁게 해석하려고 한 사건이고, 태아의 생존가능성을 24주부터라고 인정한 로 대 웨이드 사건과는 달리 20주부터라고 보았다.

Ⅳ. 1990년대 판례법

1. 플랜드 패어런트후드 대 캐이시 사건[Planned Parenthood of Southeastern Pennsylvania v. Casey, 505 U.S. 833 (1992)]

(1) 사실관계

펜실베이니아주 의회는 1988년과 1989년 낙태통제법을 개정하였다. 새로운 개정 조항들 가운데 i) 낙태 시술을 시작하기 전에 의사로 하여금 여성에게 건강상 위험과 가능한 낙태의 후유증 등을 충분하게 설명한 후 동의를 얻도록 할 것(informed consent), ii) 성인 여성의 경우 낙태시술 전 24시간 대기기간을 제공할 것, iii) 낙태를 구하는 미성년자는 한쪽 부모의 동의를 얻을 것, iv) 낙태를 구하는 결혼한 여성은 남편에게 낙태의사를 고지할 것, v) 낙태 서비스를 제공하는 시설에 대해 보고 요건을 부과할 것 등이 로 대 웨이드 사건에 의하면 위헌이라고 몇몇 낙태시술 의료기관들과 의사들에 의해 주장되었다. 연방지방법원은 위 5개 조항들이 모두 표면상 위헌이라고 판시하여 그 집행을 중단하라고 결정한다. 연방항소법원은 남편에 대한 고지요건만을 제외하고는 나머지 모든 조항들에 대해서는 판결에서 합헌이라고 하였다.

(2) 판시사항

5 대 4의 결정으로 연방 대법원은 로 대 웨이드 사건의 구속력을 다시 한번 확인하였지만, 펜실베이니아주법의 대부분 조항들을 합헌이라 하였다. 이 사건에서 연방 대법관들은 최초로 낙태를 제한하는 법률의 타당성을 결정하기 위해 새로운 기준을 부과한다. 새로운 기준은 주의 낙태 규제가 "생존가능성 이전 상태의 태아를 낙태하려는 여성에 대해 실질적 장해(substantial obstacle)"로 정의되는 "부당한 부담(undue burden)"을 부과하기 위한 목적 또는 효과를 가지고 있는지 여부를 묻는 것이다. 이 기준에 따라, 부당한 부담 테스트를 통과하지 못한 유일한 조항은 남편에게 낙태를 사전 고지하도록 요건을 규정한 조항이었다.

(3) 사건의 영향

낙태의 허용 조건을 강화한 법률을 펜실베이니아 주가 제정하였는바, 그 가운데 남편에 대한 사전 고지의무를 규정한 조항 이외에 충분한 설명에 의한 임신부의 동의 획득 요건과 낙태시술 전 24시간 대기 요건을 규정한 조항은 합헌 결정을 받았다.[10] 특히 아크론시(City of Akron) 사건에서 위헌으로 결정된 낙태시술 전 24시간 대기 조건이 이 사건에서 합헌으로 판시되었다. 또한 이 사건에서 낙태를 구하는 임신부에게는 관련 정보[11]를 의사가 직접 제공하여야 한다고 결정하였다.

이 사건은 로 대 웨이드 사건에서 낙태를 전면적으로 허용한 것과는 달리 낙태를 허용하기는 하지만 그 허용 범위를 제한하고자 노력한 사건이다. 즉, 이 사건에서 연방 대법원은 주의 낙태법에 대해 훨씬 더 많은 존중을 나타내어 연방헌법에 합치한다고 결정하고자 하였지만, 오히려 연방판사들 간에 주의 낙태법의 합헌성 여부를 결정하는 데 있어서 많은 혼란을 야기시킨 결과를 초래하였다. 그 결과 각 주는 이전에 연방 대법원에 의해 합헌으로 결정된 용어만을 사용하여 주의 낙태법을 제정하려고 노력하게 되었다.

---

10) 미성년자의 경우 낙태 시술 전 48시간 대기를 요건으로 하는 미네소타주 낙태법이 합헌이라고 연방 대법원은 호지슨 사건[Hodgson v. Minnesota, 497 U.S. 417 (1990)]에서 판시하였다. 왜냐하면, 동법에서 의학적 응급상황의 예외와 법원의 승인(judicial bypass) 조항을 규정하고 있다면 그 낙태 결정에 부모 또는 후견인의 참여를 보장하였기 때문이다.

11) 관련 정보에는 ① 낙태 시술 의사의 이름, ② 제시된 낙태 절차의 성격, 위험, 대안, ③ 낙태 시술이 행해질 당시 태아의 나이, ④ 출산 때까지 임신을 지속했을 때의 의학적 위험, ⑤ 낙태를 하지 않을 경우 보호기관의 이름과 주소, ⑥ 임산부 보호, 출산, 영아 보호를 포함하는 의학적 보조 편익의 가능성, ⑦ 생물학적 부(父)가 출생한 아기의 양육에 책임이 있다는 사실 등이 해당한다.

이 사건은 진보주의자인 윌리엄 브래넌(William Brennan)과 써굿 마샬(Thurgood Marshall) 대법관이 부시 대통령이 임명한 데이빗 수터(David Souter)와 클래런스 토마스(Clarence Thomas)－이들은 위 두 대법관에 비해 완전히 보수적임－에 의해 대체되었기 때문에 로 대 웨이드 사건을 번복할 기회를 제공한 첫 번째 사건이었다. 즉, 이 사건 당시 9명의 대법관 중 로 대 웨이드 사건에 반대한 8명의 공화당 임명 대법관들이 포진하였고, 블랙먼과 스티븐스 대법관만이 로 대 웨이드 사건을 지지하고 있었다. 이에 따라 몇몇 낙태찬성자들은 로 대 웨이드 사건이 번복될 것으로 예상하였지만, 예상외로 결과는 여전히 로 대 웨이드 사건을 지지하는 것으로 나타났다.

2. 램버트 대 위클런드 사건[Lambert v. Wicklund, 520 U.S. 292 (1997)]

(1) 사실관계

1995년 몬태나주는 「부모에 대한 낙태고지법」(Parental Notice Abortion Act)을 제정하였다. 동법은 의사가 미성년자의 한쪽 부모 또는 후견인에게 48시간 전에 미리 고지하지 않으면 해당 의사로 하여금 미성년자에 대한 낙태를 금지하였다. 그리고, 동법은 만약 한쪽 부모나 후견인에 대한 고지가 미성년자의 최상의 이익이 아닌 경우를 포함하여 특정 상황하에서는 고지의 면제나 법원의 승인(judicial bypass)에 따라 낙태를 허용할 것을 규정하고 있다. 이에 몇몇 의사들은 동법의 효력을 다투었다.

연방지방법원은 부모에 대한 고지요건의 면제는 낙태를 행하는 미성년자의 최상의 이익이 보장되지 않을 경우에만 허용되고,

미성년자의 최상의 이익이 보장되는 경우에는 부모에 대한 고지를 하여야만 한다고 해석하였다. 그런데 동법에서는 법원의 승인은 미성년자의 최상의 이익이 보장되지 않는 경우에 허용되므로, 이것은 미성년자의 최상의 이익을 보장하지 못하기 때문에 위헌이라고 하였다. 항소법원도 벨로티(Bellotti) 사건을 원용하면서 법원의 승인은 낙태를 하려는 미성년자의 권리를 충분히 보호하지 않았다는 점에서 헌법상 허용될 수 없다고 이해했다.

(2) 판시사항

연방 대법원은 동법상 법원의 승인(judicial bypass) 조항은 미성년자의 낙태권을 충분히 보호한다고 판시하였다. 그리고 연방대법원은 제9순회 항소법원의 결정은 대법원의 선례들에 정면으로 반한다고 결정한다. 예컨대 벨로티 사건에서 대법원은 부모 동의 없는 미성년자의 낙태 결정이 합헌이 되어야 하는 4가지 기준을 설명하였고, 대법원은 아크론시(City of Akron) 사건에서 쟁점이 되었던 오하이오주 법률이 벨로티 사건의 2번째 요건(=희망하는 낙태가 미성년자의 최상의 이익일 것이라는 것을 미성년자가 증명하도록 허용된다)을 충족하였다고 결정했다.

즉, 아크론시 사건에서의 오하이오주 법률은 이 사건의 쟁점이 된 법률과 전혀 구별할 수 없을 정도로 동일하다. 그래서 몬태나주 법률도 벨로티 사건의 2번째 요건을 충족한다. 아크론시 사건의 맥락, 오하이오주 법률상 용어, 그리고 아크론시 사건의 동조의견 모두 미성년자로 하여금 부모에 대한 고지가 자신의 최상의 이익이 아니라는 것을 증명하도록 요구하는 것이 고지없는 낙태가 그녀의 최상의 이익이라는 것을 그녀로 하여금 증명하도록 요구하는 것과 동일하다는 것을 명확히 했다.

3. 마주레크 대 암스트롱 사건[Mazurek v. Armstrong, 520 U.S. 968 (1997)]

(1) 사실관계

1995년 몬태나주 의회는 면허받은 의사들에게만 낙태시술을 국한시키는 법률을 제정하였다. 일단의 면허받은 의사 집단과 1명의 의사보조가 동법의 위헌성을 다투면서 동법의 효력정지 가처분 소송을 제기한다. 이에 연방지방법원은 낙태권과 관련하여 캐이시 사건의 “부당한 부담”을 동법이 부과하였다는 그들의 주장을 심사한 결과 자신들의 주장이 우세할 것이라는 개연성을 정립하지 못하였다고 인정하면서 연방지방법원은 효력정지 가처분 신청을 거절한다. 제9순회 항소법원은, 피항소인들이 자신들의 주장에 관한 본안에 대해 공정한 성공의 기회를 보여주었기 때문에 효력정지 가처분 신청을 위한 항소법원의 선결요건을 충족하였었다고 주장하면서, 지방법원의 결정을 무효화하였다. 동법의 효력은 연방대법원에서 결정되기까지 정지되었다.

(2) 판시사항

연방 대법원은 의사들이 본안에 관한 공정한 성공의 기회를 보여주었었다는 항소법원의 인정이 잘못된 것이었다고 판시하여 항소법원의 결정을 번복하였다. 연방 대법원은 캐이시 사건에서 의사만이 낙태시술을 할 수 있다는 요건은 낙태를 구하는 여성에게 실질적 장애(substantial obstacle)를 야기하지 않기 때문에 낙태권에 대한 부당한 부담이 아니라고 판시하였다. 이 명확한 결정을 지방법원이 인용하여 동법에서 실질적 장해를 발견할 수 없었다고 판시하였던 것이다. 이에 제9순회 항소법원은 이 결정을 다투지는 않고, 대신에 동법의 목적이 그 법률을 무효로 만든다고 주장하였다.

이러한 항소법원의 주장에 대해 연방 대법원은 자신의 선례에 반한다고 판단했다. 즉, 주 의회에게 입법 목적에 불법적 동기에 관한 어떠한 증거가 없는 경우에는 반복적으로 낙태시술은 면허받은 의사에게 국한하여 시술될 수 있다고 연방 대법원은 선례를 통해 밝히고 있다. 따라서 항소법원의 주장은 연방 대법원의 선례에 위반된다는 것이다. 연방 대법원은 i) 항소법원의 결정이 대법원의 선례들에 비추어 명백히 잘못되었기 때문에, ii) 몬태나주에서 동법의 집행정지라는 형태로 즉각적 효과를 발생하기 때문에, iii) 제9순회 항소법원의 관할하에 있는 의사만이 낙태시술을 할 수 있도록 규정한 법률을 가지고 있는 6개 다른 주에도 그 효과가 미칠 우려가 있기 때문에 즉각 항소법원의 결정을 번복하였다.

(3) 사건의 영향

의사가 아닌 자의 낙태 시술을 금지하는 법은 합헌이라고 연방 대법원이 로 대 웨이드, 도 대 볼턴, 아크론시, 캐이시 사건에서 확인하였다. 그러나 이러한 연방 대법원의 결정에도 불구하고 의사들이 낙태를 하지 않으려 하기 때문에 낙태 찬성론자들은 의사만이 낙태를 할 수 있는 법률의 폐지를 요구한다. 그들은 법령을 통하여 의사보조와 간호사 등도 낙태를 시술할 수 있도록 요구했다. 이에 연방 대법원의 다수는 이 사건을 통하여 의사만이 낙태시술을 할 수 있는 법률(physician-only laws)은 합헌이라고 거듭 확인하여 낙태시술 주체를 계속하여 제한하고 있다. 소수 견해로 스티븐스, 긴스버그, 브레어 대법관은 이에 반대하였다.

Ⅴ. 2000년대 판례법

1. 스텐버그 대 카하트 사건[Stenberg v. Carhart, 530 U.S. 914 (2000)]

(1) 사실관계

임신 말기 낙태 전문가인 네브래스카주 의사인 르로이 카하트(LeRoy Carhart)는 네브래스카주 법무장관인 돈 스텐버그(Don Stenberg)를 상대로 아크론시 사건과 캐이시 사건에서 언급된 부당한 부담 테스트에 기초하여 특정 유형의 낙태를 금지하는 주법이 위헌이라는 선언적 판단을 구하는 소송을 제기한다. 네브라스카주 법률은 모체의 생명을 구하기 위해 필요한 경우가 아니라면, 의사가 태아를 죽여 출산을 완성하기 전에 살아 있는 태아를 모체의 질로부터 부분적으로 출산하는 모든 낙태로 정의한 "부분출산낙태(partial birth abortion)"를 금지한다. 이 법을 위반하면 중범죄(felony)에 해당하고, 형이 확정된 의사의 의료행위 면허는 자동적으로 취소된다. 연방지방법원과 연방항소법원 모두 카하트의 손을 들어 주었고 연방대법원에 상소되었다.

(2) 판시사항

연방 대법원은 법률상 핵심 용어들이 위헌적으로 모호하여 부분출산 낙태뿐만 아니라 헌법상 보호되는 임신 제2기 낙태방법(D&E)[12]까지도 영향을 받을 수 있다고 결론지었다. 그리고 연방

---

12) D & E는 Dilation and Evacuation (또는 Dilation and Extraction)의 약자

대법원은 동법이 건강상 예외를 규정하고 있지 않기 때문에 무효라고 하였다. 스테판 브레어(Stephen Breyer) 대법관은 캐이시 사건을 인용하여 의견서를 대표로 작성하였고, 여성의 선택권(낙태권)에 부당한 부담을 부과하는 어떠한 낙태법이라도 위헌이라고 주장한다. 브레어는 낙태를 구하는 사람들로 하여금 기소와 평결에 따른 구금을 두려워하도록 하는 것은 부당한 부담이기 때문에, 이 법률은 헌법에 위반된다고 생각했다. 긴스버그 대법관도 주는 의사들로 하여금 자신들이 스스로 판단하여 가장 안전하다고 여기는 것 이외의 절차들을 사용하도록 강제할 수는 없으며, 이것은 "헌법에 의해 보호되는 생명과 자유의 일부이다"라고 진술했다. 렌퀴스트, 케네디, 스칼리아, 토마스 대법관은 다수 의견에 대해 강한 반대를 표명했다.

(3) **사건의 영향**

동 사건에서 연방 대법원은 로 대 웨이드 사건과 캐이시 사건의 결정을 재확인한 결과 5 대 4로 네브래스카주 법률을 위헌으로 파기하였다. 이에 따라 부분출산낙태를 금지하고 있던 다른 29개 주법도 효력을 상실한다. 오코너 대법관은 다수의견에서, 비록 도대 볼턴 사건에서 결정된 건강의 개념정의의 용어를 사용하지는 않았지만, 모체의 건강은 매우 광범위하게 인정되어야 하고 그 결과 태아의 생존가능성 전후와는 상관없이 모체의 건강을 이유로 낙태는 언제든지 허용되어야 한다고 주장하였다.

이 사건은 2003년 연방정부의 부분출산낙태금지법(Partial-Birth Abortion Ban Act) 제정에 영향을 미쳤다. 이 법은 오코너 대

로 자궁경관확장 및 내용흡인술로 번역됨.

법관이 언급하였듯이 반드시 포함하고 있어야 할 여성의 건강을 위한 경우 예외적으로 부분출산낙태가 허용되어야 한다는 규정을 포함하고 있지 않았다. 그러나 의회는 입법이유(findings)에서 부분출산낙태 절차는 모체의 건강을 보호하기 위해 결코 필요로 되지는 않는다고 하였다. 이후 비록 몇몇 연방 판사들이 스텐버그 사건을 인용하면서 이 연방법을 파기하였지만, 곤잘레스(Gonzales v. Carhart) 사건에서 연방 대법원에 의해 이 법률은 결국 합헌으로 판시되어 지지를 받았다.

2. 아요테 대 플랜드 패어런트후드 사건[Ayotte v. Planned Parenthood, 546 U.S. 320 (2006)]

(1) 사실관계

뉴햄프셔주에서는 「낙태시술 전 부모에 대한 고지법」(New Hampshire's Parental Notification Prior to Abortion Act)을 제정하여 낙태시술자들로 하여금 부모나 후견인에게 서면 고지한 후 48시간 동안 미성년자의 낙태를 하지 못하도록 규정하고 있다. 다만 임신부의 죽음을 방지하기 위해 낙태가 필요한 경우에는 부모에 대한 고지없이 낙태시술자로 하여금 낙태시술을 시행하도록 판사에의 청원을 허용하였다. 그러나 의학적 응급상황에서 부모에 대한 고지 없이 낙태시술자로 하여금 낙태를 시행하도록 명확히 규정하지는 않았다. 낙태시술자들은 동법이 모체의 건강상 예외를 규정하고 있지 않아 위헌이라고 주장하면서, 42 U.S.C.§ 1983 소송[13]을

13) Section 1983은 1971년 4월 20일 1871년 「시민의 권리에 관한 법」(Civil Rights Act of 1871)의 일부로 제정되었다. 동법은 연방법의 위반으로 인해 손해를 입은 자에 대해 민사구제(private remedy)를 제공할 의도를 가졌고

제기하였다. 연방지방법원은 동법을 위헌으로 선언하였고 그 집행을 중지하였다. 뉴햄프셔주 법무장관이 항고하였고, 제1순회 항소법원은 지방법원의 결정을 지지하여 연방 대법원에의 상소가 인정되었다.

(2) 판시사항

하급법원은 동법이 미성년자의 건강을 보존하기 위해 필요할 때 부모에게 고지하지 않고서 미성년자로 하여금 낙태를 하도록 허용하는 예외를 포함하고 있지 않다는 이유로 미성년자의 헌법상 권리를 위반하여 적용될 수 있기 때문에 동법의 전부를 무효화하였다. 이에 연방 대법원은 동법과 같이 부모에 대한 사전 고지를 통해 미성년 임신부의 낙태에의 접근을 규제하는 법률을 의학적 응급상황(=건강을 보존하기 위한 상황)에서 부모에 대한 사전 고지 없이 적용하는 것이 미성년의 낙태권을 보장하는 헌법에 위반된다면, 하급법원은 법률 전체가 아니라 해당 부분에 대해서만 훨씬 좁게 선언적이고 금지적 구제를 하여야 한다. 그렇지 않고 동법 전체를 영구적으로 집행되지 못하도록 판시하는 것은 항상 필요하거나 정당화되지도 않는다고 하여 하급법원의 결정을 전원합의로 번복하였다.

(3) 사건의 영향

연방 대법원은 법률의 위헌성 여부를 판단하기 위한 기준을 이 사건에서 제시하고 있다. 즉, 낙태를 제한하는 여러 요건들을 규정하고 있는 법률의 위헌성 여부를 판단하기 위해서는 개별 요

일종의 불법행위책임을 창출하는 것으로 해석되어 오고 있다.

건들을 각각 판단하여 각각의 위헌성 여부를 결정하여야 하는 것이지, 그 요건 가운데 일부가 위헌이라고 하여 해당 법률 전체를 무효화시켜서는 안 된다는 것이다. 이 사건에서 낙태를 제한하는 다른 요건들은 합헌인데, 미성년 임신부의 예외적 낙태 허용권을 제한하고 있는 조항만 위헌인 경우 이 조항만의 집행을 정지시켜야 되는 것이지 이를 이유로 해당 법률 전체를 무효화하여서는 안 된다고 판시하였다. 낙태를 제한하려는 연방 대법원의 입장이 나타난 사건이며, 다음의 곤잘레스 대 카하트 사건에서 부분출산낙태를 금지하는 법률의 합헌 결정에 영향을 미쳤다.

3. 곤잘레스 대 카하트 사건[Gonzales v. Carhart, 550 U.S. 124 (2007)]

(1) 사실관계

부분출산낙태금지법은 2003년 11월 5일 부시대통령의 서명을 받아 법률로 효력을 발생하였다. 동법은 대부분의 낙태가 이루어지는 임신 제1기에 사용되는 가장 보편적인 낙태 절차를 규제하지는 않는다. 동법은 임신 제2기에 사용되는 자궁경관확장 및 내용흡인술(D&E) 기법을 변용한 기법인 intact D&E[14]를 사용하지 말 것을 규정한다. 즉, 동법은 스텐버그 사건의 영향으로 제정되었는바, 동법은 i) 부분출산낙태는 의학적으로 결코 필요치 않으며 금지되어야 하는 잔인하고 비인간적 절차라는 도덕적 · 윤리적 합의가 있었고, ii) 스텐버그 사건에서 파기된 네브래스카주 법률과는 다른 용어를 사용하고 있다. 무엇보다도, 동법은 모체의 생명을 구

14) 부분출산낙태(partial birth abortion)와 동일한 의미로 사용됨.

하는 데 필요하지 않은 부분출산낙태를 알면서 실행하는 것을 금지하고 있다.

낙태시행 의사들과 낙태옹호단체들은 동법의 합헌성을 연방지방법원에서 다투었고, 동 법원은 태아가 생존할 수 있는 경우를 제외하고 모든 경우에 동법의 집행을 법무장관이 하지 못하도록 금지하는 정지명령을 내렸다. 즉, 동 법원은 i) 모체의 건강을 위해 필요한 경우 금지된 절차를 허용하는 스텐버그 사건에서 요구된 것과 같은 건강상 예외사항이 없고, ii) intact D&E뿐만 아니라 임신 제2기에서 인정되는 그 밖의 D&E도 금지하여 임신 제2기의 낙태를 선택하는 여성의 권리에 부당하게 부담을 주고, iii) 너무 모호하기 때문에 위헌으로 판시하였다.

연방정부는 이러한 연방지방법원의 결정에 대해 카하트 대 곤잘레스(Carhart v. Gonzales) 소송을 제8순회 항소법원에 항고하였다. 2005년 7월 8일 항소법원은 금지된 절차의 필요성에 관해 의료계에 합의가 존재하지 않는다고 하면서, 스텐버그 사건이 입법부로 하여금 건강상 예외를 허용하여 여성의 건강을 보호하는 방안을 잘못 적용하도록 요구하였다고 하여 연방지방법원의 결정을 지지하였다. 법무장관인 곤잘레스(Gonzales)는 2005년 9월 25일 연방 대법원에 항소법원의 결정을 심사해 달라고 청원했다. 그러는 동안, 제9순회 항소법원과 제2순회 항소법원은 이 법이 위헌이라고 결정한다. 연방 대법원은 2006년 2월 21일 심리하기로 결정하였다.

(2) 판시사항

5 대 4의 결정으로 연방 대법원은 2003년 부분출산낙태금지법을 합헌으로 판시하였다. 케네디(Kennedy) 대법관은 i) 동법의

intact D&E 금지는 모호하지 않고, ii) 동법의 용어에 관한 가장 합리적 해석은 전형적인 D&E를 포함할 정도로 그렇게 광범위하지 않다는 것이고, iii) 동법은 표면상 늦은 시기이지만 태아의 생존가능성 이전의 낙태를 구하는 여성에 대해 위헌적인 실질적 장해를 부과하지 않으며, iv) 동법은 적법한 의회의 목적을 추구하며, v) 건강상 예외사항을 두지 않은 것이 동법을 표면상 위헌이라고 간주하지는 않는다는 것을 이유로 연방하급법원들의 결정을 번복하였다.

(3) 사건의 영향

ABC 뉴스의 투표결과에 따르면 다수의 미국민들(69%)은 D&E 또는 부분출산낙태라 알려진 것의 적법성에 반대한다. 그러나 몇몇 의료집단은 부분출산낙태금지법을 지지하는 연방 대법원이 의회의 입법을 가지고 의학적 판단을 대체하는 것을 승인하였다고 우려를 표명하였다. 예컨대, 미국산부인과의사협회는 동법에 반대하는 의견을 제출하면서 연방 대법원의 결정을 부끄럽고 신중하지 못한 것, 의학적 합의를 무시한 것, 의료직업에 찬물을 끼얹는 것으로 기술하였다.

뉴잉글랜드 의학저널도 정치인들의 의학적 의사결정에의 간섭을 다음과 같이 비판하였다: 연방 대법원의 이 판결이 있기 전까지는, 연방 대법원은 환자의 이익을 보호하기 위해 의사에 의해 내려진 의학적 판단에 간섭하지 않는 것의 중요성을 인정하고 있었다. 처음으로, 연방 대법원은 의학적 판단을 대체하기 위해 의회의 판단을 허용하였다. 지오프리 스톤(Geoffrey R. Stone) 교수는 이 판결의 다수 가운데 5명의 대법관들이 카톨릭 신자라는 점을 감안하여 대법관들의 종교가 이 결정에서 중요한 역할을 하였다고 주장하고 있다.

이 사건에서 연방 대법원은 i) 스텐버그 사건을 파기하면서 주(state)의 입법에 훨씬 더 존중을 나타내는 캐이시 사건에서 정립된 가이드라인을 복원시켰고, ii) 다른 대안들이 본질상 존재하기 때문에 연방법은 건강상 예외사항을 요구하지 않으며, iii) 도 대 볼턴 사건의 무제한적인 건강상 예외를 "중대한 건강상 위험(significant heal risks)"에 중점을 두어 좁게 해석하였고, iv) 충분한 설명에 의한 동의(informed consent)에 관한 몇 가지 중요한 제안을 하였다.[15]

---

15) 연방 대법원은 이 사건에서 충분한 설명에 의한 임신부의 동의를 강조하였는바, 그 이유는 임신을 통하여 스스로 창조하고 유지하였던 어린 생명을 낙태를 통하여 없던 것으로 만드는 선택은 후회를 초래하고, 심각한 우울증과 존재감 상실이 나타날 수 있기 때문이라고 하였다. 그럼으로써 주들로 하여금 임신부를 훨씬 더 보호하고 낙태를 제한하는 충분한 설명에 의한 법(informed consent laws)을 공표하도록 하는 길을 닦게 되는 것이라고 하였다.

독일 낙태죄 규정에 대한 독일 연방헌법재판소 판결

배인구*

Ⅰ. 들어가는 글

헌법재판소는 2008. 7. 31. 선고한 2004헌바81 사건[1]에서 "인간의 생명은 고귀하고, 이 세상에서 무엇과도 바꿀 수 없는 존엄한 인간 존재의 근원이다. 이러한 생명에 대한 권리, 즉 생명권은 비록 헌법에 명문의 규정이 없다 하더라도 인간의 생존본능과 존재목적에 바탕을 둔 선험적이고 자연법적인 권리로서 헌법에 규정된 모든 기본권의 전제로서 기능하는 기본권 중의 기본권이다(헌재 1996. 11. 28. 95헌바1, 판례집 8-2, 537, 545[2] 참조). 모든 인간은 헌법상 생명권의 주체가 되며, 형성 중의 생명인 태아에게도 생명에 대

* 판사, 법학석사.

1) 헌법재판소판례집 20-2상 91 이하

2) 이는 사형제도의 위헌여부가 문제된 사건이었는데, 그 후 다시 2010. 2. 25. 선고한 사형제도에 관한 2008헌가23 사건에서도 이러한 판시를 유지하였다.

한 권리가 인정되어야 한다. 따라서 태아도 헌법상 생명권의 주체가 되며, 국가는 헌법 제10조에 따라 태아의 생명을 보호할 의무가 있다"고 하여 태아가 생명권의 주체임을 선언하였다.

우리 헌법은 생명권에 대하여 명문으로 규정하고 있지는 않지만, 헌법상의 권리로서의 생명권을 부정하는 학자는 없다. 다만 그 근거에 대해서는 견해의 차이가 있다. 헌법 제10조의 '인간의 존엄과 가치'에서 찾는 견해,[3] 헌법 제10조와 신체의 자유를 규정한 헌법 제12조 제1항에서 구하는 견해,[4] 헌법 제10조, 제12조 제1항, 헌법에 열거되지 아니한 권리까지 경시되어서는 안 된다는 제37조 제1항 등에서 근거를 찾는 견해,[5] 헌법 제37조 제1항을 근거로 보는 견해[6] 등이 있다. 어떠한 견해를 취하든 생명권은 '존엄한 인간존재의 근원'이며, '선험적이고 자연법적인 권리로서 헌법에 규정된 모든 기본권의 전제'라고 할 수밖에 없다. 대법원 역시 "생명은 한 번 잃으면 영원히 회복할 수 없고, 이 세상 무엇과도 바꿀 수 없는 절대적 존재이며, 한 사람의 생명은 고귀하고 전 지구보다 무겁고 또 귀중하고 엄숙한 것이며, 존엄한 인간존재의 근원"이라고 판시한 바 있다(대법원 1963. 2. 28, 62도241 판결; 1967. 9. 19, 67도988 판결).

그런데 우리의 법규범이 태아의 생명권을 충분히 보호하고 있는지 의문이다. 1990. 2.경 당시 26세의 민씨는 임신 8주째에 산부인과 전문의 이모로부터 낙태수술을 받았다. 그 후 이모 의사는 민

---

3) 김철수, 헌법학신론, 박영사(2010), 414.; 양건, 헌법강의, 법문사(2009), 292.; 홍성방, 헌법학(중), 박영사(2010), 20.

4) 성낙인, 헌법학, 법문사(2010), 443.

5) 권영성, 헌법학원론, 법문사(2010), 410.; 김백유, 헌법학, 한성대학교출판부(2009), 332.; 정종섭, 헌법학원론, 박영사(2010), 468.

6) 장영수, 헌법학, 홍문사(2010), 595.

씨의 남편으로부터 낙태혐의로 고소되었는데, 같은 해 12. 13. 서울지방검찰청의 담당 검사로부터 "의사 이모 씨의 행위는 형법상 낙태죄에는 해당되지만 우리 사회의 현실여건을 고려할 때 형사처벌을 받을 필요가 없다"는 이유로 기소유예처분을 받았다.[7] 이러한 기소유예처분의 이유는 "수태로부터 3개월 이내의 태아를 자유롭게(?) 낙태할 수 있는 형법 조항은 위헌이지만, 그렇다고 반드시 3개월 이내의 태아를 낙태한 행위가 형벌을 부과할 대상은 아니다"라고 한 독일 연방헌법재판소의 제2차 낙태판결을 연상시킨다.[8]

낙태의 자유를 놓고 지구촌의 여러 곳에서 논쟁과 시위가 일어났다. 그것이 사적 영역에 속하는가, 공적 영역까지 포함하는가라는 문제는 법원칙이나 생명윤리가 아닌 사회적 상황에 의해 결정될 가능성이 높다. 그 사회적 상황을 자기쪽에 유리하게 만들기 위해 논리를 만들고 행동을 앞세운다. 그리고 종국에는 순수한 법이론이나 논리에 의해서가 아니라 정치적 결단으로 그 위치가 결정된다.[9] 이하에서는 독일 연방헌법재판소의 두 차례에 걸친 낙태판결에 대해 살펴보면서 이러한 의미를 곱씹어 보고자 한다.

Ⅱ. 제1차 낙태판결(BVerfGE 39, 1ff)

1. 사건의 개요

서독 형법 제218조는 수태 후 13일이 지난 다음에 행하는 낙

7) 홍성방, "낙태와 헌법상의 기본가치", 서강법학연구 제3권, 25.

8) 2차 낙태판결에 대한 비판은 이 글 마지막에서 언급한다.

9) 차병직 · 윤재왕 · 윤지영, 안녕 헌법, 지안, 128.

태는 3년 이하의 자유형이나 벌금형에 처하도록 규정하고 있었다. 그런데 당시 다른 유럽 국가들은 수태 후 12주까지의 낙태를 자유롭게 허용하고 있던 관계로 위 형법 규정의 개정 논의가 발생하였다. 그 후 1974. 6. 18. 공포된 제5차 형법 개정 법률에 의하면, 위 낙태금지조항을 완화하여 형법 제218조 제1항에 따라 원칙적으로 수태 후 13일 이상 된 태아의 낙태는 처벌되지만 제218a조에 따라 임부 스스로의 결정에 의하여 의사에 의해 행해진 수태 후 12주 이내의 낙태는 그것이 제218c조에 정한 사회적인 부조의 가능성이 임부에게 주어졌고, 의사와의 상담이 있었다면 형사처벌되지 않고, 또한 모체의 건강을 위해서는 12주 후에도 낙태가 허용되며, 또 제218b조가 정한 태아의 결함을 이유로 수태 후 22주 이내에 낙태하는 경우에는 이를 벌하지 않도록 하였다.

개정 전의 법률에 의하면 임부의 낙태는 일반적으로 가벌적인 행위이었고, 다만 판례[10]에 의하여 이른바 의학적 적응사유의 경우에는 의무형량과 이익형량의 원칙에 따라 초법률적 긴급피난이라는 정당화사유가 인정되었다. 즉 다른 방법으로는 기대가능하지 않은 임부의 생명 또는 건강에 대한 절박한 위험이 있는 경우에는, 그 시술이 임부의 동의를 얻어 의학적 준칙에 따라 행해지는 한, 행위의 위법성이 없어지는 것이다. 그런데 법률이 정하는 적응사유가 존재하는 경우 낙태금지의 예외를 규정하는 내용으로 형법이 개정되고, 개정 법률을 사회정책적 조치를 통하여 지원하기 위하여 독일연방의회에서 처벌받지 않는 낙태와 관련된 의료상담청구권 및 의료지원청구권이 법률상 의료보험과 사회부조의 급부로서 규정된 형법개정법률 보충조치에 관한 법률이 의결되자, 개정형법

10) 1952. 1. 15. BGHSt 2, 111.

규정의 위헌여부를 둘러싸고 시위와 논쟁이 격렬하게 진행되었고 바덴-뷔르템베르크(Baden-Württemberg) 주정부는 연방헌법재판소에 개정된 형법규정의 추상적 규범통제를 전제로 한 법률효력정지 가처분신청을 하였다.[11]

1974. 6. 21. 연방헌법재판소는 제5차 형법개정법률 제218a조는 잠정적으로 효력을 발생하지 않으며, 다만 수태 후 최초 12주 이내의 의학적, 우생학적 또는 윤리학적 경우가 있는 낙태는 불가벌로 한다는 명령을 내렸다.

2. 연방헌법재판소 판결의 요지

1975. 2. 25. 연방헌법재판소는 수태 후 12주까지의 낙태에 대한 형사처벌을 배제하는 형법 제218a조는 위헌이고 무효라고 판시하였다. 그 요지는 다음과 같다.[12]

1) 모태로부터 잉태된 생명은 헌법의 보장 아래 독자적인 법익을 지닌다(독일 기본법 제2조 제2항 제2문, 제1조 제1항). 국가의 생명보호의무는 태아에 대한 국가의 직접적인 침해만을 단지 금지하는 것이 아니라, 국가가 태아를 보호하고 돕도록 하고 있다.

2) 국가의 생명보호의무는 모체의 태아에 대한 침해에 대해서도 적용되어야 한다.

3) 태아는 원칙적으로 임신의 모든 기간 동안 보호되며 이는 임부의 자기결정권보다 우선한다. 이는 임신초기라는 특정시기라

---

11) 김승환, "임신중절(낙태)의 기간에 의한 해결방식의 위헌성-1975년 2월 25일 독일연방헌법재판소 제1부 판결", 법학연구 제21집, 64 참조.

12) 김승환 (주 11), 74-75; 홍완식, "독일 연방헌법재판소의 낙태판결에 관한 고찰", 강원법학 제10권, 542 참조.

고 해서 문제될 수 없다.

4) 입법자는 원칙적으로 낙태행위의 법적 규제를, 형사처벌의 방법이 아닌 다른 형태로 입법할 수 있다. 중요한 것은 태아의 생명을 보호하기 위한 여러 조치들이, 전체적으로 볼 때 실질적으로 태아의 생명보호에 기여하는가에 있는 것이다. 극단적인 경우, 헌법에 규정된 보호가 다른 방법으로 이루어지지 못할 때에는 입법자는 발육중인 생명의 보호를 위하여 형사처벌의 수단을 강구할 의무가 있다.

5) 다만, 임신으로 인해 임부의 생명이나 건강이 결정적으로 위협당할 경우, 이를 피하기 위해 낙태가 불가피한 것으로 생각될 수 있다. 또한 임부의 건강과 생명에의 위협과 견줄 만한 사유로 인하여, 임부에게 임신을 계속하도록 부담지우는 것이 기대될 수 없다고 판단되는 경우에도 입법자는 낙태를 처벌하지 않도록 할 수 있다.

6) 따라서 위 개정 법률조항은 태아의 생명을 보호해야 할 국가의 헌법적 의무에 적합하지 않다.

3. 판결의 이유 정리

1) 태아의 모체 내 성장은 매 과정을 정확하게 구분하기 어렵고, 분만에 의해 인간의 성장이 끝난 것이라고도 볼 수 없다. 태아에 대한 헌법상의 보호는 어느 특정한 기간만을 특정한 대상으로 할 수 없는 것이고, 전체 임신기간을 망라하여야 한다. 생명권의 보호는 원칙적으로 '수태'(Konzeption)시부터 시작되나 늦어도 '착상'(Nidation)에 의해서 완전한 형태로 나타난다고 보아야 한다. 인간적 존재에 '완전한 생명'의 前단계, 즉 아직 태어나지 않은 생명

이 포함되지 않는다면, 국가의 침해에 대해여 인간적 존재를 보장하는 것은 불완전한 것이 될 수 있을 것이다. 그리고 의심스러운 경우에는 기본권규범의 법적 효력을 가장 강화시킬 수 있는 해석 방법을 선택하여야 한다. 따라서 형성 중에 있는 생명도 헌법적 보호하에 있다.

2) 태아의 생명을 보호하고 임부에게는 낙태의 자유를 부여하는 조정(Ausgleich)은 불가능하다. 필요한 형량을 할 때에는 "헌법적 가치체계의 중심점으로서의 인간존엄에 대한 관계에서 두 개의 헌법적 가치를 보아야 한다." 그 때문에 기본법적으로 보호되는 경합하는 지위들의 가장 관대한 조정의 원칙에 따르면 태아의 생명 보호에 우위가 주어져야 한다. 따라서 우선 태아의 보호를 위한 사회정책적 · 복지적 수단을 강구하는 것은 국가의 의무다. 여기에서 중요한 것은 임신부의 준비를 강화하고, 임신을 자기책임적으로 감수하며, 태아를 출산하도록 하는 것이다. 모의 보호의지가 사라진 곳에서 그 의지를 다시금 일깨우고 필요한 경우에는 그것을 강화시키는 것이 생명의 보호를 위한 국가적 노력의 가장 절실한 목적일 것이다.

3) 그러나 한편 태아의 생명권은 임부에게 본질적으로 보통 임신과 결부되는 정도를 넘어서는 부담을 줄 수 있다. 여기에서 기대가능성의 문제, 즉 국가가 그러한 경우에도 형법을 수단으로 임신의 지속을 강제할 수 있는지의 문제가 발생한다. 형법 개정법률 218b조에서 정한 임부의 생명에 대한 위험 또는 그 건강상태에 대한 중대한 침해의 위험을 방지하기 위하여 낙태가 필요하다는 것이 증명되는 경우, 임신의 지속은 기대가능하지 않다. 이것과 유사하게 중대한, 임부에 대한 다른 비상한 부담의 경우－우생학적, 윤리적(범죄학적), 사회적 또는 긴급피난적 적응사유의 사례들－에

도 낙태를 불가벌로 할 것인지는 입법자의 자유다. 중요한 것은 이 모든 경우에 임부보다 태아의 권리에 우위를 부여해야 한다고 요구할 수 없을 정도로 절실하게 주장되는 것이다.

4) 형법 제218조는 낙태의 모든 사례에 대하여 무차별적으로 형벌을 과했기 때문에 결과적으로 태아를 불충분하게 보호했다. 형법적 제재가 부적절한 사례가 있다는 인식은 결국 실제로 처벌받을 만한 사례들도 필요한 정도로 엄격하게 소추되지 않는 것으로 이어졌기 때문이다. 개정 법률의 기초가 되는 관념은, 태아는 형벌의 위하를 통해서보다는 임부에 대한 개인적 상담을 통해 더 잘 보호된다는 것이다.

그러나 헌법에 의해 요구되는 낙태에 대한 법적 비난은 하위 법률에서도 명백히 드러나야 한다. 그런데 이러한 反價値判斷이 최초 12주의 낙태에 관한 형법개정법률에서는 표현되지 않았다. 제218a조는 가벌성의 일반적 폐지를 통하여 법적 반가치판단을 완전하게 파기하고, 거기에 열거되어 있는 요건하에 낙태를 법적으로 허용하고 있다는 외관을 형성한다. 또 상담제도가 태아의 생명을 임신부의 완전히 자유로운 처분권에 맡김으로써 가벌성의 완전한 폐지를 통하여 적지 않게 태아의 보호가 완전히 제거되는 보호의 흠결을 드러낸다.

5) 개정법률의 내용이 서구 다른 민주주의 국가들의 낙태에 관한 형법규정과 유사하거나 훨씬 더 광범위한 방법으로 "자유주의화" 또는 "현대화"되었다는 지적이 있다. 그러나 낙태규정의 개정을 둘러싼 논쟁은 한편으로는 예방적 피임에 관한 설명과 효과적인 사회적 후원조치를 통하여, 다른 한편으로는 사회적 의견들의 일반적 변화를 통하여 태아의 살해를 억제하는 것이 국가의 가장 절실한 임무라는 통찰을 심화시켰다.

6) 결국 형법개정법률 제218a조는 헌법적 가치에 내재하는 특별한 이유에 근거하지 않는 한 위헌무효다.

4. 평 가

1) 연방헌법재판소는 위와 같이 위헌을 선언하면서, 새로운 법률규정이 효력을 발생할 때까지 연방헌법재판소법 제35조에 따라 수태 후 최조 12주 이내의 낙태에도 개정형법 제218조는 적용되고, 절박한 사유가 임신이 범죄행위에 기인한 것이라는 가정을 긍정하는 경우와, 중대한 긴급상황의 위험을 방지하기 위하여, 수태 후 12주 이내의 낙태가 임부의 동의를 얻어 의사에 의하여 행해지는 경우, 법원은 형법 제218조에 따른 처벌을 하지 않을 수 있다고 명령하였다.

2) 연방하원은 형법개정안 제3차 심의회에서 "인간의 존엄으로부터 나오는 여성의 자기결정권이 다른 모든 권리에 대해서, 또는 특정시기에는 '아동'의 생명권에 대해서도 우선한다"고 하였으나, 연방헌법재판소는 이러한 견해는 기본법의 가치질서와 합치되지 않는다고 선언한 것이다. 기본법을 통한 인간생명의 평가는 형성중인 생명이 어머니에 의해서 내면적으로 받아들여질 때 비로소 보호가치 있는 법익으로 인정된다는 견해 역시 기본법과 합치되지 않는다.

3) 태어날 아기의 생명권을 '인격형성의 과정'에 종속시킨다면, 새롭게 태어나는 생명을 보호하는 일 또한 더 이상 근거지을 수 없다. 생명보호는 인격의 형성에 불가결한 근거이고 형성중인 생명을 마음대로 할 수 없다는 금지는 헌법을 통한 인격을 높이 평가하는 데에 근거하고 있다. 형성중인 것으로 개념되는 인격의 존

재 또는 비존재가 문제되는 한 원칙적으로 여성의 자유로운 인격발현권이 후퇴되지 않으면 안 된다. 왜냐하면 최악의 경우라 하더라도 아기는 여성에게는 부담이나 의무만을 부과하기 때문이고 여성의 존재가 박탈되는 것은 아니기 때문이다. 이 점에서 연방헌법재판소는 임신중절 전에 행해지는 의사와의 상담이 태어나지 않은 생명을 보호하는 목표를 실현하는 데 부적절하고, 형성 중인 생명을 보호하기 위해서 형벌이 필요하다고 판시하였다.

4) 법의식이 기본가치와 합치되지 않는 경우, 입법자는 법질서를 법의식에 적응시킬 권리가 없고, 오히려 입법자는 법질서의 도움을 받아 법의식을 변화시킬, 즉 법의식과 법질서를 조화시킬 의무가 있다는 것이다. 이에 연방헌법재판소는 "낙태문제에 대한 격렬한 논의는 일부 국민이 태어나지 않은 생명의 가치를 더 이상 완전히 의식하고 있지 않다는 우려의 실마리가 될 수도 있다. 그렇지만 그러한 일 때문에 입법자에게 체념(방기)할 권리는 생기지 않는다. 오히려 입법자는 형벌의 정도를 적합하게 함으로써 생명보호와 일반의 법의식에 의해서도 지지받는 법규정을 만들려는 진지한 시도를 하지 않으면 안 된다."(강조는 필자) 기본가치의 일차적 보호자는 입법자이다.[13]

5) 제5차 형법개정법률의 문제는 수태 후 최조 12주 이내의 낙태가 법률이 정한 상담을 거치기만 하면 무조건 불가벌로 한 것이다. 입법자는 수태 후 12주 이내에 낙태를 하고자 하는 임부가 미리 권한 있는 기관의 상담을 거치도록 하면 상담을 받는 과정에서 임부에게 신중하고 책임있는 결정을 하도록 할 수 있다는 기대를 하였다. 또 입법자는 기간규정을 정하여 불법적으로 행해지는

---

13) 홍성방 (주 7), 40-41.

낙태를 막을 수 있다는 기대를 하였다. 결국 입법자는 기간에 의한 해결방식을 통하여 임부의 자기결정권을 태아의 생명권보다 우위에 두는 결정을 한 것이다. 이는 권한 있는 상담기관의 상담이라는 조건을 두었지만 수태 후 12주 이내의 낙태를 일반적 불가벌로 규정하였기 때문이다. 연방헌법재판소는 이러한 입법자의 태도는 태아의 생명을 포함한 인간의 생명 보호가 헌법상 최고의 법익으로 보호해야 하는 입법자의 의무에 반한다는 것이다. 국가는 임부의 임신을 지속시킬 의무에서 출발해야 하고 원칙적으로 낙태를 불법으로 간주해야 한다. 이 점에서 기간규정의 위헌을 선언한 것이다.[14)]

6) 이에 1976. 2. 독일 연방하원은 234 대 181로 기간규정 대신 적응사유규정을 의결하고, 1976. 5. 18. 형법을 개정하였다(제15차 형법 개정법률). 개정된 형법의 내용은 착상 후(수태 후 13일을 경과한 시기)에 낙태를 한 자는 원칙적으로 처벌을 받는다. 그러나 의학적 사유, 우생학적 사유, 성범죄로 인한 임신의 사유, 임부가 임신으로 사회, 경제적인 어려움에 처한 사유가 있어 낙태를 한 경우, 우생학적 사유로 인한 경우에는 22주 이내에, 그 외의 경우에는 12주 이내에 임부가 시술 3일 전에 의사와 상담을 한 경우에는 낙태죄로 처벌받지 않는 내용으로 규정되었다.

14) 김승환 (주 11), 95.

Ⅲ. 제2차 낙태판결(BVerfGE 88, 203ff)

1. 독일 통일 후 형법 개정의 배경

독일이 통일되기 전 동독과 서독은 낙태행위에 대하여 서로 다른 규정을 가지고 있었다. 동독의 「임신중절에 관한 법률」(Gesetz über die Schwangerschaft, 1972. 3. 9. 제정)은 낙태자유를 인정해서 모든 임부에게 수태 후 12주 내에는 자유롭게 낙태시킬 수 있는 자유를 주었고[이른바 기간규정(Fristenregelung)], 수태 후 12주가 경과했어도 광범위한 의학적·사회적 사유가 있는 한 임부의 신청에 의해 낙태를 허용하였다. 한편 서독 형법은 앞서 본 바와 같이 제1차 낙태판결의 취지에 맞게 낙태가 허용되는 예외적인 경우를 상세하게 규정하는 방식으로 개정되어[15] 제218조와 제218a조에서 낙태금지를 원칙으로 하되, 다만 수태 후 12주 또는 22주 이내에 행해지는 낙태행위로서 법이 정하는 일정한 사유(유전적, 윤리적, 의학적, 사회적 사유)가 있는 경우에만 처벌하지 않도록 규정하고 있었다[이른바 적응규정(Indikationsregelung)].

그런데 1990. 10. 3. 동독이 서독에 편입되는 흡수통일방식으로 통일이 이루어짐에 따라 원칙적으로 서독의 법질서가 동독지역에 적용되게 되었다. 그러나 낙태문제와 관련한 서독의 법질서가 그대로 동독지역에 적용되는 데에는 많은 문제가 있었다. 왜냐하면 동독지역은 서독지역과 비교하여 오랫동안 상이한 정치, 경제, 사회, 문화적 상황에 처해 있었기 때문에 서독지역에 적용되어 온

15) 홍완식(주 12), 543-544 참조.

낙태에 관한 규율을 그대로 그리고 즉시 동독지역에 적용하는 것은 무리였고, 비효율적이었으며, 이는 동·서독인 간의 내적인 갈등만을 야기시킬 수 있었기 때문이다. 따라서 통일조약(Einigungsvertrag) 제31조 제4항은 1992. 12. 31.까지 동·서독지역에 통일적으로 적용될 새로운 규정을 통독 후 새로운 입법자가 제정하도록 하였고, 그때까지의 과도기간에는 통일조약 부속문서(Anlage II, Kapital III, Sachgebiet C, Abschnitt I, Nr. 4)에 의하여 동독의 낙태법은 －동법과 동법 시행령 중 서독의 기본법에 명백히 저촉되는 일부조항은 삭제되었지만－ 12주 이내의 낙태는 허용된다는 기간규정의 골격이 유지된 채 계속 동독지역에 적용되었다.

이에 통일 이후에도 과도적으로 양 지역에 각각 상이한 법질서가 적용되다가 연방의회는 1992. 7. 27. 양 지역에 공통적으로 적용될 규율을 마련하게 되었는데, 이것이 구동독법과의 부조화를 극복하고 여성의 직업생활과 경제적 어려움을 덜어주기 위한 방편으로 양 지역을 적절히 만족시킬 일종의 타협적 내용을 지닌 형법 개정법률로서의 「임부와 가족지원법」(Schwangeren und Familienhilfegesetz)이었다. 이 법률에 의해 개정된 동·서독의 양 지역 모두에 적용될 낙태에 관한 형법규정인 제218a조는 －동법 제218조는 여전히 낙태는 원칙적으로 3년 이하의 징역 또는 벌금에 처한다고 규정하면서도－ 임부가 수태 후 12주 이내에 법률이 정하는 상담소에서 상담을 거쳤다는 증명서를 의사에게 제출한 후 임부의 요청에 따라 이루어진 낙태는 위법하지 않다(nicht rechtswidrich)고 규정했다. 또한 동법 제219조에 따르면 상담은 기록되지 않고, 임부의 희망에 따라 익명으로 행해지며, 임부가 낙태결정을 내리는 데 필요한 정보를 얻은 후 상담소는 즉시 증명서를 발급하도록 하였다. 이에 따라 임부는 수태 후 상담을 조건으로 12주 이내에 합법적으로 낙태를 할 수 있도록 되었다[상담조건부 기간규정(Fristenregelung mit Beratungspflicht)]. 결국 통일 이후 전 독일지역에 적용될 새로운 낙태에 관한 형법규정은 과거 서독 형법의 낙태규정을 개정한 일종의 절충적 규정이지만, 실제로는 구서독의 규정보다는 구동독의 규정에 가까운, 따라서 임신부의 낙태를 폭넓게 허용하여 태아의 생명권보다는 여성의 자기결정권을 우선시키는 내용에 보다 가깝다고 할 수 있었다.

2. 사건의 개요

이 개정 법률에 대해 그 효력발생시기인 1992. 8. 5. 이전에 이미 위헌시비가 강하게 일면서 1992. 7. 14. 가톨릭의 영향이 강한 바이에른 주정부와 콜 연방수상을 비롯한 248명의 기민당과 기사당 의원들이 독일연방헌법재판소에 추상적 규범통제를 전제로 한 법률효력정지가처분신청을 하였다. 그러자 독일 연방대통령은 위헌시비가 많은 새 법률을 연방헌법재판소가 조속하게 명확한 결정을 하기 위해 1992. 7. 28. 형법 개정법률에 서명 · 공포했고 이 법률은 1992. 8. 5. 0시에 효력이 발생하게 되었다. 독일 연방헌법재판소는 개정 법률의 효력발생 하루 전날인 1992. 8. 4. 가처분신청인의 주장을 받아들여 개정 낙태규정의 효력발생을 본안소송의 심판때까지 잠정적으로 정지시키는 결정을 했다.[16]

신청인측 소송대리인인 Lerche 교수는 문제된 새 낙태규정은 수태 후 12주 이내에 의사와의 협의 후에 이루어지는 낙태행위를

16) 허영, "낙태자유를 위한 형법개정법률(제218a조)에 대한 독일연방헌법재판소의 효력정지가처분결정," 사법행정(92.9) 82.

단순히 벌하지 않는 것으로 그치지 않고, 위법하지 않은 것으로 규정한 것은 독일국민의 전통적인 법의식을 뒤흔들 것이 분명하고 그것은 태아의 생명권을 보호하는 데 결정적인 장애가 될 수밖에 없다고 주장하였다

3. 판결의 요지

위 법률에 대한 위헌법률심판에서 헌법재판소는 (임산부와 가족지원법에 의해 개정된) "상담의무를 지킨 임신 후 12주까지의 낙태는 위법하지 않다"는 형법 제218a조 및 상담의 조직, 절차, 내용, 목적을 규정한 형법 제219조는 위헌무효라고 판결하였다. 이 사건에서 연방헌법재판소는 개정된 새 낙태규정이 태아의 생명권과 인간의 존엄성을 보호할 국가의 의무를 위반하는 상황을 허용하는 것이기 때문에 위헌이라는 논거를 제시했다. 이는 위에서 본 1975년의 제1차 낙태판결에서 제시한 위헌논거와 동일하다고 할 수 있다.

그 주요 이유는 다음과 같다: ① 기본법은 태아의 생명권을 보장하며, 국가는 태아의 생명을 보호하여야 할 의무를 진다(기본법 제1조 제1항). ② 태아는 어머니에 대하여도 법적인 보호를 받기 때문에, 낙태는 원칙적으로 금지되며 임부는 출산해야 할 의무를 진다. ③ 임신의 전기간 동안 원칙적으로 낙태는 금지된다. ④ 다만 태아의 생명권은 다른 법익과도 조화되어야 하는바 —아직 태어나지 않은 생명의 보호와 충돌하는 임부의 기본권은 기본법 제1조 제1항의 인간존엄의 존중, 기본법 제2조 제2항의 생명 및 신체적 완전성의 권리 그리고 기본법 제2조 제1항의 인격발현권이다. 그러나 낙태는 언제나 태아를 살해하는 것을 의미하므로 충돌하는

기본권들 사이에는 진정한 비교가 불가능하다. 다만 임신의 지속이 임부의 생명을 위협하거나 건강에 심각한 위험을 야기하고 다른 방법으로는 그러한 위험을 피할 수 없는 경우에 의학적인 처방에 따르고 그럼으로써 법질서에 따라 정당화되는 낙태는 있을 수 있다. ⑤ 국가는 생명보호의무를 다하기 위해 과소보호금지원칙에 따라 조치를 취해야 한다. ⑥ 그런데 형법 제218a조는 단순히 처벌을 배제하지 않고 정당화 사유를 규정하고 있는바, 이는 헌법합치적으로 '구성요건에서 제외'로 해석할 수 없으므로 동조는 미출생 생명보호의무(기본법 제2조 제2항 제1문과 결부된 제1조 제1항)에 합치하지 않아 무효이다. ⑦ 상담의 목적은 태아의 생명을 보호하는 것인데, 형법 제219조는 국가에 의한 상담시설에 대한 심사의 전제가 되는 정보수집 및 통제권한, 승인의 철회권한에 관한 규정을 두고 있지 않는 등 미출생 생명보호에 관한 헌법적 요청에 적합하지 않아 위헌무효이다.

4. 평 가

이 판결은 낙태는 원칙적으로 헌법상 금지되는 위법한 행위이고, 헌법이 허용하는 예외적 사유가 있는 경우에만 위법성이 조각되며, 의사와의 상담이 '결과가 불확정적'이기는 하나 '목표가 개방적'이 아니라, '태어나지 않은 생명을 보호하는 방향으로' 행해졌다면, 그러한 상담을 한 경우 낙태를 허용하는 것은 입법자의 권한범위에 속하는 것이라는 점을 확인하였다. 상담의 중심적 과제는 '아직 태어나지 않은 생명에 대한 임산부의 책임감에 호소'하는 것이다. 상담은 '아직은 태어나지 않은 생명을 보호하기 위한 목표를 지향할 필요가 있고', '여성으로 하여금 임신의 지속을 고무하는 것'이 되어야 하며, '여성의 책임감을 강화하는 것이어야' 한다. 또한 상담은 '고무하는 것이어야 하고 위축시키는 것이어서는 안 되며, 이해를 구하는 것이어야 하고 가르치는 것이어서는 안 되며, 여성의 책임감을 강화시키는 것이어야지 여성을 후견하는 것이어서는 안 된다'면서 '죄책감이 들면 여성은 상담을 할 마음이 생기지 않을 것'이라고 하고 있다. 연방헌법재판소는 나아가 경과규정에서 상담에 관한 엄격하고 명확한 요건을 제시하였는데, 첫째, 낙태희망일 3일 전 상담의무, 둘째 상담기관의 분만설득의무, 셋째 상담기관의 설립허가제도 및 상담기록과 연례적인 보고서 제출의무, 넷째 낙태시술의료기관과 상담기관의 분리원칙 등이다.[17]

즉, 연방헌법재판소는 아직 태어나지 않은 생명을 보호해야 할 국가의 의무로부터 입법자가 해태하였고, 그 때문에 상담은 아직 태어나지 않은 생명을 보호하는 목표를 지향하지 않으면 안 되며, 상담에 따라 행해졌으나 의학적인 방법으로 행해지지 않은 낙태행위는 위법하다고 하여 심판대상이 된 해당 규정을 위헌무효라고 선언하였다. 그러나 상담을 했기 때문에 위법하기는 하나 형벌의 대상이 아니라는 것은 합법성과 도덕성을 혼동한 판결이라는 비판이 있다.[18] 문제된 형법규정과 연방헌법재판소의 입장은 일정한 상담을 거친 후 이루어진 낙태가 처벌되지 않는다는 것은 동일하다. 하지만 형법은 일정한 상담을 거친 후의 낙태는 그 자체 위법하지 않은 반면, 연방헌법재판소의 입장은 상담 요건이 보다 명확하고 엄격해졌다는 점과 그러한 상담을 거친 낙태라 하더라도 역시 위법하고 다만 처벌받지 않는다는 점에서 구별된다.

---

17) 정연주, "비상입법자로서의 헌법재판소", 헌법학연구 제13권 제3호(2007. 9.), 20.

18) 홍성방(주 7), 43.

Ⅳ. 마치는 글

독일 연방헌법재판소의 위 2개의 판결은 인간의 존엄과 태아의 생명권을 확인하고, 낙태를 이전보다 자유롭게 허용한 형법 규정을 위헌 무효로 판단하였다는 점에서 비교적 양호한 평가를 받는다. 그런데 제1차 판결과 제2차 판결의 쟁점은 모두 '인간의 존엄보장과 생명권' 관계이다. 이 점에서 제1차 판결의 핵심문장은 "발달 중에 있는 생명도 인간존엄에 관한 기본법 제1조 1항이 보장하는 보호의 영역에 속한다"라고 할 수 있고, 제2차 판결에서는 이 얘기를 조금은 더 애매모호하게 표현하고 있지만, "인간존재의 존엄은 태어나지 않은 생명에 대해서도 그 자체를 위한 현존재에 깃들어 있다"라고 할 것이다.

그러나 태아에 대해 인간의 존엄성의 주체를 인정하면서도 그 근거를 제시하지는 못하고 있다.[19] 또 **제1차 판결은 낙태가 곧 인간존엄에 대한 침해라고 하면서도 우생학적 이유 또는 범죄피해자의 임신에 대해서는 낙태를 허용하는 것은 위헌이 아니라고** 한다. 하지만 과연 태아가 진정 인간존엄의 주체라면 과연 그와 같은 생물학적 또는 사회적 사실들이 태아 자신에게 무슨 의미가 있겠는가. 인간존엄은 적어도 독일 기본법상으로는 절대적 성격을 갖고 있으므로, 극단적인 상황(예컨대 태아로 인해 임신부의 생명이 위태로운 경우)이 아닌 한, 낙태가 모두 금지되는 것이 논리 일관적일 것이다. **제2차 판결도 결론적으로는 명확하고 엄격한 조건을 충족한 상담을 받은 이후의 낙태를 허용하는 것에 대해서는 위헌이 아니**

19) 논증을 포기하고 권위적으로 결단을 내린 셈이다.

라고 하고 있는데, 이 또한 논지의 대전제에 해당하는 인간존엄을 일관되게 관철하지 않은 것이라고 할 수 있다.

결론적으로 두 개의 낙태판결 모두 인간존엄을 대전제로 내세우고 있긴 하지만, 어느 경우에도 그로부터 확고한, 논리일관된 결론을 도출하지 못하고 있는 것이다. 이에 2차 판결 이후 위 판결에 대하여 낙태를 반대하는 보수세력과 자유로운 낙태를 주장하는 여성 및 진보단체의 눈치를 살펴 양쪽 모두 적당히 만족시켜 주겠다는 의도에서 나온 정치적 타협의 결정이라는 비난이 쏟아졌고, 논리적으로도 말이 안 된다는 비아냥까지 나왔다.[20]

아마도 이러한 이유는 독일 연방헌법재판소가 제1차 낙태판결의 이유에서 밝히고 있듯이, 낙태의 법적 취급에 관하여 지금까지 많은 관점하에서 토의되었기 때문일 것이다. 낙태의 문제는 다양하게 생물학적, 유전학적, 인류학적, 의학적, 심리학적, 사회정책적, 도덕신학적 문제를 제기하고 있고 인간생존의 기본문제와 닿아 있다. 입법자의 임무는 이러한 다양한 시각에서 전개되고 다면적으로 교차되는 논쟁들을 평가하고, 그것들을 법정책에 특유한 고려를 통하여 또는 법생활의 사실상의 경험을 통하여 보충하며 이것을 기초로 어떠한 방법으로 법질서가 이러한 사회적 과정에 반응하여야 하는가에 대한 결단을 내리는 것이다.

지금 우리 사회에서도 낙태의 법적 취급에 관하여 각 분야에서 문제제기가 시작되고 있다. 입법자의 결단이 어느 때보다 중요하다. 이러한 측면에서 볼 때, 앞서 본 비난에도 불구하고, 독일 연방헌법재판소의 일관된 입장, 즉 인간의 생명은 헌법질서 내에서

---

20) 차병직 · 윤재왕 · 윤지영 (주 9), 17. 일정한 조건하의 낙태허용이 위헌이지만 형벌의 대상은 아니라는 점에서 그렇다.

최고의 가치를 가지고, 그것은 인간존엄의 토대이며, 다른 모든 기본권의 전제조건이라는 것, 태아의 생명권이 임신부의 자기결정권에 원칙적으로 우선한다는 것은 현재에도 유효하다고 할 것이다. 그리고 앞서 제1차 판결의 평가 부분에서 강조한 바와 같이 입법자에게는 형벌의 정도를 적합하게 함으로써 생명보호와 일반의 법의식에 의해서도 지지받는 법규정을 만들려는 진지한 시도가 요구된다고 하겠다.

국내 낙태반대운동의 역사와 회고

김현철*

우리나라 형법은 낙태를 범죄로 규정하고 있다(형법 제27장 제269, 270조). 대법원 판례(1985.6.11, 84도1958)는 "인간의 생명은 잉태된 때로부터 시작되는 것이고 회임된 태아는 새로운 존재와 인격의 근원으로서 존엄과 가치를 지니므로 그 자신이 이를 인식하고 있든지 또 스스로 방어할 수 있는지에 관계없이 침해되지 않도록 보호되어야 함이 헌법 아래 국민 일반이 지니는 건전한 도의적 감정과 합치되는 바이다"라고 하여 태아를 독립적 인간으로 보고 있다. 그럼에도 불구하고 우리나라가 어떻게 이렇게까지 생명경시 풍조가 만연한 나라가 되었는가? 경제발전을 이유로, 1962년부터 강력한 산아제한 정책을 시행했고 이에 따라 법으로 금지된 낙태를 정부가 나서서 홍보하고 지원했던 것이 현재의 후세들이 낙태 문제를 고민거리로 안고 살아가게 된 가장 큰 이유이다. 당시 최고 권력자는 인구 숫자를 줄이면 경제지표는 좋아질 수밖에 없다는

* 낙태반대운동연합 회장, 기독교교육학 및 신학석사.

단순논리로 경제발전계획을 구상했다. 그래서 인구증가율이 3%이었던 것을 2% 이하로 줄이라는 강력한 명령을 내린다. 1973년에 모자보건법을 만들 때 법조항 가운데 낙태를 제한적으로 허용하는 내용(같은 법 제14조)을 담게 된 것도 인구정책과 관련된 것이었다. 이렇게 하여 대한민국 정부 수립 이후 최근에 이르기까지 그 누구도 낙태를 문제시하지 않는 사회 분위기가 조성되었다. 이것에 비해서 생명교육은 대단히 부실했다. 따라서 우리나라는 '낙태에 대한 긴장이 없는 사회'가 되었고 많은 여성들에게는 낙태가 보편적

서기1973년1월31일 (수요일)

京鄕新聞

落胎허용範圍·輕犯대상擴大

非常閣議 母子保健法제정·輕犯처벌法개정

40개法·改正案 처리

1973년 1월 30일, 낙태를 일부 허용하는 모자보건법 의결

인 경험이 되었다.

1973년 낙태 가능성이 법적으로 보장된 이후 낙태를 합법화하려는 시도는 정부의 인구정책 차원에서 끊임없이 시도되었다. 1976년에는 현재의 모자보건법보다 더 낙태 허용 범위를 넓히려고 했고(같은 해 12월 3일 동아일보 참고), 1982년에는 아예 낙태의 범죄를 형법에서 삭제하고 낙태를 합법화하려고 했다(같은 해 2월 17일 경향신문 참고). 절대권력을 행사하던 군부정치 시대에 이런 시도들이 어떻게 성사되지 않았는지는 알 수가 없다. 낙태가 합법화되지 않았다는 사실에 감사할 뿐이다. 그 당시 이름 없이 생명윤리를 지키기 위해서 고통을 받으며 싸웠던 사람들이 있었다는 것을 잊지 않아야 할 것이다.

1976年12月3日 金曜日 ②

東亞日報

人工姙娠中絶許容範圍확대

政府 人口政策推進計劃확정

相續등男女差別을緩和

不姙施術엔生計費보조

不姙施術者엔公共住宅入住優先權

둘낳고斷産하면子女1年無料診療

1976년 낙태 허용범위 확대 시도

京鄕新聞 (1946年10月6日創刊) 1982년2월17일 수요일

姙娠中絶 合法化키로

刑法·母子보건법 改正서둘러

姙婦 47%가 "不願의 임신"

한해百50萬명 苛責서해방

私生兒·人口억제…陰性施術부작용 예방

1982년 낙태 합법화 시도

Ⅰ. 낙태반대운동의 태동

천주교는 전 세계적으로 낙태반대를 기본 강령으로 하고 있기 때문에 우리나라에서도 낙태와 관련해서는 천주교가 가장 적극적으로 반대활동을 해왔다. 1992년에는 모자보건법의 낙태 허용 조항을 없애고, 대신에 형법 안에서 낙태를 허용하는 규정을 하려고 했다. 당시 형법개정안은 통과될 가능성이 매우 높은 것으로 예상되었다. 그러나 천주교의 적극적인 저항과 반대로 1994년 본회의 상정이 유보되면서 발의안이 폐기되었다. 송열섭 신부님(현재 천주교 서울대교구 생명위원회 생명운동본부 총무)의 고군분투가 아니었

으면 우리나라는 낙태 합법화 국가가 될 뻔한 위기상황이었다. 마침 그 해 봄에 '낙태반대운동연합'이 창립되어서 천주교의 형법개정안 반대에 동참하게 된 것이 낙태반대를 하는 시민단체의 첫 번째 대사회 활동이라고 할 수 있다.

천주교 이외에서 낙태만을 주제로 해서 사회활동을 한 최초의 단체는 1984년 전주 예수병원 관계자를 중심으로 해서 생긴 '새생명사랑회'일 것이다. 이와 같이 잘 알려지지는 않았지만 생명교육을 하고 대외홍보와 상담을 통해서 위기에 처한 아기들을 살려내는 개인과 단체들이 있었다. 기독교윤리실천운동의 제안으로, 기존에 낙태반대 활동을 하고 있었거나 낙태반대를 지지하는 단체 23개가 연맹을 맺어 1994년 4월 28일에 낙태반대운동연합을 결성하였다. 우리나라에서 낙태가 만연한 가장 큰 이유는 무지이다. 교육수준이 높은데도 불구하고 생명의 정의를 제대로 알고 있는 사람이 그리 많지 않다. 또한 생명에 대해서 교육을 받았더라도 막상 자기 자신이 임신상황을 겪게 되면 낙태를 고려하고 실행까지 하게 된다. 이는 눈으로 낙태의 실상을 보지 못했기 때문이다. 그래서 낙태반동연합에서 가장 핵심적으로 하는 활동은 가르쳐주고 보여주는 것이다. 그리고 임신, 출산과 관련된 모든 상담과 후속조치를 해주고 있다. 활동의 내용을 보면, 각급 학교와 사회단체 성교육, 생명교육 자료 제작과 배포, 길거리 홍보를 포함한 대중홍보, 위기임신상담, 무료 임신진단과 초음파 검사, 미혼모 일시보호처 제공, 낙태후 스트레스증후군 상담, 생명을 주제로 한 각종 세미나 개최, 낙태를 불법으로 유지하기 위한 법조계 활동으로 그 활동 주제들을 정리할 수 있는데, 사실은 낙태반대운동연합이 하고 있는 활동은 시민단체가 할 일이 아니라 정부가 해야 할 일인 것이다.

Ⅱ. 시민사회단체로서의 낙태반대운동연합

1994년 낙태반대운동연합이 발족할 때부터 단체의 성격이 잘못 알려져서 그 오해와 선입견을 없애는 데는 상당한 기간이 걸렸다. 연맹 단체들 중 기독교 관련단체들이 많았고, 회원들도 기독교인이 많았기 때문에 낙태반대운동연합은 기독교의 목소리를 내는 종교단체로 알고 있었던 것이다. 그러나 낙태반대운동연합이 낙태를 줄이고 여성의 건강을 지키는 데 사회적으로 기여하기 위해서는 일반 시민사회단체로서 그 정체를 지녀야 한다는 것이 창립 초기부터의 취지이었다. 만일 그렇지 않고 기독교 단체라면 정부와 협의하고 함께 활동하는 일, 국회에서 국회의원을 선출한 시민의 입장을 전달하는 일, 언론을 통해서 낙태반대 의견을 개진하는 일, 산부인과 의사들과 협조하는 일 등에 있어서 한계가 있고, 상대방이 낙태반대운동연합을 바라볼 때 편협한 시각을 가질 수밖에 없기 때문에 낙태반대운동연합이 목적하는 사회적 활동은 제한될 수밖에 없기 때문이었다. 그 결과 지난 18년 동안 낙태반대운동연합이 낙태를 반대하는 목소리의 대변자로 정부와 사회에 인식될 수 있었다. 2003년부터 보건복지부, 인구보건복지협회와 함께 낙태예방을 위한 토론회와 사회활동을 하게 되었고, 2010년 2월 19일 보건복지부가 '인공임신중절 예방을 위한 사회협의체'를 구성할 때 낙태반대운동연합이 실무단체로 참여했다.

Ⅲ. 개신교의 침묵과 한국기독교생명윤리협회의 발족

사회에서 정의를 외치는 사람들의 한 축은 항상 종교계가 맡았다. 그러나 우리나라에서 낙태에 대해서는 천주교의 목소리는 들을 수 있어도 개신교의 목소리는 듣기가 쉽지 않다. 한국기독교총연합회가 그 역할을 감당해야 할 것이지만 실제로는 그렇지 못했다. 생명의 창조주가 있다고 믿는 개신교인이 인구의 18%(2005년 통계청 자료, 862만 명)인 나라에서 이렇게 많은 낙태가 행해지고 있다는 것이다. 천주교까지 포함하면 인구의 30%가 하나님을 믿는 나라이며 기독교가 국교가 아닌 나라 중에서 인구대비 기독교인수가 가장 많은 나라가 한국일 것이다. 그런데 어떻게 신앙고백과 실행이 이렇게 다를 수가 있을까? 낙태를 하는 사람들은 주로 비종교인일까? 기독교인은 자신의 신앙 때문에라도 낙태를 기피하지 않을까? 20년 전과 30년 전 자료이기는 하지만 표 1은 기독교인과 일반인의 낙태가 큰 차이가 없다는 것을 보여준다.

표 1. 종교별 낙태 경험 (단위 : 100명당 %)

종교	무교	불교	천주교	개신교
1983갤럽조사	35.7	49.7	49.8	46.5
1991형사정책	32.6	46.3	39.4	34.1

※ '91년 개신교인의 낙태율은 34.1%로 낮게 나타났으나, 반면 10대 낙태시술자의 종교현황은 무종교 55.5%, 개신교 35.2%, 불교 9.3%로 개신교가 높게 나타났다.

필자가 지금까지 경험한 바로는 낙태를 주제로 해서 접근하기 어려운 집단 가운데 하나가 교회이다. 낙태반대운동연합이 지금까지 18년 동안 활동을 해왔다면 여러 가지 사유와 여러 가지 통로로 수많은 교회들을 접촉하며 동참을 호소했을 텐데 현재 후원을 하거나 가입 단체가 된 교회는 열두 개에 불과하다. 전국의 지역교회를 최소한 6만 개로 추정하고 있는데 낙태반대활동에 대해서 관심을 보이는 교회는 그리 많지 않다. 교인들을 대상으로 해서 설문조사를 해보면, 교회에서 생명이나 낙태에 관한 교육을 받았거나 설교를 들었거나 교회를 통해 생명 살리는 사회적 선교활동을 경험한 경우가 그리 많지 않다는 것을 알게 된다. 봄과 가을이 되면 생명과 관련해서 일반 사회단체와 중, 고등, 대학교에서 낙태에 관한 강의 요청이 많이 들어오는데 거기에 비해서 교회의 요청은 많지 않은 편이다. 모 교회 청년부에서 낙태반대운동연합에 강사를 요청해서 교육시간을 마련했지만 당회에서 그 집회를 하지 않도록 종용해서 취소된 경우도 있었다. 왜 교회가 그렇게도 낙태에 관해 침묵일까? 침묵이 사랑의 방식인가? 낙태를 경험한 사람이 교회 내에도 많다. 그들의 마음을 상하지 않게 하기 위해서 침묵한다면 그것은 계산착오이다. 침묵할수록 그들은 치유받을 수 있는 기회를 놓치는 것이다. 또 계속 침묵한다면 낙태를 경험하게 되는 교인들은 자꾸 늘어날 것이며, 하나님의 훌륭한 피조물인 아기들은 죽어갈 것이다. 세계 각지의 기아들을 보면서 눈물을 흘릴 줄 아는 기독교인들이 어째서 낙태에 대해서는 마비가 되어 있는가?

더 이상 침묵해서는 안 된다는 각성이 2001년 2월 24일 한국기독교생명윤리단체협의회(現 한국기독교생명윤리협회)를 창립하게 만들었다. 낙태뿐만 아니라 모든 생명윤리와 관련된 주제들에 대해서 올바른 진리를 주장하기 위한 단체이다. 특히 발족될 당시에 배아복제에 대한 환상이 우리나라에 만연해지기 시작한 때이기 때문에 한국기독교생명윤리협회의 활동은 생명을 파괴하는 시도를 막는 데 큰 역할을 감당했다.

Ⅳ. 비현실적인 기대가 현실이 된 2009년

강의나 홍보를 통해 낙태의 실상을 알리게 되면 청중들은 거의 모두 새로운 생각과 마음가짐을 가지게 되었다고 반응을 보였다. 태아의 생명을 살리고 임산부의 건강을 지키는 일을 해야 한다고 동의와 동감을 표현했다. 그러나 동의하는 사람들은 많았으나 동참하는 사람은 매우 적었다. 이런 현실에서 저는 가장 비현실적인 기대를 하게 되었다. "낙태의 최일선에 서있는 산부인과 의사들이 낙태 문제로 고민하고, 의료윤리에 입각해서 낙태에서 손을 떼는 것만큼 현실을 확실하게 바꾸는 일이 없을 것이다. 우리가 아무리 활동해도 의사들이 움직이지 않으면 우리나라의 낙태 경향을 바꾸는 일은 참으로 어렵다." 그런데 비현실적인 기대가 현실로 나타났다. 2009년 11월 1일 '진정으로 산부인과를 걱정하는 의사들 모임'(진오비)의 의사들이 공개적으로 낙태근절운동을 선포한 것이다. 더 이상 의료인의 양심에 저촉되는 일을 할 수 없으며 낙태가 결코 여성을 위한 일이 될 수 없다는 의료윤리의 입장에서 중대한 결정을 한 것이다. 우리나라에서 벌어지리라고는 상상하기 어려운 상황이 벌어진 것이다. 그 이후 낙태는 전국적으로 사회 이슈화되었고 정부도 더욱 발 빠르게 낙태를 줄이기 위한 대책을 마련하고 실행하게 되었다. 지금은 진오비는 산부인과 환경을 개선하는 데 주력하고, 그 가운데서 낙태반대활동을 주로 하고자 하는 의사들은 프로라이프의사회라는 이름으로 두 갈래의 방향에서 낙태반대 활동을 하게 되었다. 프로라이프의사회와 같은 방식의 전문인 프로라이프 단체로 프로라이프청년회, 프로라이프변호사회, 프로라이프교수회, 프로라이프여성회(발족 준비 중)가 잇따라 만들어졌고, 이어서 그들은 프로라이프연합회를 구성하여 연대활동을 하고 있다. 프로라이프연합회는 미국의 생명행진(March for Life)와 같은 방식으로 2012년 6월 9일 '생명대행진'을 개최하였다.

V. 국회에서의 낙태 토론

우리나라 입법부가 낙태문제에 대해서 토론을 하거나 국회의원을 대상으로 생명교육을 한 적은 없었다. 형법개정안을 통해서 낙태를 합법화하려고 했던 1992~94년 이후로는 낙태문제가 국회에서 거론된 적은 한 번도 없었다. 2009년 산부인과 의사들이 낙태근절운동을 선포하고, 불법낙태를 무분별하게 하는 산부인과병원을 고발하면서 낙태가 뜨거운 사회적 이슈가 되자 국회가 조금씩 움직이기 시작했다.

2009년 12월 3일 한나라당 홍일표 의원이 "낙태, 불편한 진실 이대로 둘 것인가?"라는 주제로 낙태 허용여부에 관한 정책토론회가 처음으로 열렸다. 이어서 2010년 3월 17일 민주당 전현희 의원 주최 "낙태, 어디까지 허용할 것인가?" 정책토론회, 3월 29일 한나라당 원희목 의원 주최 "낙태, 이대로는 안 된다" 정책토론회, 5월 7일 자유선진당 이영애 의원 주최 "낙태와 여성건강" 세미나, 8월 13일 이영애 의원 주최 "태아는 생명이다" 정책토론회, 10월 27일 이영애 의원 주최 "생명윤리와 자기결정권" 정책토론회가 연속적으로 열렸다.

낙태 허용, 또는 제한과 관련하여 개정안을 발의한 국회의원들은 홍일표, 전현희, 김성수, 이영애 의원(이상 모자보건법)과 손숙희 의원(형법)이 있는데, 그 가운데서 낙태를 대폭 허용하는 홍일표 의원의 모자보건법 개정안(2010년 4월 12일)과 낙태를 엄격하게 제한하여 시행할 수 있도록 하는 이영애 의원의 모자보건법 개정안(2010년 10월 28일)을 주목할 필요가 있다. 이영애 의원의 개정안은 현행 모자보건법 중에서 "임신이 산모의 건강을 해치는 경우"라는 애매한 조항을 "임신이 산모의 생명을 위태롭게 할 경우"로 산모구명낙태의 취지를 분명히 했다. 다른 허용 조항들도 현실에서 적용할 수 있도록 좀 더 세부 규정을 명시했다. 여기에 비해서 홍일표 의원의 개정안은 내용상 거의 모든 낙태를 허용하는 내용을 담고 있어서 우려가 되었다. 이 개정안이 보건복지위원회에서 논의되지도 않고 2년의 시간을 보냈기 때문에 현재로서는 본회의에 상정될 가능성이 적지만, 이와 유사하게 낙태를 허용하려는 법률안 개정 시도는 지속될 것이라고 예측한다. 금년에 구성될 19대 국회에서도 낙태를 폭넓게 허용하려는 움직임이 분명히 있을 것이라고 예상한다. 따라서 홍일표 의원의 개정안에 대한 이해를 분명히 할 필요가 있다.

요약하면 다음의 경우에 낙태를 허용하자는 내용이다.

1. 대통령령이 정하는 사회, 경제적인 사유로 낙태할 수 있다.
2. 청소년(법정 미성년자는 만 20세 이하)이 임신했을 경우 낙태할 수 있다.
3. 전국에 인공임신중절 상담소를 설치하여, 그 상담소의 상담을 받고 상담확인증을 발급받은 후 2일이 지난 후에 낙태할 수 있다.
4. 치료적 낙태의 경우는 24주 이하에서, 그 외의 경우는 12주 이

하에서 낙태할 수 있다.

※ 사회경제적인 적응사유란 1. 더 이상 자녀를 원치 않아서, 2. 경제적 어려움, 3. 터울조절 실패, 4. 직장생활의 불이익, 5. 미혼상태, 6. 기타(불륜 등)를 의미합니다.

2005년 통계에 의하면, 현재 우리나라에서 시행되는 낙태시술의 95.7%가 사회 · 경제적 사유에 의한 낙태이며, 낙태시술의 96%가 임신주수 12주 미만에 행해지고 있다. 그러므로 위와 같은 개정안이 통과될 경우, 모든 낙태가 합법화된다는 뜻이다.

낙태에 대한 논의는 그 출발점이어야 하는 "인간생명은 언제 어떻게 시작되는가?"에 대한 의학적 연구와 결론을 모든 국민들이 배우는 데서부터 출발해야 할 것이다. 입법기관에서 정책토론회를 할 때 우선은 낙태가 과연 허용 가능한 인간행동인가에 대해서 태아의학회의 의견을 청취하고 의학적 결론에 따라 치료적 낙태 외의 불법낙태를 근절하기 위한 대정부 정책청원 방안을 논의하는 것이 합당하다.

Ⅵ. 2011년 한국의 낙태 실태

우리나라 정부가 공식적으로 낙태 실태를 조사하고 그 결과를 발표한 것은 2005년이었고 이것이 최초의 일이었다. 2011년 9월 23일 보건복지부는 최초 실태 조사 이후 5년간 어떤 변화가 있었는지를 조사해서 「2010년 인공임신중절 변동 실태조사와 정책개발 연구」라는 보고서를 발표했다. 그 결과는 놀라운 것이었다. 낙태의 실태조사를 하는 데는 한계가 있다는 것은 모두가 인정하고

東亞日報 1990年6月18日 月曜日

落胎 한해 120萬… 신생아의 2倍

무관심속 급증 기혼여성 81% 경험

종교-사회단체 반대운동 나서 자연적 가족계획 방법등 교육

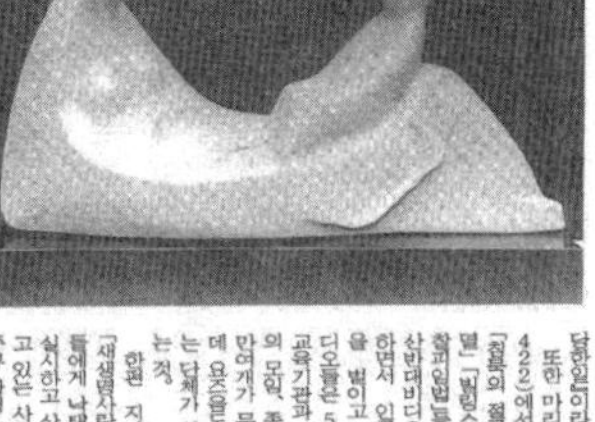

생명존중운동의 하나로 인공유산반대운동이 종교및 사회단체에서 일고있다. 사진은 [illegible]씨의 「모자상」.

1990년 낙태 120만 명

낙태로 한해 35만명 앗아간다

하루 평균 970여명… 인명경시 풍조 위험수위

미혼자 14만7천건…기혼자 3명중 1명 경험

"살인행위… 태아도 생명체로 보호받아야"

하루 평균 970여건의 임신중절(낙태) 수술이 이뤄지고 있으며 이로 인한 태아 사망자가 연간 35만명에 달하는 것으로 조사됐다. 이는 우리 사회에서 생명경시 풍조가 위험수위를 넘어섰음을 잘 말해준다.

보건복지부가 고려대 의대에 의뢰해 실시한 전국 인공임신중절 실태조사 결과, 우리나라에서 연간 행해지는 낙태수술은 기혼여성 20만3230건, 미혼여성 14만7360건 등 약 35만590건에 달했다고 12일 밝혔다.

전국 단위의 낙태수술 조사가 이뤄지기는 처음으로 전국 의료기관 200여곳과 가임기 여성 4000명을 대상으로 올해 5~8월 실시됐다.

전체 낙태수술 중 기혼이 차지하는 비율은 58%, 미혼이 42%로 나타났으며 가임기 여성 1000명 당 연간 시술 건수는 30.7건(기혼 17.8건, 미혼12.9건)으로 나타났다. 또 전국의 가임기 여성 4000명을 전화 인터뷰한 결과, 기혼여성의 36.6%가 한번 이상 낙태수술을 받은 경험이 있다고 응답했다. 연령별로는 20~34세가 68.5%를 차지했는데 미혼여성은 20~24세, 기혼여성은 30~34세 연령층의 시술이 가장 많았다.

의료계에서는 수정란이 나팔관을 통해 자궁에 둥지를 튼 순간(착상)부터 하나의 생명체로 보고 있다. 김일순 연세대 명예교수는 "낙태에 대한 우리 국민들의 인식은 너무나 후진적"이라면서 "착상이 이뤄진 순간부터 하나의 생명체가 형성된다는 점을 감안할 때 낙태수술은 사실상 살인행위"라고 경고했다.

구 분	기혼여성	미혼여성	계
연간 추정건수	203,230	147,360	350,590
임신중절률 (가임기 여성 1000명당 연간 시술건수)	17.8	12.9	30.7
임신중절 경험률	36.6%	4.0%	
기혼 대비 미혼 비율	1	0.73	

인공 임신중절 규모 (자료:보건복지부)

시술 당시 임신기간은 12주 미만이 96%로 압도적이었지만 10대 여성의 경우 12주 이후 시술비율이 12%에 달했다. 이는 어린 여성일수록 임신사실을 숨기다 뒤늦게 낙태하는 경우가 많기 때문인 것으로 분석된다.

시술 이유는 미혼여성의 경우 '미혼이어서' '미성년' '경제적 어려움' 등 사회 경제적 이유가 압도적(95%)이었다. 반면 기혼여성은 가족계획 때문이라는 응답이 75%로 가장 많았으며 경제적 어려움이 17.6%로 뒤를 이었다.

고려대 의대 산부인과 김해중 교수는 "유럽연합 국가들의 연간 임신중절률이 가임여성 1000명 당 8~17명, 미국 22명 등인 점에 비춰 우리나라 낙태율은 매우 높은 편"이라고 말했다.

서울의대 의료윤리학과 김옥주 교수는 "태아도 엄연한 하나의 생명체로 보호받고 존중받아야 한다"면서 "정부는 물론 의료인, 언론 등이 적극적으로 생명윤리의 중요성을 확산시켜나가고 동시에 바른 피임 지식을 전달하는 것이 시급하다"고 말했다.

이건오 한동대 선린병원장은 "어떠한 이유로든 생명윤리 차원에서 낙태를 해서는 안된다"며 "수태하는 순간부터 생명체를 갖게 되기 때문에 끝까지 보존해야 할 책임이 산모는 물론 이 사회가 갖고 있다"고 강조했다.

이 원장은 "강간 등에 따른 의도하지 않은 임신이라 할지라도 낙태는 반드시 불허돼야 한다"고 말했다.

배병우 기자 bwbae@kmib.co.kr

2005년 낙태 35만 명

있는 것이고, 통계학적으로 면밀히 분석하자면 지적할 수 있는 문제점이 있는 보고서이지만, 그래도 발표 내용이 우리나라의 실제이기를 바라는 마음이다.

20년 동안 낙태건수는 120만에서 17만으로 86% 감소되었고,

최근 3년간 인공임신중절 시술 건수 28% 감소

의료계 뉴스/보건정책 2011/09/23 06:45 Posted by 송수연

복지부 '인공임신중절 실태조사' 결과 발표…미혼여성 중절률 변동 없어

의료계 내부에서도 불법 낙태 근절을 위한 자정 노력이 지속되고 있는 가운데 최근 3년 사이 인공임신중절이 28% 가량 감소했다는 실태조사 결과가 나왔다.

23일 보건복지부가 발표한 '인공임신중절 실태조사' 잠정 결과에 따르면 인공임신중절 시술은 꾸준히 감소하고 있는 것으로 나타났다.

이번 실태조사는 2005년 이후 5년 만에 실시된 것으로 가임기여성(15~44세) 4,000명을 대상으로 지난 5월부터 6월까지 온라인 설문조사 형식으로 진행됐다(95% 신뢰수준에 표본오차 ±1.5%).

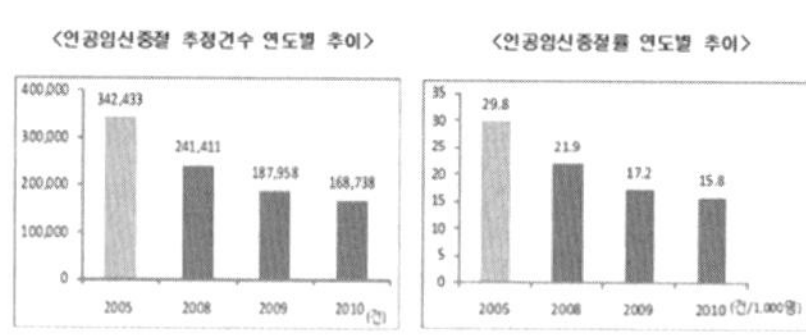

2010년 낙태 17만 명

각국의 출생아 대비 낙태 건수

	출생아(명 · A)	낙태(건 · B)	B/A(%)
한국 2005년	438,062	342,433	78.1
한국 2010년	470,200	168,738	38.9
미국	4,143,000	1,206,200	29.1
일본	1,110,721	301,673	27.1
영국	715,996	206,975	28.9
스웨덴	105,913	17,910	16.9
프랑스	767,816	210,664	27.4
독일	685,795	124,023	18.0
캐나다	336,003	100,763	29.9
중국	17,780,000	6,658,550	37.4

자료: 한국은 2005년 김해중 보고서, 2010년 손명세 보고서, 외국은 www.johnstonsarchive.net

표2. OECD 주요 국가의 출생아 대비 낙태 건수 비교

출생아 대비 낙태아 비율은 79% 감소되었다. 이런 낙태 감소 추세가 국내 낙태반대활동과 어떤 관련이 있는 것인가에 대해서는 낙태를 반대하는 단체 관계자가 아닌 제3자 전문인이 평가해 주기를 바란다.

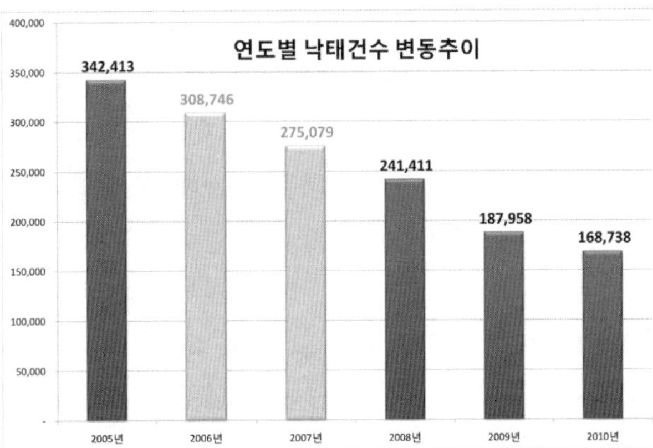

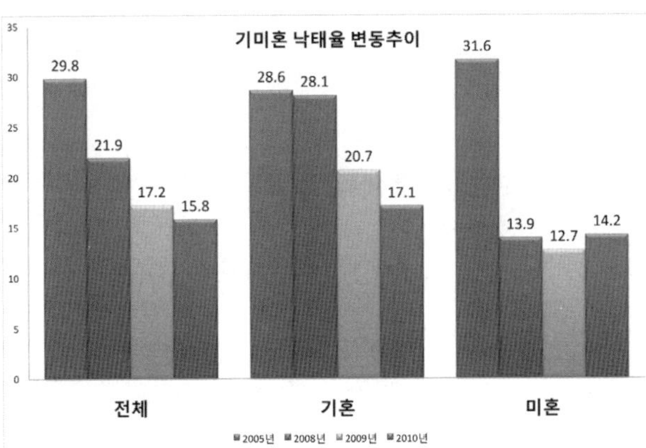

Ⅶ. 안심할 수 없는 미래 - 피해자로 내몰리는 여성과 태아

낙태가 감소 추세를 뚜렷하게 보이고 있다고 해서 그것이 국민들의 생명윤리의식이 바뀌었기 때문이라고 평가하기는 어렵다. 정부가 출산을 장려하는 정책을 적극적으로 실행하고 있고, 프로라이프의사회가 몇몇 의사를 고발하면서 잠시라도 산부인과 병의원들이 낙태하는 것에 긴장을 했고, 응급피임약의 남용으로 인한 낙태 건수는 통계에 잡히지 않기 때문에 눈에 띄게 현격한 감소를 보인 것이다. 그러나 미혼의 성경험률과 빈도가 높아지는 것에 비해 피임률은 대단히 낮은 것이 현실이기 때문에 그만큼 미혼 청소년, 청년의 임신율도 높고 낙태율도 높다. 이런 현실을 반영해서 생명윤리의 원칙을 바꾸고자 하는 시도는 끊이지 않을 것이다. 진보여성계는 여권운동의 한 주제로 낙태권을 계속 주장할 것이고, 일부 산부인과 의사들과 정치인들은 현실을 반영한 새로운 이상(?)을 만들려고 노력할 것이다. 과연 낙태를 임신한 여성이 마음대로 결정할 수 있게 하면 여성은 지금보다 더욱 행복해지는가? 낙태

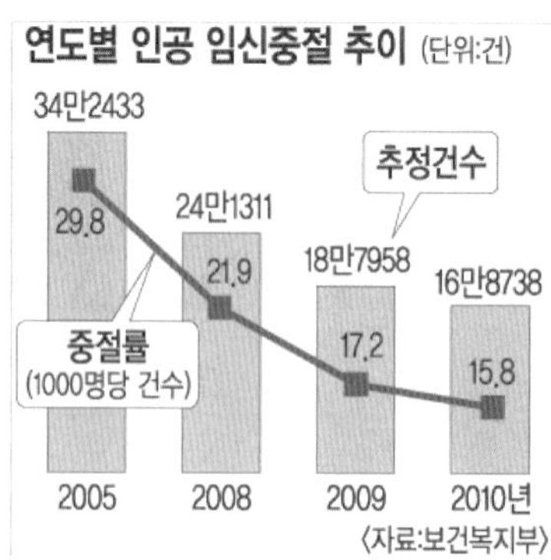

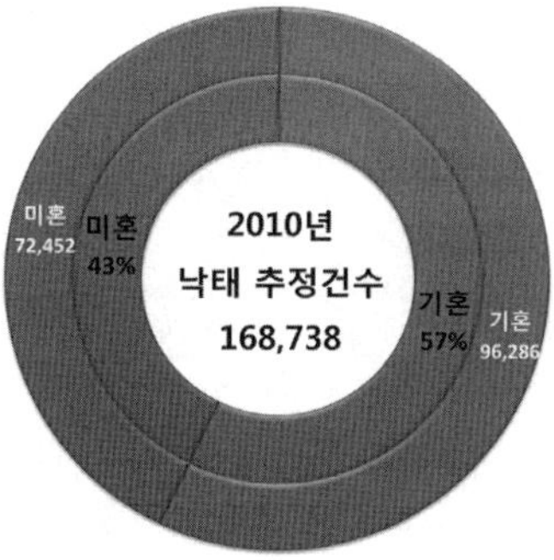

수술은 필연적으로 여성의 몸에 상처를 입히는 것이고 심리적으로 장기간에 걸쳐 후유증을 남긴다는 것은 확인된 사실이다. 남성들은 지금보다 성행위와 성행위의 결과에 대해서 자신 있게 무책임해질 것이다. 낙태라는 최후의 비상구가 있기 때문에 피임을 기피하는 일도 더욱 잦아질 것이다. "낙태자유를 통한 인권회복과 행복추구"라는 진보 여성계의 구호가 과연 실제일까? 정반대의 아픔을 여성들이 겪을 것이다. 그 누구의 희생보다도 회복할 수 없는 죽음의 길에 들어서는 태아들은 누가 보호할 것인가? 이 질문에 대한 답을 사회에 알리는 역할을 낙태반대 활동단체들과 이영애 의원 같은 사회지도층 인사들이 계속해서 해야 할 것이다.

국문색인

영문색인

〈저자 약력〉

김찬진 _ 변호사, LL.M, PhD

미국 워싱턴대학교 대학원 졸업(PhD), 서울대학교 법과대학 졸업

제15대 국회의원, 미국 워싱턴대학교 법과대학 석좌교수 및 하버드대학교 초빙교수, 법무법인 바른 대표변호사

이영애 _ 변호사, LL.M

미국 하버드대학교 법과대학원 졸업(LL.M), 서울대학교 법과대학 졸업

춘천지방법원장, 제18대 국회의원, 법무법인 바른 고문변호사(현)

심상덕 _ 산부인과의

서울대학교 병원 산부인과 전문의 과정 수료, 서울대학교 의과대학 졸업

대한산부인과 의사회 학술이사, 아이온 산부인과 원장(현), 진오비 회원(현)

최안나 _ 산부인과의, 의학박사

고려대학교 의과대학원 졸업(의학박사), 고려대학교 의과대학 졸업

아이온 산부인과 원장(현), 진오비 대변인(현)

박수헌 _ 교수, LL.M, SJD

미국 인디애나 로스쿨 졸업(SJD), 고려대학교 법과대학 졸업

숙명여자대학교 법과대학 교수(현), 국가생명윤리정책연구원 이사(현)

김현철 _ 사회운동가, M.Ed.

미국 서남침례신학대학원 졸업(기독교교육학 석사), 서울대학교 원자핵공학과 졸업

침례신학대학교 겸임교수(현), 낙태반대운동연합회 회장(현)

배인구 _ 판사, 법학석사
고려대학교 대학원 졸업(법학석사), 고려대학교 법과대학 졸업
헌법재판소 재판연구관, 중앙지방법원 판사(현)

신동일 _ 교수, 법학박사
독일 괴팅엔 대학교 법과대학(Post-doc), 고려대학교 대학원 졸업(법학박사)
한국형사정책연구원 연구실장, 국립한경대학교 법학부 교수(현)

군나 두트게(Gunnar Duttge) _ 교수, 변호사, Dr.jur
보쿰대학교 대학원 교수자격취득(Habilitation), 뷔르츠부르크 대학 졸업
뮌헨대학교 법과대학 교수, 괴팅엔 대학교 법과대학교 교수(현, 한스 루드비히 쉬라이버 교수 후임), “Leben & Tod”지 편집장(현)

初期 人間生命 保護를 위한 提言

2012년 6월 25일 초판 인쇄
2012년 7월 2일 초판 발행

저 자 | 김찬진 · 김현철 · 박수헌 · 배인구 · 신동일
심상덕 · 이영애 · 최안나 · Gunnar Duttge

발행인 | 이 방 원
발행처 | 세창출판사
서울 서대문구 냉천동 182 냉천빌딩 4층
전화 723 - 8660 팩스 720 - 4579
e - mail: sc1992@empal.com
http://www.sechangpub.co.kr
신고번호 제300 - 1990 - 63호

잘못 만들어진 책은 바꾸어 드립니다.

정가 26,000원

ISBN 978-89-8411-376-3 93360